Andreas Kulick
Christoph Quarch
Jan Teunen

OFFICINA HUMANA

DAS BÜRO ALS LEBENSRAUM FÜR POTENZIALENTFALTUNG.

avedition

**» Die beste Möglichkeit,
die Zukunft vorauszusagen,
ist sie zu gestalten. «**

Joseph Beuys

GELEITWORT

ZUM GELEIT

Als Wohlfahrtsverband sieht es der Arbeiter Samariterbund (ASB) als seine Aufgabe und Pflicht, Menschen in Not konkrete Hilfe zu leisten. Jede Zeit bringt ihre eigenen Nöte hervor. Heute vernehmen wir zunehmend Hilferufe aus den Büros und Arbeitsräumen der wirtschaftlichen Rationalität: Psychische Erkrankungen, Depressionen, Burn-out, Angstzustände, Trauer und Wut greifen in der modernen Arbeitswelt um sich und produzieren erhebliche menschliche und ökonomische Schäden. Diesen Hilferufen will sich der ASB nicht verschließen. Es darf nach unserem Dafürhalten nicht dabei bleiben, dass Büros zu Räumen des Leidens und der Agonie werden.

Deshalb haben wir uns entschlossen, proaktiv dafür zu werben, Büroräume so zu gestalten, dass sie den Erfordernissen des Arbeitens ebenso genügen wie den Bedürfnissen des Menschen: Das menschliche Büro – *Officina Humana* – ist unter wirtschaftlichen, gesellschaftlichen und menschlichen Gesichtspunkten das Gebot der Stunde. Und es ist das Tor zu einer erfolgreichen Zukunft, denn die Entwicklung der Arbeitswelt weist eindeutig dahin, dass sich infolge der Digitalisierung und Robotisierung das kreative bzw. kokreative Arbeiten zum Kernbereich wirtschaftlichen Handelns entwickeln wird. Räume zu schaffen, die Menschen in ihrer Kreativität und Potenzialentfaltung unterstützen, wird für Unternehmen zum entscheidenden Erfolgsfaktor.

Zeitgleich mit Erscheinen dieses Buches gründet der ASB Hessen die Beratungsgesellschaft *Officina Humana*, die kleine und mittelgroße Unternehmen darin unterstützt, aus bloßen Arbeitsräumen Räume menschlicher Potenzialentfaltung zu machen. Informationen dazu finden Sie auf den Seiten **471** bis **476**.

Viel Freude beim Lesen und gute Inspiration wünscht Ihnen

Jörg Gonnermann
(Geschäftsführer ASB Landesverband Hessen e.V.)

INHALT

SECHS. Das Büro – Wesen und Ursprung   S.253

SIEBEN. Das Büro der Zukunft   S.289

1. Anamnese:
Ermittlung der Hintergründe und Ursachen
der Ist-Situation

2. Diagnose:
Analyse der Ist-Situation und Identifizierung
von schlummernden Potenzialen im Umfeld und
beim Umgang miteinander

3. Medikation:
Konzeptentwicklung – „Wie lassen sich welche
Potenziale entfalten, wann und von wem?"

4. Therapie:
Begleitung bei der Umsetzung

5. Check-up:
Ständiges Monitoring

»Gestalte die Umgebung um, versuche nicht, den Menschen umzugestalten. «

Buckminster Fuller [1]

WIRKSAME RÄUME
FÜR WIRKSAMES HANDELN

Wo arbeitet Gott? Und wie arbeitet er? Auf dem Feld? In einem Atelier? In einer Werkstatt? In einer Fabrik? – Wohl kaum. Wenn wir uns auf das Gedankenspiel einlassen und uns einen arbeitenden Gott im 21. Jahrhundert vorstellen, dann kann es eigentlich nur einen Ort geben, an dem er seinen Geschäften nachgeht: ein Büro. Nicht weil er ein Bürokrat wäre, sondern weil das Büro zu einem Ort der Kreativität und Schöpferkraft geworden ist; und weil es in den nächsten Jahren immer mehr zu einer solchen Stätte werden wird. Was wäre da für einen Schöpfer passender als ein Büro?

Die Welt der Arbeit ist im Wandel. Die Produktion von Gütern ist schon längst automatisiert. Auch administrative Tätigkeiten werden zunehmend von intelligenten Maschinen geleistet. Ein Ende der Dynamik ist nicht absehbar. Im Gegenteil: Durch Innovationen im Bereich von Robotik und künstlicher Intelligenz werden künftig noch viel mehr angestammte menschliche Tätigkeiten auf Computer und Maschinen übertragen werden. *Smart Factorys* ohne Arbeitskräfte sind bei weitem keine Utopie mehr, die *Industrie 4.0* ist ein erklärtes Ziel der Politik. Nur dort, wo Abläufe gesteuert werden, wo Strategien ersonnen und Produkte entwickelt werden, wo Innovationen und Visionen generiert werden – nur (oder doch: vor allem) dort wird künftig noch in Fleisch und Blut gearbeitet: im Büro. Es avanciert zur Kommandobrücke, zum Gehirn – zum Steuerungsinstrument, wo nicht nur ein Unternehmen, sondern letztlich auch die Welt gestaltet wird.

Doch ausgerechnet dieses Mastertool des Wirtschaftens wird sträflich vernachlässigt. Wer heute ein Büro einrichtet, fragt in der Regel nur nach Funktionalität und Effizienz der Räume. Man kalkuliert, wieviel Quadratmeter ein Mensch benötigt, um gut zu funktionieren. Man fragt hingegen nicht, welcher Qualitäten ein Raum bedürfte, damit die Menschen in ihm nicht bloß funktionieren, sondern – was sehr viel mehr ist – lebendig sein und effektiv arbeiten können. Das Resultat liegt auf der Hand: Die meisten Büros gleichen Wüsten, Toträumen, die Menschen schwächen und entkräften; die weit davon entfernt sind, Energie zu stiften oder zu begeistern. In durchschnittlichen Büroräumen unserer modernen Arbeitswelt sind Schöpfergeist und Kreativität unmöglich. Und das tut uns nicht gut. Es schadet langfristig nicht nur den Menschen, die sich in den toten Räumen täglich plagen, es schadet auch den Unternehmen im

Besonderen und der Volkswirtschaft im Allgemeinen. Dem Büro nicht genügend Aufmerksamkeit zu widmen, wird uns am Ende allen teuer zu stehen kommen.

Was kluge Menschen immer wussten, bestätigt längst auch die moderne Wissenschaft. So schreibt der Neurophysiologe Gerald Hüther: „Die Welt, in die die meisten Menschen hineinwachsen, ist eine mit den Maßstäben von vergangenen Generationen mehr oder weniger bewusst gestaltete Welt. Das ist nicht zwangsläufig auch eine besonders menschliche Welt und deshalb auch nicht zwangsläufig eine Welt, in der optimale Bedingungen für die Entwicklung eines menschlichen Gehirns herrschen." Die Welt unserer Büros ist so eine Welt. Für unser Menschsein ist sie meistens schädlich. In ihr verkümmert unsere Kreativität. Unser Gehirn bleibt unterfordert. Warum?

DOMINANZ DES FUNKTIONALEN

Büros sind heute meistenteils nach Maßgabe eines Denkens gestaltet, das seine Werte und Parameter ausschließlich von dem erhält, was der Philosoph Max Horkheimer die *instrumentelle Vernunft* nannte: das Vermögen des Menschen, die Welt, in der er lebt, so zu gestalten und zu organisieren, dass sie im Dienste der von ihm gesetzten Zwecke und Interessen steht. Die instrumentelle Vernunft oder auch *Zweckrationalität* (Max Weber) dominiert unser heutiges Wirtschaften total. Ihre Ideale heißen Effizienz, Funktionalität, Produktivität, Profitabilität, Rentabilität. Bei allem, was sie sieht, fragt sie: „Was bringt mir das?" oder „What's in for me?" Sie liebt die raschen, „smarten" Lösungen von raschen, „smarten" Leuten. Sie drängt auf Optimierung der Abläufe und Beschleunigung der Prozesse. Sie bemisst Menschen und Dinge nach ihrer Nützlichkeit und Zweckmäßigkeit. Sie schafft sich eine Welt, in der die Menschen sich nur noch als Instrumente oder Funktionsträger sehen können, deren Tun in dem Maße sinnvoll und bejahenswert ist, in dem es seine Aufgaben erfüllt und seinen Zwecken dient. Das Tun für sich verliert an Eigenwert.

Da die Gestaltung von Büros wirtschaftlichen Zwängen unterworfen ist, haben Büroarbeiter oft wenig Freude bei der Arbeit und sind unmotiviert, weil sie in unattraktiven Räumen nicht positiv berührt werden. Deshalb brauchen Unternehmen gut gestaltete Räume und schöne, gut funktionierende Büroutensilien, damit Menschen Freude an ihrer Arbeit haben.

Hat die instrumentelle Vernunft ihr Imperium nur erst errichtet, verändert sich das Menschsein drastisch: Wir werden zu Funktionsträgern und unsere Gehirne werden zu Gehirnen von Experten. Wir sind dann in der Lage, bestimmte Aufgaben effizient und schnell zu erfüllen. Und das machen wir ziemlich gut. Aber weder erfahren wir dabei so etwas wie Sinn, noch können wir dabei neue Perspektiven entdecken und kreativ sein. In einer Welt der instrumentellen Vernunft bleiben Lebensfreude und Kreativität unweigerlich auf der Strecke – allein aus hirnphysiologischen Gründen. Die Büros, in denen wir arbeiten, sind Teile jener Welt der Effizienz und Produktivität. Sie sind als Räume konvertiert, in denen schnell und smart und effizient Prozesse abgewickelt werden können. Man glaubt zu wissen, dass dafür ein Tisch, ein Stuhl und ein Regal genügen. Andere Faktoren wie Klima, Ordnung, Ästhetik, Sozialität werden ausgeblendet. Für Schöpfergeist und Lebensfreude sind die Büros der Gegenwart meist nicht gemacht.

Wir sprachen schon davon: Die Welt der Wirtschaft und der Arbeit ist im Wandel. Die Innovationsgeschwindigkeit nimmt zu. Die demographische Entwicklung zwingt zum Umdenken. Digitalisierung, Robotisierung und Individualisierung sind Trends, die unsere Welt fundamental verändern werden und außerordentliche Herausforderungen mit sich bringen – gerade in Deutschland und Zentraleuropa, wo immer weniger produziert wird und Produktionsstätten ins Ausland verlagert werden. Gerade hier ist es notwendig, alles daran zu setzen, die kostbarste Ressource dieses Standorts zu erhalten und zu pflegen: die Kreativität, den Schöpfergeist, die Innovationskraft. Die Herausforderungen, die eine Industrie 4.0 mit sich bringen wird, erfordern mehr denn je die Ausbildung dieser menschlichen Qualitäten, die auf absehbare Zeit nicht maschinell generiert werden können. Wer sich als Unternehmerin und Unternehmer hier bewähren will, griffe viel zu kurz, wenn er sich von der Vision einer Smart Factory blenden ließe und seine Aufmerksamkeit allein auf die Optimierung funktionaler und effizienter Abläufe lenkte. Er grübe sich damit das Wasser ab: die wichtigste Ressource für das Überleben – die menschliche Lebendigkeit, die Fähigkeit zu Kreativität und Kooperation. Ohne sie – ohne das, was man heute Kokreation nennt – gibt es keine Zukunft. Ohne sie gibt es keine Entwicklung. Ohne sie werden wir den vielfältigen Problemen der Gegenwart und Zukunft nicht gewachsen sein.

KREATIVITÄT BRAUCHT SCHÖNHEIT

Was aber heißt Lebendigkeit? Zunächst sollten wir eines klar erkennen: Der Mensch ist nicht allein ein Wesen der instrumentellen Vernunft. Ja, mehr noch: Die instrumentelle Vernunft ist uns gar nicht wesentlich. Im Gegenteil, sie treibt mit uns ihr Unwesen, wenn sie uns ganz und gar beherrscht. Das menschliche Gehirn ist von seiner biologischen Struktur her keineswegs ein Optimierungsorgan. Am besten kann es etwas gänzlich anderes. Am besten kann es spielen. Denn wenn es spielt, entfaltet es die unermesslichen und berechenbaren Potenziale, die in ihm schlummern. Wenn es spielt, ist es schöpferisch und kreativ. Wenn es spielt, ist es ganz bei sich und gibt uns das Gefühl, lebendig zu sein. Nicht ohne Grund notierte Friedrich Schiller: „Der Mensch ist eigentlich nur da im vollen Sinne Mensch, wo er spielt." In unseren Büros wird aber nicht gespielt. Und also können wir darin auch nicht im vollen Sinne Mensch sein.

Der Geist der Funktionalität alleine engt den Menschen ein. Er führt zu einer Industrialisierung des Denkens. Genauso sind Büroräume der Gegenwart designt: nach Maßgabe industrieller Fertigung – dem Gegenteil von kreativer Entwicklung. Soll Büroarbeit kreativ sein, braucht es andere Paradigmen ihrer Gestaltung und Einrichtung. Es ist erstaunlich: Bei Fertigungsanlagen und industriellen Abläufen passt man bereitwillig die Bauten den Prozessen an – allein bei kreativen Denkprozessen, die wir doch so nötig brauchen, meint man, es sei egal, in welchen Räumen sie vollzogen werden. Doch das ist eine große Dummheit.

Reine Funktionalität engt ein, und wenn wir eng sind, sind wir ängstlich. Ganz anders geht es uns, wenn wir vom Geist der Poesie durchdrungen sind. Dann werden Herz und Denken weit, dann öffnen sich uns neue Horizonte. Es öffnet sich ein Raum zwischen den Menschen, in dem das Neue, Unerwartete sich zeigen kann. Nicht die Funktion, sondern die Schönheit ist das Ideal der Poesie. Und Schönheit ist, um noch einmal Schiller zu bemühen, „lebendige Gestalt" oder „gestaltetes Leben". Das ist etwas ganz anderes als „optimierte Prozesse". Es ist ein Spiel und keine Technik, es ist das Werk der Kunst und nicht der Strategie. In den Büros der Gegenwart ermangelt es der Schönheit und der Kunst, des Spielens und der Poesie. Und deshalb fühlt der Mensch sich dort nicht wirklich frei. „Weil es die Schönheit ist, durch welche man zur Freiheit wandert" (Schiller).

Der Weg zu Kreativität und Schönheit ist zumeist nicht gradlinig. Oft sind es die verschlungenen Pfade, auf denen das Neue begegnet. Der Geist der Funktionalität hat die Tendenz, das Leben und die Arbeit zu kanalisieren, der Geist der Poesie dagegen liebt es zu mäandern. Wir täten gut daran, das zu berücksichtigen, wo das Büro der Zukunft als ein Lebensraum für Potenzialentwicklung entworfen wird. Humane Büros haben Fluss-Charakter. In ihnen dürfen Prozesse mäandern, denn auf diese Weise finden sie das Tempo, das ihnen wirklich angemessen ist. Ganz so wie ein Fluss durch die Ausbildung seiner Schleifen und Mäander die Fließgeschwindigkeit entschleunigt und das ihm angemessene Tempo findet.

Durch Kanäle werden Prozesse gepresst. Der Druck ist hoch. Die Menschen halten sich am Rand auf, flüchten an die Peripherie. Negativer Stress entsteht, Kreativität vertrocknet. Ganz anders, wo es unbegradigt zugeht: Mäandernde Prozesse halten die Balance. Potenzialentfaltung braucht das. Wer ihr den Raum gewähren möchte, den sie nötig hat, ist gut beraten, jener alten Weisheitstradition zu folgen, die in den Klöstern mit Erfolg gelebt wird: Auf jede Kreation folgt die Re-Kreation. Diese Methode der Mönche findet durch die moderne Hirnforschung Bestätigung. Bei negativem Stress stolpert die linke Gehirnhemisphäre über die rechte, so lange, bis es nichts mehr zu stolpern gibt. Die rechte Hirnhälfte trocknet dann aus. Auf diese Weise geht verloren, was menschliche Arbeit heute am dringendsten braucht: Emotionalität, Kreativität und Kokreation, Motivation und Intuition. Durch das bewusste Einbauen von Intervallen, auch im Berufsalltag, bekommt die rechte Gehirnhemisphäre Gelegenheit zu regenerieren.

Durchdränge neuerlich ein Geist der Poesie und Schönheit unsere Arbeitswelt, unsere Gesellschaft würde sich zum Guten wandeln. Nicht dadurch, dass man den Menschen immer neue äußere (*extrinsische*) Anreize wie Geld und Karriere bietet, sondern indem man ihnen ein Umfeld schafft, worin sie ihren eigenen Antrieb, ihre eigene Begeisterung (*intrinsisch*) entfesseln können.

Für viele Menschen ist der Arbeitsplatz der Ort, an dem sie die meiste Zeit ihres bewussten, wachen Daseins verbringen. Gelänge es, dort ein Umfeld zu schaffen, das ihrer Potenzialentfaltung dienlich ist, das ihr Gehirn gedeihen lässt und ihre Seele nährt, dann wäre dies ein Segen für die Welt auch außerhalb des Büros. Mehr Poesie gebiert mehr Lebensfreude, mehr Spiel gebiert Verbundenheit. Die Enge jenes ganz dem instrumentellen Denken anheimgefallenen Büroarbeiters würde einer Weite weichen, in der er die Mitmenschen nicht länger als Konkurrenten, sondern als Partner erkennt. Ein Geist der Verbundenheit würde in die Betriebe einziehen und in die Gesellschaft strahlen. Einher mit ihm entstünde auch Verbindlichkeit im Umgang miteinander. Die Menschen wären besser rückgebunden an den Sinn des Lebens. Und in der Folge würde sich das einstellen, was wir so erstreben: der Erfolg.

Letztendlich geht es in diesem Buch also nicht nur darum, die Reibungsverluste in unserer Gesellschaft und unseren Unternehmen zu verringern, sondern mit der Wiederentdeckung der poetischen Qualität Spielräume zu öffnen, worin den Menschen Begeisterung und Motivation dafür zuteil werden, das Miteinander der Gesellschaft so zu gestalten, dass für kommende Generationen eine wertvolle und nachhaltige Welt erhalten bleibt. Denn wir sollten nie vergessen: Die Welt entsteht in unserem Kopf. Und das „Büro" ist das Arbeitsmittel des Kopfarbeiters. Deshalb bestimmt die Arbeit in Büros auch die Welt, in der wir leben. Diese Wirkung sollten wir verstehen: Seelenlose Büroräume schaffen eine seelenlose Welt. Beseelte Büroräume hingegen erzeugen eine beseelte, lebendige Welt.

Um einen Weg dorthin zu bahnen, wollen wir das Bewusstsein wecken für die buchstäbliche Not-Wendigkeit eines Upgrades unserer Arbeitswelt, der den Kriterien der Funktionalität und Effizienz die Qualität von Poesie und Schönheit beigesellt.

RAUM FÜR UNTERNEHMER

Ein Unternehmen ist ein Raum – ein Raum der Arbeit und des Wirtschaftens und ebenso ein Raum des Lebens und der Kommunikation. Als Unternehmer oder Unternehmerin ist man deshalb gut beraten, sich nicht allein als Führungskraft zu sehen, sondern nicht minder auch als… Raumpfleger. Was so viel sagen soll, als dass ein Unternehmer sich Gedanken darum machen muss, wie er den Lebensraum Büro so pflegt und so gestaltet, dass Menschen darin leben können: was mehr ist als nur funktionieren.

Es ist nun einmal so: Der Raum, in dem wir uns befinden, bleibt für uns nicht wirkungslos. Er färbt unser Empfinden, er stimmt unser Gemüt. Die Grundstimmung, mit der wir tätig sind, ist immer auch bestimmt durch jene Anmutung, mit der ein Raum uns anspricht oder abweist. Aus diesem Grund verdient die Raumgestaltung höchste Aufmerksamkeit. Mag ein Raum noch so funktional und rentabel sein: Wenn er schlecht gestimmt ist, schafft er schlechte Stimmung. Dann mag er effizient sein, ist aber nicht effektiv. Denn greift die schlechte Stimmung um sich, sinkt die Energie. Und ohne Energie ist kein Erfolg mehr möglich. Als Unternehmer sind Sie deshalb gut beraten, die größte Sorgfalt darauf zu verwenden, die Räume Ihres Unternehmens so zu pflegen und zu hegen, dass in ihnen etwas gedeihen kann. Ein guter Arbeitsraum gleicht einem Gewächshaus, das dem Wachstum und Leben förderlich ist – das einerseits das Leben darin vor Gefahren aus dem Außen schützt und gleichzeitig im Inneren eine Atmosphäre erzeugt, in der sich die Potenziale der Menschen entfalten können. So gesehen liegt es auf der Hand: Je höher die Qualität der Räume, desto besser ist es für ein Unternehmen, denn die Raumqualität zahlt sich auf vielen Ebenen aus.

Doch ist diese einfache Weisheit infolge der Dominanz der instrumentellen Vernunft und der üblichen Routinen und Abläufe in vielen Unternehmen in Vergessenheit geraten. Die tägliche Arbeit in Herstellung, Vertrieb und Administration beansprucht alle Zeit und Energie. Der Raum tritt dabei in den Hintergrund. Die Bühne unseres Arbeitens gerät dann aus dem Blick, wird als gegeben anerkannt und letztlich nicht mehr wahrgenommen. Die Chancen und die Möglichkeiten, die sie bietet, bleiben ungenutzt und werden letztendlich vertan.

Betriebsblindheit kehrt ein und setzt sich fest. Das ist bedauerlich und schmerz-haft, weil ungeahnte Möglichkeiten ungenutzt verpuffen.

Aber das muss ja nicht so bleiben. Als Unternehmerin und Unternehmer steht es Ihnen frei, die Chance zu ergreifen und couragiert das Thema anzugehen. Dazu wollen wir Sie ermutigen. Wir laden Sie ein, sich mit uns auf die Reise zu begeben – auf eine Reise zu mehr Schönheit und mehr Poesie, die Ihnen lang-fristig von großem Nutzen sein kann; die Ihnen Freude macht und Sie begeistern kann, die Sie in eine gute Stimmung versetzen wird, weil Sie erfahren werden, dass gute Räume – Räume, die Funktionalität und Poesie auf stimmige Weise verbinden – Sie, Ihre Mitarbeiter, Ihre Kunden und Ihre Gäste auf gute Weise stimmen können.

Der Wandel der Arbeitswelt schreitet rasant voran. Jetzt ist die Zeit zu handeln. Wirksames Handeln aber braucht wirksame Räume. Deshalb sollten wir beginnen, Räume zu schaffen, in denen auch künftig gehandelt werden kann. Wir sollten Räume schaffen, in denen Leben wachsen kann und Potenziale entfaltet werden können. Ein jeder schöpferischer Mensch braucht solche Räume. Das Büro der Zukunft sollte ein solcher Raum sein: ein Raum der Zugehörigkeit – ein *House of Belonging.*

„The House of Belonging" ist der Titel eines Poems des Dichters David Whyte, der in Amerika und auch in Europa CEOs von börsennotierten Unter-nehmen berät. Auf die Frage, was ihn dazu veranlasse, sagt er, ein Kunde habe ihm einst erklärt, Unternehmen und Unternehmer seien gegenwärtig dabei, in Bereiche vorzudringen, für die sie keine passende Sprache haben. Die Sprache zukunftsfähiger Unternehmen müsse mithin poetisch sein.

Auszug aus:
»The House of Belonging« von David Whyte [11]

»...This is the bright home
in which I live,
this is where
I ask
my friends
to come,
this is where I want
to love all the things
it has taken me so long
to learn to love.

This is the temple
of my adult aloneness
and I belong
to that aloneness
as I belong to my life.

There is no house
like the house of belonging. «

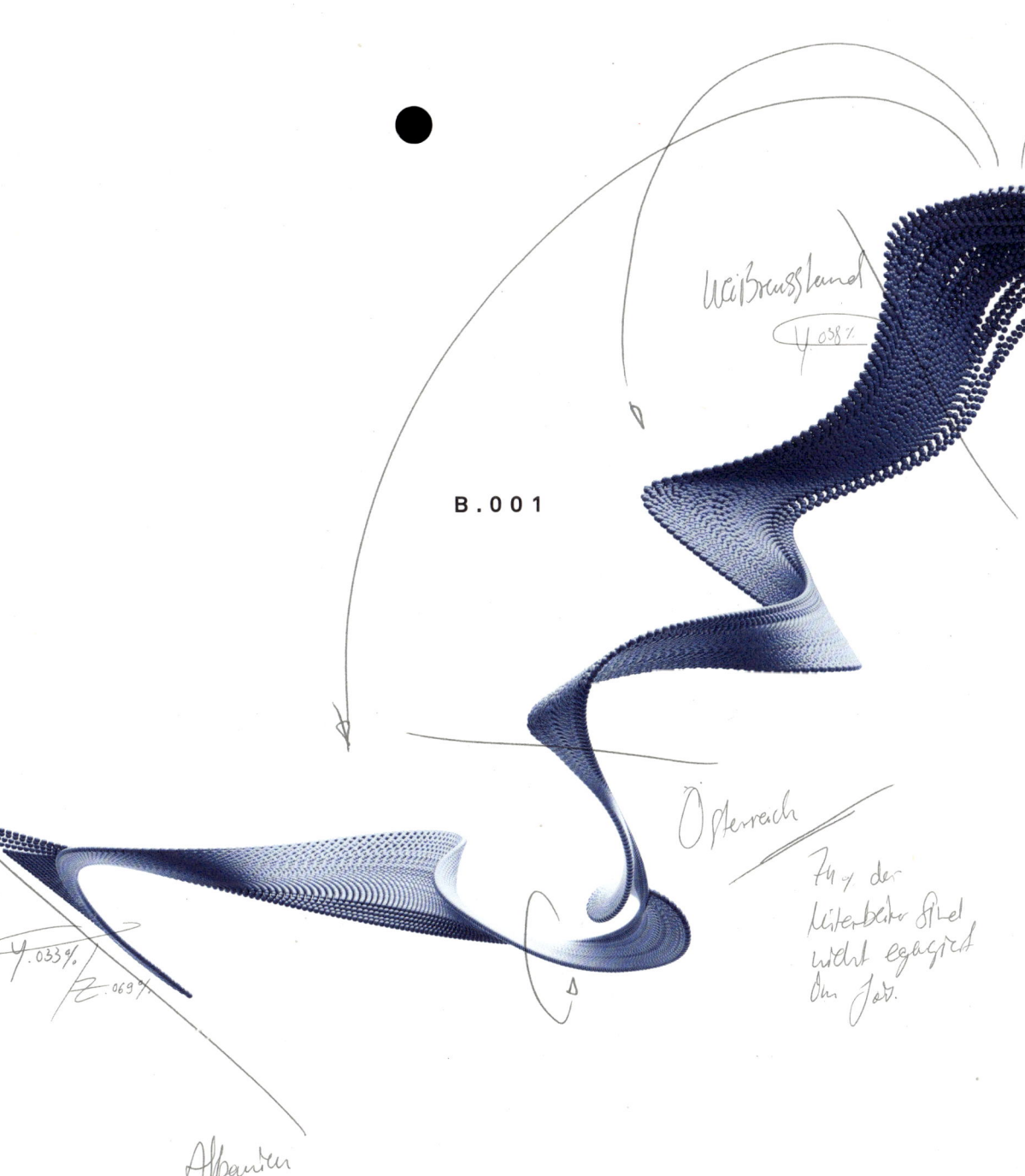

Gallup Studie

Jährlich durchgeführte Befragung
der Arbeitnehmer zu emotionalen
Bindung an den Arbeitgeber.

Weißrussland
4 .038 %

B.001

Österreich

74 % der
Mitarbeiter fühlt
nicht engagiert
am Job.

4 .033 %
Z .069 %

Albanien

EINS. Die Welt

» **Wer mit dem Himmel und der Erde nicht in gleicher Lieb und Gegenliebe lebt, wer nicht in diesem Sinne einig lebt mit den Elementen, worin er sich regt, ist von Natur auch in sich selbst so einig nicht.** «

Friedrich Hölderlin

Nichts und niemand ist allein. Immer sind wir Zugehörige.
Sein heißt Rückgebunden-Sein ans Ganze, Eingebunden-Sein
ins große All des Kosmos, Eingewoben-Sein ins Netz des
Lebens.

Jeder Mensch ist Teil einer Familie, Teil einer Nation und
Teil der Menschheit. Jeder Mensch hat teil an der Natur, ist
Bewohner dieser Erde, ist ein Bürger dieses Weltalls.

Sein heißt In-Beziehung-Sein: in Beziehung zu den anderen
Menschen, anderen Wesen, anderen Dingen – und in Beziehung
zum Umfassenden, zur Welt, zur Erde, zum Universum.

Das Universum ist ein riesiges System, und es besteht aus
lauter weiteren Systemen, die in sich weitere Systeme bergen.
Alles Seiende ist einerseits ein Ganzes, ein System. Und
andererseits ist es zugleich ein Element in einem größeren
System. Systeme in Systemen in Systemen. So ist unsere
Welt gebaut.

Und wir sind gut beraten, an diesem Bauplan Maß zu nehmen.
Wir sollten wissen, dass wir immer Teile eines Ganzen sind
und dass das Ganze unserem Leben Maß und Grenze setzt.
Die großen Regeln der Natur gelten für uns genauso wie für alle
anderen Wesen oder Dinge. Zugleich sind wir individuell und

unverwechselbar. Wir können unserem Tun im Rahmen der Systeme, deren Teil wir sind, auch eigene Regeln geben. Darin liegt unsere Freiheit.

Leben ist beides: Freiheit und Verbundenheit. Wo es gelingt, das Leben so zu arrangieren, dass beides ineinander spielt, erfahren wir authentische und kraftvolle Lebendigkeit. Da werden wir zu denen, die wir sind. In Resonanz mit dem Ganzen können sich unsere Potenziale entfalten. Wo wir mit uns und mit der Welt im Einklang sind, da ist es gut.

Leben heißt In-Beziehung-Sein: zu anderen Menschen, anderen Wesen, anderen Dingen – und in Beziehung zum Umfassenden, zur Welt, zur Erde, zum Universum.

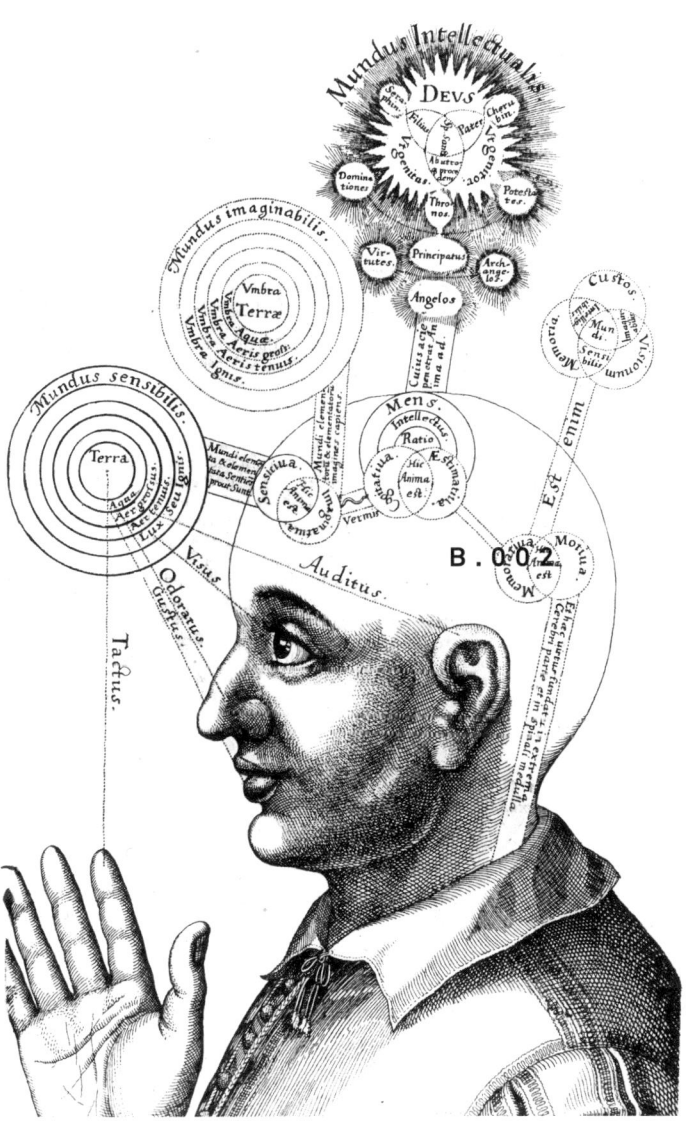

B . 0.02

»Im Himmel ist ein Vorbild aufgestellt für jeden, der sehen mag und der nach dem Gesehenen sich selbst einrichten möchte.«

Platon

Vor 13,2 Milliarden Jahren begann mit einem großen Knall der Kosmos. Aus einem unvorstellbaren Konzentrat von Masse und Energie schoss mit schier grenzenloser Kraft all das hervor, was wir das Universum nennen: riesige Galaxien, gewaltige Sonnen, Myriaden von Sternen, schwarze Löcher, Raum und Zeit. ▬ Es muss ein unvorstellbares Durcheinander gewesen sein, was damals, beim Urknall, entstand: das große Chaos, von dem auch die alten Mythologien erzählen. Und doch, oh Wunder über Wunder, fügt sich schon bald dieses Tohuwabohu in eine Ordnung: Sterne ziehen in stiller Prozession um das Zentrum ihrer Galaxie. Planeten tanzen ihren Reigen um die Sonne, die mit ihrer Kraft sie auf kreisrunde Bahnen zwingt. Monde umkreisen die Planeten. ▬ Und wie im Großen, so im Kleinen: Elektronen kreisen um Protonen, Atome verbinden sich zu Molekülen. Wie eine große Symphonie fügt eines sich zum anderen. Und stets ist es darauf bedacht, das Gleichgewicht zu halten. Der ganze Kosmos folgt diesem Prinzip. Er ähnelt einem Mobile in Fluss von Raum und Zeit, das jeden Augenblick aufs Neue sich um seine Balance müht. ▬ Deshalb ist der Kosmos schön. Das jedenfalls besagt sein Name: κόσμος – schöne Ordnung. Als schöne Ordnung ist der Kosmos Maßstab allen Lebens. Denn alles Leben ist in ihm sich selber zugewandt – wie es im lateinischen Wort *Uni-versum* (In-eins-gekehrt) zum Ausdruck kommt. Das Grundprinzip des Kosmos ist die Harmonie. Sie in unser Leben einzuzeichnen und in unseren Häusern und Büros zur Anwendung zu bringen, ist das Beste, was wir tun können: Kosmetik im umfassenden Sinne – die Kunst, Schönheit und Ordnung unseres großen Kosmos in die Menschenwelt zu übersetzen.

Das kosmische Grundprinzip der Harmonie in unseren Häusern und Büros zur Anwendung zu bringen, ist das Beste, was wir tun können.

B.003

» **Alles was der Natur gemäß geschieht, geschieht richtig.** «

Epiktet

Eigentlich haben es die Menschen immer gewusst: Die Natur ist die
große Meisterin. Sie muss befragen, wer die Kunst des Lebens lernen
will. Sie macht es vor. Schließlich hat sie uns alle hervorgebracht.
Und nicht nur uns: Das ganze Leben ist ihr Werk. Und dieses Werk kann
sich sehen lassen. ▬ Der alte Denker Heraklit notierte einmal: „Die
Natur liebt es, sich zu verstecken." Das klingt überraschend, scheint sie
uns doch von allen Seiten zu umgeben. Ist sie denn nicht in allen Bäumen
und Blumen, im Regen und im Wind, im Schnee und in den Wolken,
in Flüssen und im Meer? Gewiss, sie ist in alledem, doch ist sie auch darin
verborgen. Denn wer erkennt schon *die Natur*? Wer lauscht ihr das
Geheimnis ab? So tief die Wissenschaft auch blickt: Wir haben noch nicht
verstanden, was die Natur tatsächlich ist, wie sie es anstellt, alles wachsen
und gedeihen zu lassen. ▬ Sie ist, so viel können wir sagen, ein
ewiger Prozess des Werdens und Vergehens. Und immer geht es ihr
darum, das Werden bis aufs Äußerste zu treiben: aus einem kleinen
Saatkorn einen stolzen Baum zu schaffen, aus einer kleinen Quelle einen
breiten Strom. Natur heißt Potenzialentfaltung – und zwar zu einhundert
Prozent. Sie drängt auf Wachstum, Blüte und Gedeihen. Sie hält dabei
das Maß: von allem nur so viel wie möglich oder nötig, hundert Prozent,
nicht achtzig oder hundertzwanzig. ▬ Die Natur ruht niemals aus.
Stets ist sie darauf aus, ihr Bestes zu geben. Sie ist eine Unternehmerin,
von der wir auch den Unternehmergeist geerbt haben. Sie scheut weder
Mittel noch Mühe. Wie viele Abermillionen von Sonnen und Sternen
waren nötig, damit auf einem Staubkorn fern am Rande einer Galaxie
Leben entstehen konnte! Wie viele Millionen Anläufe hat sie unternommen, um Organismen zu erzeugen, aus denen zuletzt der Mensch
entstand! ▬ Verschwenderisch ist die Natur – doch immer hält sie
sich dabei an ihre Regeln: Alles, was wird und lebt, folgt der Tendenz
zur Harmonie. Wo es diese verfehlt und aus dem Gleichgewicht gerät,
erkrankt das Lebendige, doch die Tendenz zur Harmonie wirkt als selbst-
heilende Kraft in ihm. In allem geht es ihr um Stimmigkeit und Balance,
um Gesundheit und Schönheit. Wer sich an diese Regel hält, ist gut
beraten. Er lebt naturgemäß. Naturgemäßes Leben entfaltet sich auf
doppelte Weise: Es folgt der Natur in ihren Funktionen und darin
ist es funktional. Doch ebenso folgt es der Natur in ihrer Tendenz zur
Schönheit. Darin ist es poetisch. Naturgemäß zu leben heißt Funktion
und Poesie verbinden.

Wer den Spielregeln der Natur folgt, wird erfolgreich sein. Denn die Natur verbindet Funktionalität und Schönheit auf vollkommene Weise.

B.004

Europa

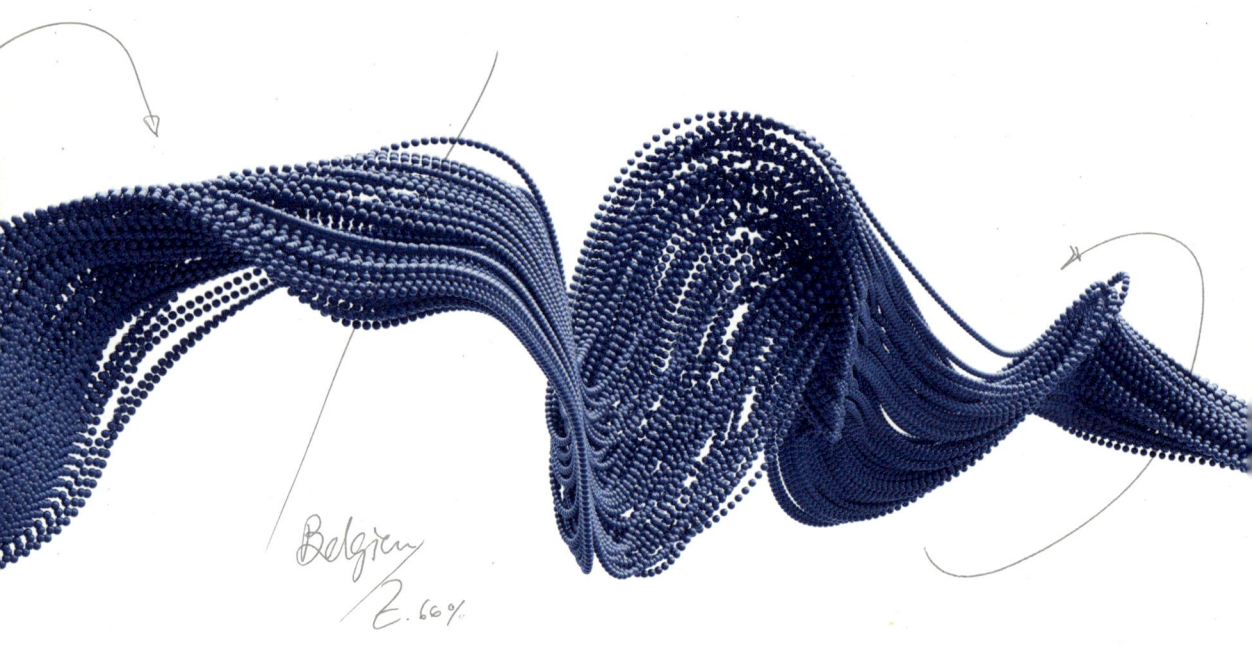

Belgien
£.66%

X-Achse = Länder der 6 Kontinente

Y-Achse = erfolgreich im Job (%)

Z-Achse = nicht engagiert bei der Arbeit (%)

Bosnien und
Herzegowina

4. 18 %

Bulgarien

B.005

Kroatien

» Bücher sprechen zum
Verstand, Freunde zum Herzen,
der Himmel zur Seele. «

Aus China

Der Himmel spannt sich über uns. Er gibt den Horizont, vor dem
sich das Leben entfaltet. Er öffnet den Raum, worin wir wohnen können.
Er gewährt die Freiheit, uns zu bewegen. Unter dem Himmel ist
der ursprüngliche Raum. Er ist das Dach, das uns behütet. Er macht
das Leben möglich. Wen wundert es, dass frühere Geschlechter im
Himmel ihre Götter vermuteten; und dass viele indigene Kulturen zum
„Großen Himmel" beten? ▬ Der Himmel lehrt uns viel darüber, wie
Räume einzurichten sind. Er zeigt sich fortwährend in anderen Farben.
So stimmt er das Gemüt der Menschen. Mal sind wir heiter, mal be-
trübt; mal sind wir benebelt, mal umwölken Sorgen unseren Geist; mal
sehen wir klar und mal sind wir besonnen. Am Himmel wird erkennbar,
wie eng wir mit dem Raum verbunden sind, in dem wir uns bewegen.
▬ Der Himmel stärkt und spendet Mut. Wer nachts den Blick zum
Himmel hebt und dort die tausend Sternenlichter sieht, ist meist getröstet
und gestärkt. Wer hadert oder hofft, hebt den Blick zum Himmel. Im
Freien fühlt der Mensch sich frei, und auch wer seinen Weg verlor, findet
am Himmel Halt und Orientierung. ▬ All das kann auch ein gestalteter
Raum gewähren; wenn sein Baumeister Maß am Himmel nimmt. Dann
spricht ein Raum zur Seele derer, die in ihm leben. Dann stimmt er
das Gemüt auf einen guten Ton. Dann fühlt man sich in ihm so frei …
als wäre man im Freien.

Wenn sich in Räumen die Weite des Himmels spiegelt, dann richten sie den Menschen auf und werden ihm zur Heimat.

B.006

»Die Erde gehört nicht den Menschen, der Mensch gehört der Erde.«

Chief Noah Seattle

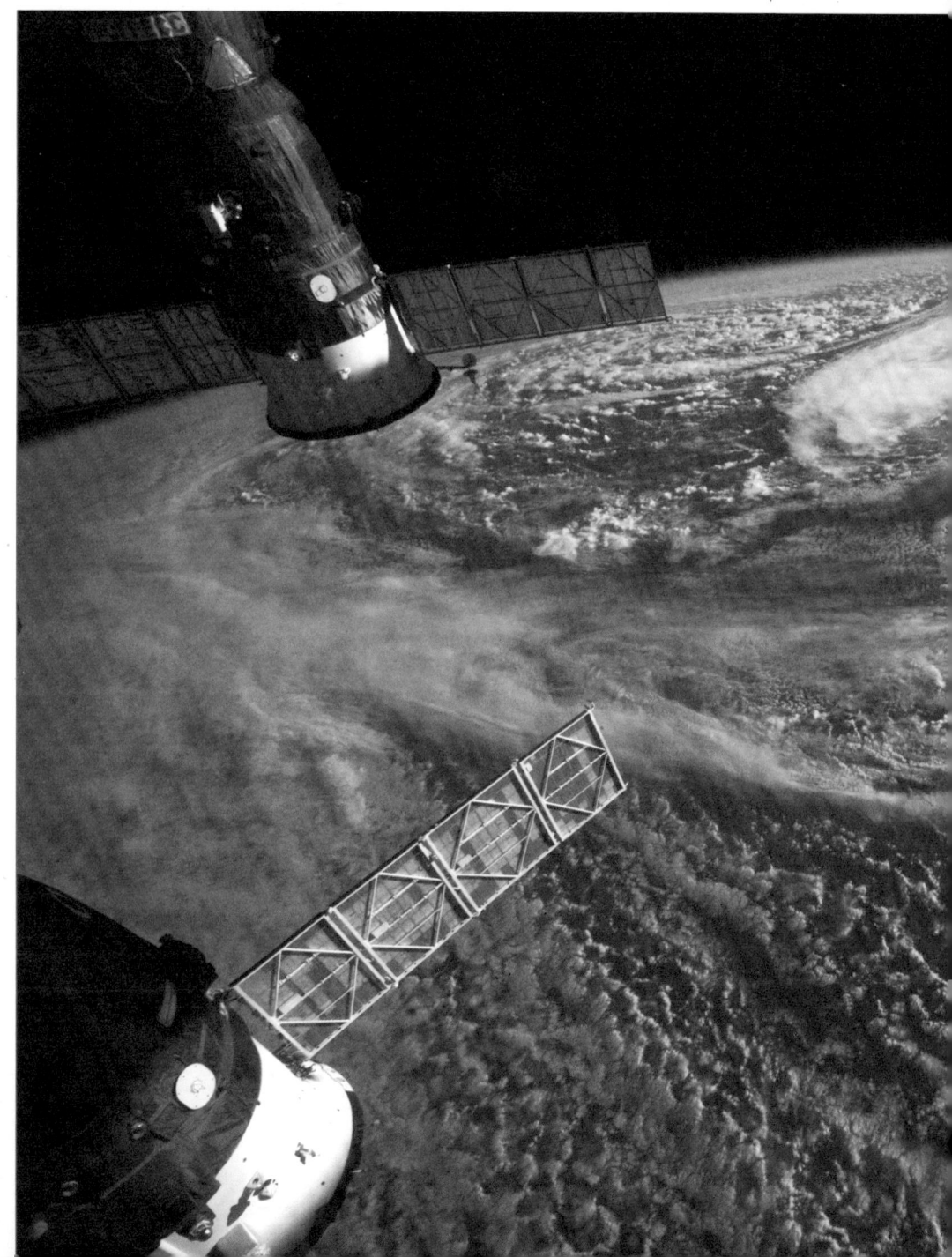

Die Erde ist des Menschen Heimat. In ihrem Schoß gedeiht das Leben. Sie gibt und nimmt. Sie trägt und nährt. Sie gibt uns Halt. In ihr können wir Wurzeln schlagen. Die alten Völker kannten sie als Große Mutter. — Die Erde ist der Aufenthalt der Menschen. Lange bevor das erste Haus entstand, gewährte sie dem Menschen Schutz und Zuflucht. In ihren Höhlen ließ sich wohnen. Mit ihren Steinen ließ sich bauen. Aus ihrem Lehm ließen sich Ziegel formen. Die Erde schenkt Geborgenheit. — Der Lebensraum des Menschen gründet auf der Erde. Die Räume, die wir bauen, sollten ihr die Treue halten. Sie sollten Räume sein, die Schutz gewähren, in denen wir geborgen sind. Nur da, wo wir uns sicher fühlen, sind wir schöpferisch. Nur da, wo wir uns nicht ums Überleben sorgen müssen, können wir innehalten, in die Tiefe gehen und Einsichten erhalten. Dem Menschen tut es wohl, den Boden unter seinen Füßen zu spüren. — Gut ist es auch, wenn Räume uns die Chance bieten, in ihnen Wurzeln zu schlagen. Und das tut heute not. Wir müssen gut verwurzelt sein, wenn wir den Stürmen des Lebens standhalten und den Herausforderungen der Zukunft gewachsen sein wollen. Dafür brauchen wir Räume, die uns eine Heimat sind. „Bleibt der Erde treu", rief Friedrich Nietzsche seinen Lesern zu. Wir geben dieses Wort an alle Architekten weiter.

Potenzialentfaltung findet nur statt, wo Menschen gut verwurzelt sind – wo sie die Bodenhaftung nicht verlieren und geerdet sind. Bodenständigkeit ist eine hohe Qualität der schöpferischen Arbeit.

Die emotionale Bindung an den
Arbeitgeber wird in der Gallup Studie
nach den Q.12-Aspekten definiert.

01 | Weiß der Mitarbeiter,
     was von ihm
     erwartet wird ?

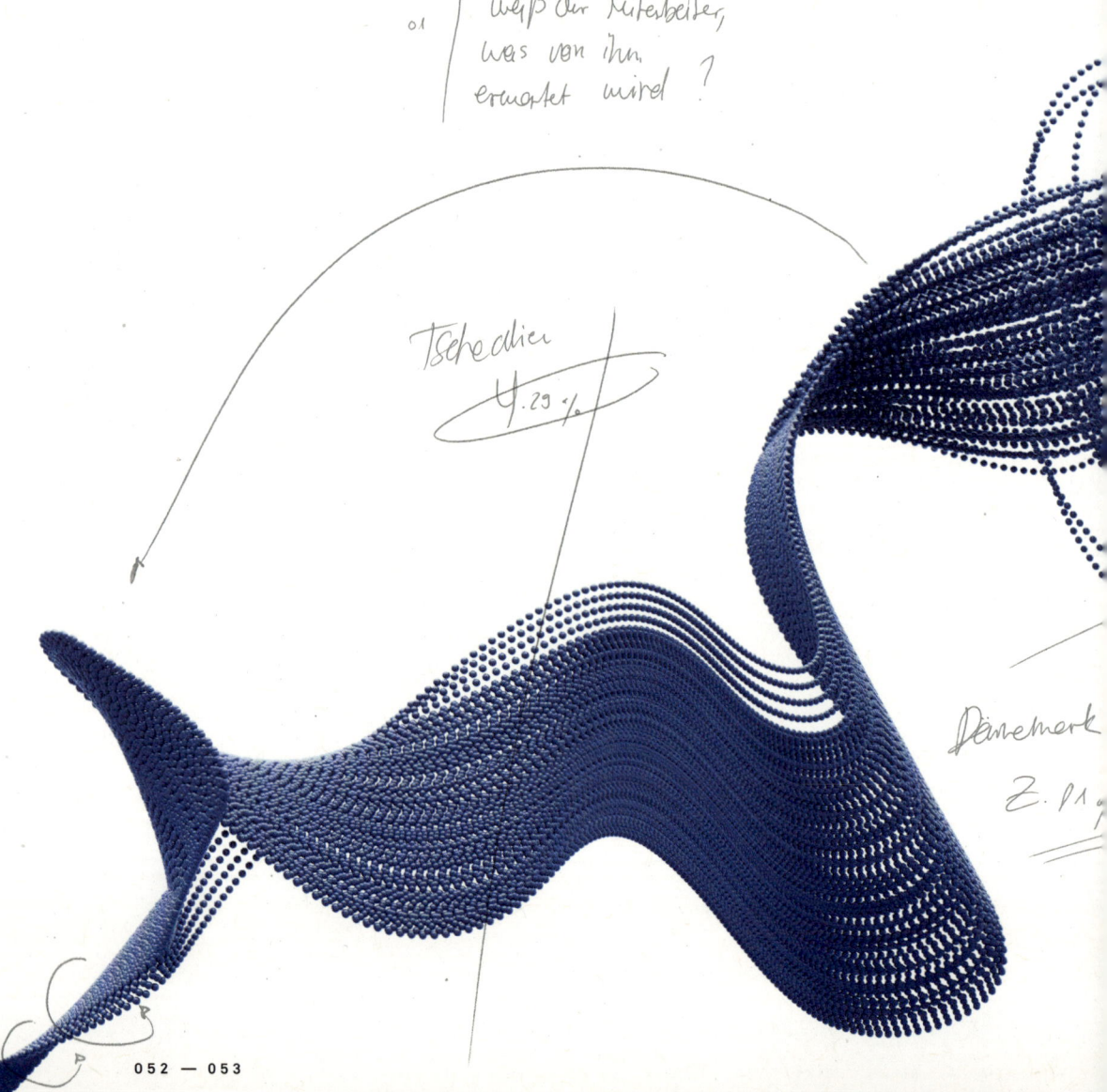

Tschechien
4.20 %

Dänemark
2. P1 %

Estland

Frankreich

Z. 65 %

B.008

Y. 74 %

Finnland

ZWEI. Der Mensch

» **Der edle Mensch
ist kein Gerät,
das nur einer
Verrichtung dient.** «

Konfuzius

Der Mensch ist ein Kind der Natur. Er lebt unter dem Himmel, seine Heimat ist die Erde. Sein Leben ist ein Wachsen. Es drängt darauf, das in ihm angelegte Potenzial zur Entfaltung zu bringen. Wo der Mensch in Freiheit den ihm geschenkten Impulsen folgen kann, schafft er Kultur. Als Kind der Natur und als Schöpfer der Kultur ist er Bürger zweier Welten. Seiner doppelten Staatsbürgerschaft Rechnung zu tragen, ist die Lebensaufgabe, die ihm gestellt ist.

Bei allem geht es ihm um zweierlei: Er sucht die Einbindung ins große Ganze der Natur. Er sucht Geborgenheit und Zugehörigkeit. Er will im Kosmos heimisch sein. Zugleich will sich der Mensch als Individuum bewähren. Er will sich mitteilen, sein unverwechselbares Eigensein bekunden und sich vor der Welt zeigen. Wo beide Sehnsüchte Erfüllung finden, erwartet den Menschen das Glück. Als Helferin ist ihm die Schönheit beigesellt. Am Schönen zeigt sich seinem Geist *und* seinen Sinnen, was ein gutes Leben ist: ein naturgemäßes Leben, das in sich stimmig und harmonisch ist, verbunden mit dem Ganzen und frei zur Individualität. Deshalb ist er gut beraten, am Schönen Maß zu nehmen, wenn er dem Ruf des Lebens zur Entfaltung und Erfüllung folgen will.

Vom Schönen geht ein wunderbarer Sog aus. Es zieht den Menschen zu sich hin, ist attraktiv. Die Kraft im Menschen, die diesem An- und Zuspruch Antwort gibt, nannten die Griechen *Eros*. Gemeint ist die Begeisterung und Leidenschaft, die Liebe und der Mut, mit denen wir dem Ruf der Schönheit folgen. Der Eros ist geflügelt – denn wenn er sich im Herzen eines Menschen breit macht, beflügelt er ihn dazu, sein Bestes zu geben und über sich hinaus zu wachsen.

Der Eros lebt in den drei Begleitern, die den Menschen auf dem Weg zu sich selbst unterstützen: im Philosophen, im Mönch und im Künstler. Der Philosoph nimmt Maß am Schönen, Guten, Wahren und versucht, den Sinn des Daseins zu erschließen; der Mönch gewahrt ihn in der Stille der Kontemplation; und der Künstler verleiht ihm Ausdruck.

Im Menschen spielen Emotionalität, Sozialität und Rationalität zusammen. Wo dieses Zusammenspiel gelingt, entsteht die Weisheit. In diesem Dreiklang wächst das Leben: Es wächst in unseren Sinnen ebenso wie in unserem Geist. Menschsein umfasst alle Daseinsdimensionen: Leib und Sinne, Gefühl und Gespür, den Intellekt, die Seele und den Geist. Im Sog des Schönen drängt uns Eros die zu werden, die wir sein können. Dem Eros gilt es einen Ort zu geben.

Zwei Tendenzen wohnen im Menschen: Er sehnt sich nach Zugehörigkeit zum großen Ganzen und er möchte sich frei entfalten. Beides verbindet sich zu seiner stärksten Antriebskraft: dem Eros.

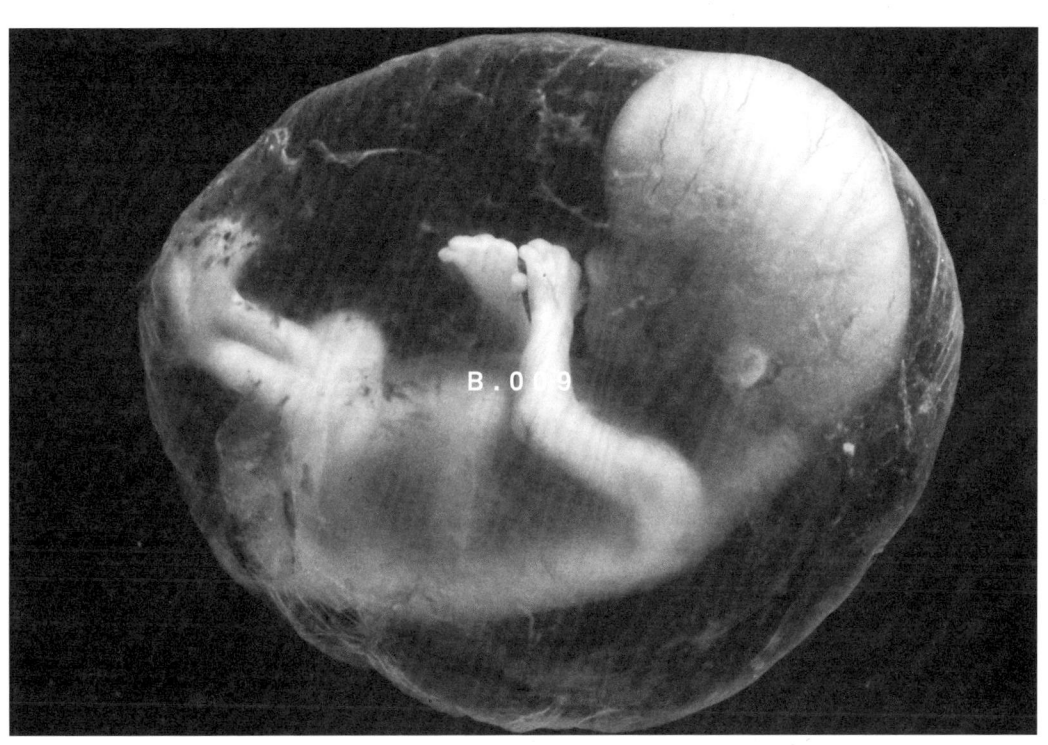

B.009

»Der Leib ist eine große Vernunft.«

Friedrich Nietzsche

Von einem Menschen sagen wir mit Recht, dass er leibt und lebt. Doch haben wir vergessen, was das heißt: leiben. Leiben heißt: *als* Körper sein. Es heißt: In Fleisch und Blut auf Erden wandeln – zerbrechlich, verletzlich, fragil. Sofern wir leibend leben, sind wir sterblich. Und das ist nicht das Schlechteste an uns. Das Hier und Jetzt des Lebens verlöre seinen Wert, wenn wir unsterblich wären. Die Kostbarkeit des Augenblicks verdankt sich unserer Leiblichkeit und Sterblichkeit. ▬ Mit unserem Leib sind wir der Natur einverleibt. *Als* Leib gehören wir dem großen Leben zu – mit seinem Werden und Vergehen, mit seinen Zyklen und seinen Gesetzen. Dank unserer Sinne wissen wir davon. Sie sind die Tore, durch die wir das bunte Gewimmel der Welt empfangen. Sie sind die Brücke und das Band, das den Leib mit dem Kosmos verbindet. Ohne die Sinne wären wir einsam. ▬ Der Leib und die Sinne brauchen Schutz und Pflege. Sie wollen kultiviert werden, wenn wir denn wirklich Mensch sein wollen. Essen und Trinken alleine reichen dabei nicht. Damit der Mensch zu dem wird, was er sein kann, brauchen seine Sinne Nahrung. Wir sollten unseren Sinnen schmeicheln und sie wach und offen halten. Das aber setzt voraus, dass wir ihnen ein gutes, nährendes Ambiente geben. Und ebenso sollten wir auf unseren Leib achten und Sorge dafür tragen, dass es ihm gut geht. ▬ Gute Räume nehmen den Leib ernst. Sie wissen um seine Bedürftigkeit und Empfindsamkeit. Sie fallen nicht der Versuchung anheim, den Menschen darauf zu beschränken, ein arbeitendes Gehirn zu sein: ein Kopfarbeiter, dessen Leib und Sinne eine *quantité negligiable* wären. Nein, gute Räume nehmen Maß am Leib und erzeugen ein Ambiente, das den Sinnen wohltut. Denn wenn der Leib sich wohlfühlt und unsere Sinne gut genährt sind, dann wächst in uns die Kraft der Leidenschaft und Lust. Dann wächst der Eros und mit ihm die Energie. Dann haben wir die Chance, zu denen zu werden, die wir sein können: schöpferische und kreative, lebendige und erfolgreiche Menschen.

Gute Räume nehmen den Leib ernst. Sie bieten ein Ambiente, das die Sinne anspricht und die Begeisterungsfähigkeit in uns nährt.

B.010

» **Das Element des Gefühls ist ein inneres Licht, was sich in schöner'n, kräftiger'n Farben bricht.** «

Novalis

„Das Denken", notierte Friedrich von Hardenberg alias Novalis,
„ist nur ein Traum des Fühlens, ein erstorbenes Fühlen, ein blassgraues,
schwaches Leben." Was der Dichter ahnte, bestätigt heute die Wissenschaft: Das Fühlen ist der Anfang allen Denkens, der Grund aller Intelligenz. „Alles fühlt", ist der Titel eines Buches des Biologen Andreas
Weber, worin er darlegt, dass schon auf der einfachsten Ebene des Lebens
das Fühlen anzutreffen ist. Selbst ein Pantoffeltierchen setzt alles daran, dem Schmerz zu entkommen, wo immer es geht. Es tritt die Flucht
an, wo das Verderben naht. Und wenn es sich sicher fühlt, bleibt es
am Ort. So viel ist sicher: Alle Wesen wollen sich wohlfühlen: Jedem Tier-
chen sein Pläsierchen. ▬ Der Mensch ist gut beraten, seinen Gefühlen
zu trauen. Freuden und Schmerzen sind ihm verlässliche Richtungsweiser.
Sie geben zu erkennen, was guttut und was schadet. So weisen sie den
Weg zum Wachstum und zur Blüte. ▬ Am wichtigsten auf unserem
Lebensweg ist das Gefühl der Liebe. In ihm erschließt sich die Verbundenheit mit anderen. Wer liebt, erfährt mit aller Kraft die Wahrheit, dass
er nicht alleine ist. Die Liebe bringt uns zu Bewusstsein, dass wir Wesen
der Verbundenheit sind. In ihr fühlen wir uns glücklich und lebendig.
Denn liebend sind wir ganz bei uns und leben unserem Wesen gemäß.
▬ Vor allem aber gibt die Liebe dem Leben die Richtung, besonders
wo sie Lust und Leidenschaft ist. Denn die leidenschaftliche Liebe des
Eros ist die größte Kraft im Leben eines Menschen. Unzählige Geschichten
erzählen davon, dass Eros einen Menschen dazu veranlassen kann, über
seine Grenzen zu gehen und neue Wege zu beschreiten. Wer vom Eros
ergriffen ist, entfesselt eine nie gekannte Kreativität. Der Eros, lehrte
Platon, ist ein Mittler zwischen Mensch und Gott. Wer sich ihm anvertraut
und vom Schönen hinreißen lässt, wird seine Potenziale entfalten. Dafür
braucht es Räume, die Gefühle zulassen.

Gefühle sind Wegweiser auf dem Weg zur Potenzialentfaltung. Vor allem die Liebe führt den Menschen zu seinem eigentlichen Wesen.

B.011

»Wage es, dich deines Verstandes zu bedienen!«

Immanuel Kant

Der Mensch gehört zur Spezies *Homo sapiens sapiens*. Das erste *sapiens* steht für Gespür und Geschmack – für das Vermögen, die Dinge danach zu beurteilen, ob sie einem gefallen oder nicht; das zweite *sapiens* steht für Wissen und Bewusstsein. Der Mensch schmeckt nicht allein die Dinge seiner Welt, er kennt auch die Kriterien, nach denen er sich die Welt verfügbar machen kann. Er kann die Dinge unterscheiden, kann sie ordnen und begreifen, sich aneignen und erfassen. Durch Wissen und Verstehen ist es ihm möglich, das Schöne, Gute und Wahre in den Dingen seiner Welt zu erschließen. — Heute fokussieren wir uns auf das Gehirn als physisches Korrelat unserer Gedanken und Gefühle. Tatsächlich ist es ein Wunderwerkzeug. Dank seiner Plastizität, Elastizität und Kreativität können wir die Sinneseindrücke und Gefühle, die auf uns einwirken, zu Erfahrungen formatieren und in Gedanken übersetzen. Auf diese Weise lernen wir. Lernen und Entwicklung wären ohne dieses Wunderwerkzeug wohl nicht möglich. — Die Fähigkeit zu lernen hört nicht auf. Bis ins hohe Alter kann der Mensch neue Erfahrungen sammeln, die im Gehirn als neue Anteile des bereits bestehenden neuronalen Netzwerks stabilisiert werden und ältere, durch vorangegangene Erfahrungen entstandene Netzwerkstrukturen überlagern. „Das Gehirn bleibt auch im Erwachsenenalter in der Lage, seine Verschaltungen an neue Nutzungsbedingungen anzupassen und zu erweitern", schreibt der Hirnforscher Gerhard Hüther. — Am wohlsten fühlt sich das Gehirn, wenn in ihm Kohärenz entsteht: wenn eine Rechnung aufgeht oder wenn wir etwas verstehen; wenn sich die Dinge in uns ordnen und eine innere Harmonie entsteht. Denken kann ebenso glücklich machen wie die Erfahrung des Schönen. Sobald es passt oder stimmt, ist das Gehirn in Topform. Dann wird es größer und weiter. Dann entfalten sich unsere Potenziale. Deshalb brauchen wir gute Gedanken und ein schönes Ambiente, wenn wir zu denen werden wollen, die wir sein können.

Das Gehirn ist bis ins hohe Alter lernfähig. Zu Höchstform läuft es auf, wo es Kohärenz erzeugt: wenn sich die Gedanken zum Verstehen und zum Einverständnis fügen.

B.012

Deutschland
15% der Beschäftigten
besitzt eine geringe
Arbeitszufriedenheit

Island
4,81%
Zusammen mit
Dänemark den
Höchstwert in Europa

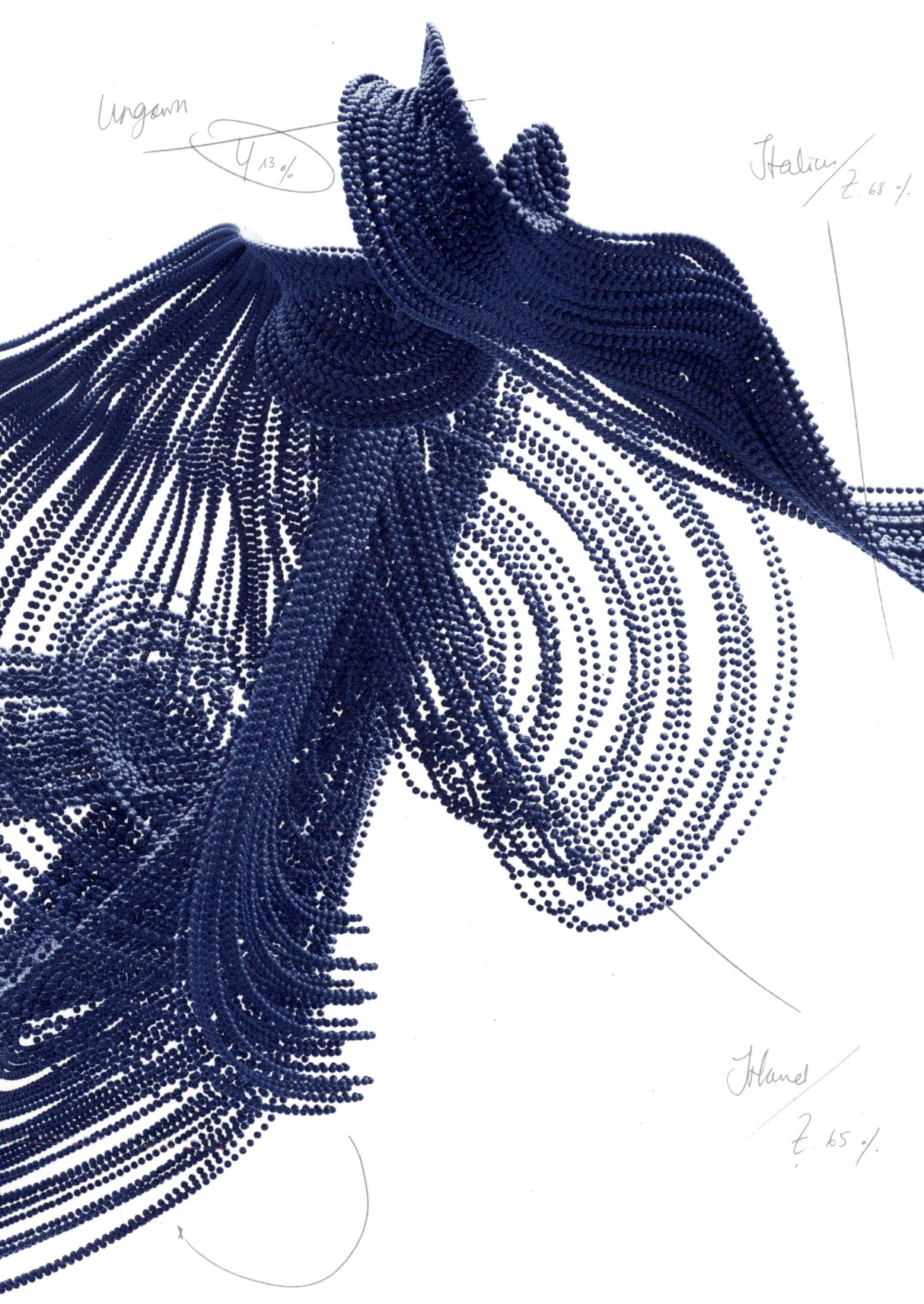

Ungarn

Y 13 %

Italien / Z 68 %

Island / Z 65 %

»Menschen, die uns glücklich machen,
sind liebenswerte Gärtner,
die unsere Seele zum Blühen bringen.«

Marcel Proust

Die Seele ist aus der Mode gekommen. Man spricht nicht mehr von ihr. Weder fürchtet man um sein Seelenheil, noch konsultiert man den Seelsorger. Stattdessen befasst man sich mit Psychologie. Die hat aber wenig mit dem zu tun, was unsere Vorfahren und Ahnen die *Seele* nannten. ▬ Die Seele galt früher als unser eigentliches Selbst; als das, was wir in der Tiefe sind, unter der Oberfläche unseres Ichs, mit dem wir uns gemeinhin identifizieren. Träume und Gefühle gehören ebenso zur Seele wie Gedanken oder Einsichten; Bewusstes oder Unbewusstes. Die Seele ist viel größer und umfassender als unser Ich. Sie ist die Ganzheit unseres Lebens. ▬ Oft leiden wir darunter, dass unser Ich die Seele überschattet. Das geschieht, wenn wir darauf fixiert sind, unsere Wünsche zu verwirklichen, unsere Habe zu mehren, unsere Überzeugungen durchzusetzen, unsere Interessen zu verfolgen. Wenn wir dabei erfolgreich sind, führt das bestenfalls zu einer oberflächlichen Zufriedenheit. Doch in der Tiefe unserer Seele erfüllt es uns nicht. ▬ Die Seele ist ein nichtorganisches Organ. Sie hat die Aufgabe, die Verbindung mit dem Höheren aufrecht zu erhalten. Wo ihr das gelingt, ist der Mensch mit sich und der Welt im Einklang. Das Leben gleicht dann einer unverwechselbaren, schönen und harmonischen Melodie, die sich im steten Wechselgesang mit der Welt fortwährend selbst fortschreibt. Der Treibstoff, der sie dabei befeuert, heißt „Spirit" – Geist. Er ist in zwei Bereichen konzentriert vorhanden: in Religion und Kunst. Hier nährt die Seele sich am Schönen und Begeisternden. Schönheit ist – auch in Arbeitsräumen – deshalb nicht ein Luxus, sondern ein Grundnahrungsmittel: der Kraftstoff für Geist und Seele ▬ Die Seele wächst im Austausch mit der Welt. Indem sie sich im anderen spiegelt, findet sie zu sich. Wo sie sich findet, ist der Mensch beseelt. Und ist der Mensch beseelt, beseelt er auch den Raum um sich. Beseelte Räume lassen Menschen wachsen. Es sind Begegnungsräume, die es zulassen, dass Menschen sich von Seele zu Seele in ihnen begegnen. Das heißt: frei von Strategien und Kalkülen, nicht berechnend, nicht einander nutzbar machend – sondern spielerisch und liebevoll, von Du zu Du.

Die Seele wächst im Austausch mit der Welt. Indem sie sich im anderen spiegelt, findet sie zu sich. Wo sie sich findet, ist der Mensch beseelt. Ist er beseelt, dann wirkt er schöpferisch.

B.014

» **Der Wille zum Sinn bestimmt unser Leben! Wer Menschen motivieren will und Leistung fordert, muss Sinnmöglichkeiten bieten.** «

Viktor Frankl

Der Mensch ist Leib, er spürt und fühlt, er denkt und rechnet, er
kann ganz lebendig sein; doch all das erfüllt ihn nicht, solange er sich
nicht bejahen kann. Das Leben scheint nur lebenswert, wenn wir es
sinnvoll finden. Und sinnvoll finden wir es dann, wenn wir es gut heißen
und uns einen Reim auf unser Dasein machen können. Gelingt uns
das, können wir auch unter widrigsten Umständen bestehen. Davon zeu-
gen die Worte von Viktor Frankl oder von Etty Hillesum. Sie litten
Qualen im KZ und sagten trotzdem Ja zum Leben. ▬ „Wer ein Warum
zu leben hat, erträgt fast jedes Wie", notierte Friedrich Nietzsche.
Er spricht damit die Wahrheit aus, dass Leben ohne Sinnerfahrung nicht
gelingt. Wir brauchen die Rückbindung an eine Dimension, die uns
die Gewissheit gibt, dass unser Dasein sinnvoll ist. Die einen nennen
diese Dimension *Gott*, andere das *Heilige*, andere den *Geist* und andere
wieder anders. Fest aber steht: Aus jener Dimension erwächst uns
die Begeisterung. Begeistert sind wir dann, wenn etwas durch und durch
und ohne Wenn und Aber zu bejahen ist. Schönheit begeistert, Wahrheit begeistert, Liebe begeistert. ▬ Und sind wir begeistert, dann
können wir Ungeheures bewirken. Dann wachsen wir über uns hinaus.
Begeisterung ist der Brennstoff des Eros und der Dünger der Seele.
Wir können sie niemals erzwingen oder technisch produzieren. Wir können uns ihr allenfalls hingeben und sie in uns geschehen lassen. Wir
können uns für sie empfänglich halten. Begeisterung ist eine Leidenschaft,
ein Widerfahrnis. ▬ Damit sie uns ergreift, müssen wir ihr Raum
gewähren. Wir brauchen Räume der Begeisterung. In Räumen der Begeisterung gedeiht das Leben. Ohne Begeisterung und Lebendigkeit ist
Erfolg unmöglich.

Menschen brauchen Sinner-
fahrung. Sie wollen sich einen
Reim auf ihr Leben machen
und „Ja" zu sich sagen können.
Sie brauchen dafür Orte, die
sie ansprechen und begeistern.

OFFICINA HUMANA

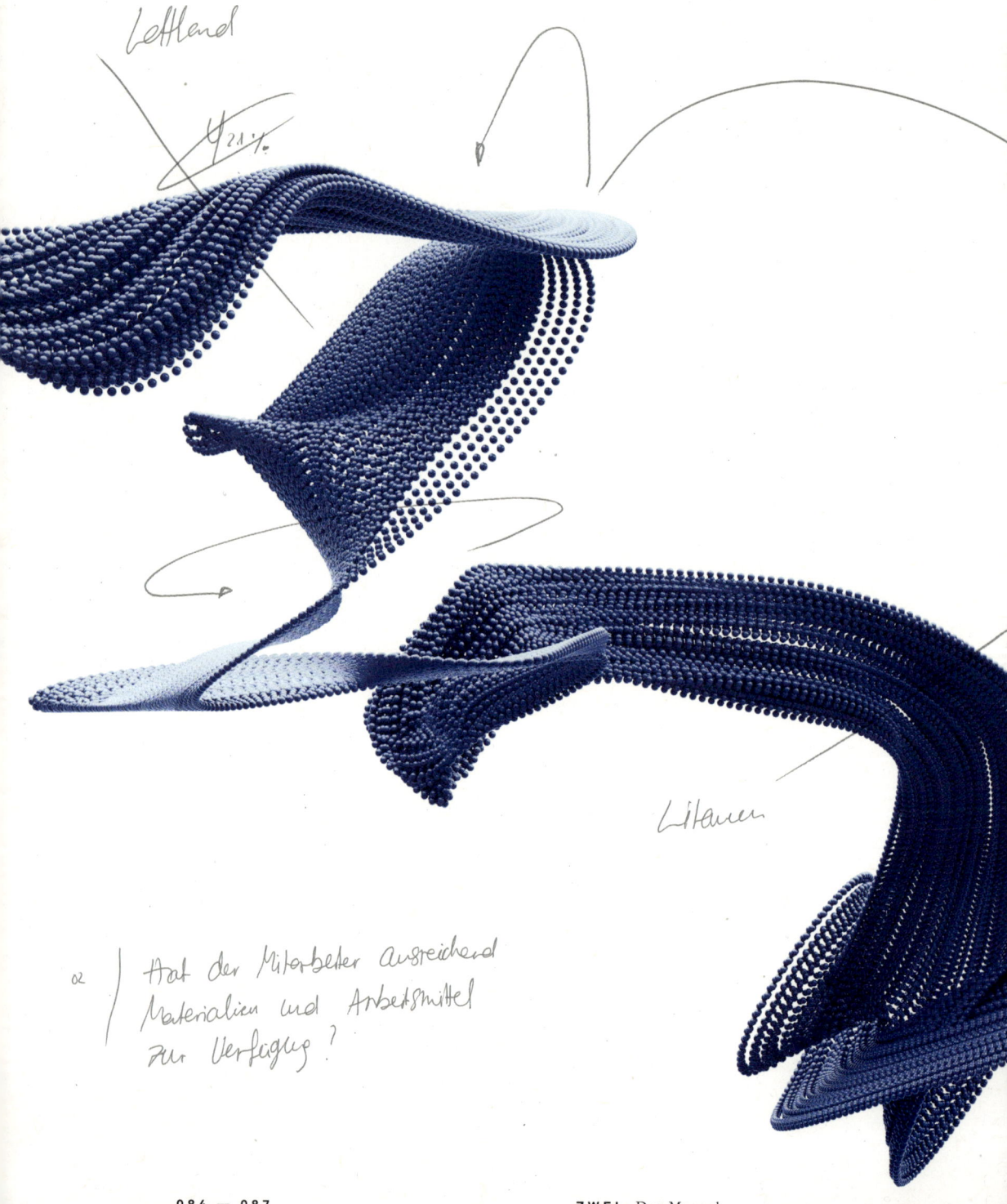

Lettland

Litauen

α) Hat der Mitarbeiter ausreichend
Materialien und Arbeitsmittel
zur Verfügug ?

Luxemburg / 2.72 %

B.016

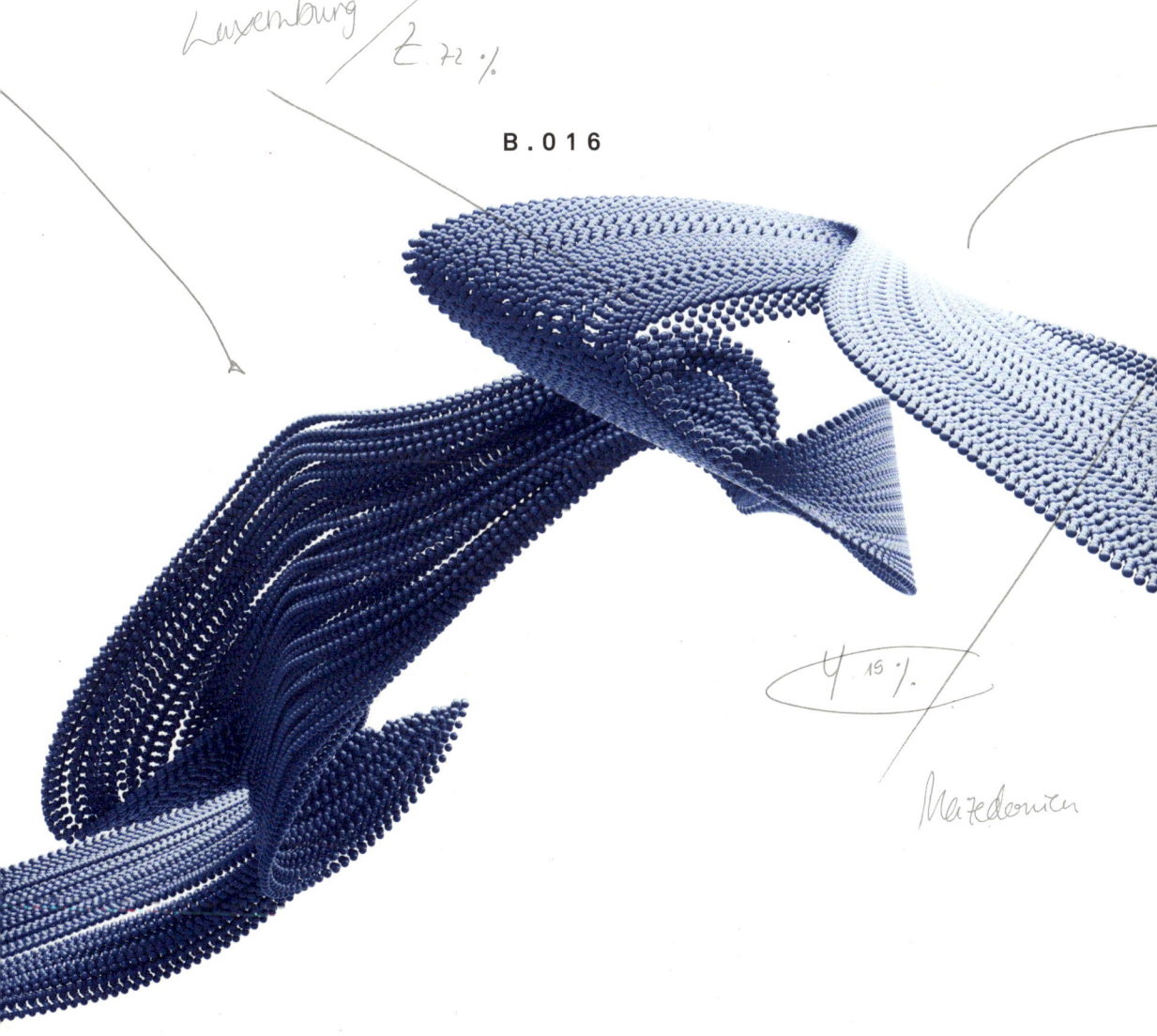

4 15 %

Mazedonien

Malta

Moldenhauer

B.017

Montenegro

Y.25%
Z.58%

DREI. Das Haus

» Durch Weisheit wird ein Haus gebaut, durch Umsicht hat es Bestand. «

Altes Testament, Proverbia

Zwischen Himmel und Erde streckt sich der Lebensraum des Menschen. In ihm richtet er sich ein, damit er wohnen kann. Wohnen ist mehr als Hausen. Wohnen, so Martin Heidegger, heißt ursprünglich: „zufrieden sein, zum Frieden gebracht, in ihm bleiben." Es heißt: „eingefriedet bleiben in das Freie, das jegliches in sein Wesen schont. *Der Grundzug des Wohnens ist dieses Schonen.*"

So wie die jungen Bäume für ihr Wachstum eine Schonung brauchen, braucht auch der Mensch einen Bereich, in dem er sich entfalten kann. Dieser Bereich ist seine Wohnung. *Wohnung* und *Schonung* hängen eng zusammen. Sie beide nennen das, was da sein muss, damit Kultur entstehen kann. Deswegen ist es gut, wenn auch ein Büro Wohnqualität hat.

Ein Haus raubt der Natur ein Stück des Raumes. Doch wenn Kultur in einem Haus gedeiht, zahlt es den Raub zurück. Ein Haus, das ein Kulturraum ist, wird zu einer zweiten Natur. Wie die erste Natur vereint es Funktionalität und Poesie. Das ruft die Schöpferkraft des Menschen auf den Plan. Als Architekt lernt er, die Orte seines Aufenthalts so zu gestalten, dass darin Leben wachsen und gedeihen kann – dass die von ihm gebauten Räume das Leben kultivieren und schonen.

In der ältesten Abhandlung über die Architektur, die wir in der abendländischen Kultur haben, schreibt der römische Baumeister Vitruv, mit der Architektur sei die *Ethik* entstanden – ursprünglich ein Wort für das Haus bzw. für das Regelwerk einer geordneten Haushaltsführung. Denn, so Vitruv, nachdem der Mensch sich ein Dach über dem Kopf errichtet hatte, war die freie Sicht auf den Himmel verbaut. Nun brauchte er anderes, woran er Maß nehmen konnte; nun brauchte er neue, innere Sterne, die dem Leben und Bauen die Richtung weisen.

Wer Häuser bauen will, ist gut beraten, Maß daran zu nehmen, was ein Haus seinem Wesen nach und ursprünglich ist. Es ist ein Raum der Sicherheit, der Intimität und der Inspiration. Es ist ein Ort der Geselligkeit, an dem Menschen zusammenleben und -arbeiten. Denn nicht zuletzt ist es der Ort des Wirtschaftens. Das Wort *Ökonomie* leitet sich her vom griechischen Wort οἶκος, Haus. Ebenso das Wort *Ökologie*. Ursprünglich lässt sich eines vom anderen nicht trennen.

Wirtschaften ist die Kunst der Haushaltsführung und des Haushaltens. Es ist die Kunst, die Orte unseres Lebens so zu kultivieren und zu hegen, dass wir in ihnen Mensch sein können – gemeinschaftlich und geborgen, genährt von der Erde und belehnt mit der Freiheit des Himmels. Ein Haus versammelt in sich fünf Grundfunktionen. Wirtschaftlichkeit, Schutz, Zusammengehörigkeit, Kulturpflege, Identitätsstiftung.

Als Kulturraum wird das Haus zur zweiten Natur.
Wie die erste Natur verbindet es Funktionalität und Poesie.
Das ruft die Schöpferkraft des Menschen auf den Plan.

B.018

**» Wir haben das Bedürfnis
nach Geborgenheit.
Wir brauchen die Schönheit. «**

Yehudi Menuhin

Jedes Haus ist der Natur abgerungen. Nur deshalb kann es Schutz gewähren. Es bietet Obdach und Wärme, es bewahrt vor vielfältigen Gefahren durch Wind und Wetter, Schnee und Eis. In seinem Haus fühlt sich der Mensch sicher und geborgen. Beides braucht er für sein Glück und für sein schöpferisches Handeln. ▬ Nur wenn er sich dem Augenblick ganz überlassen kann, nur wenn er sorgenfrei im Hier und Jetzt weilt, spielt sich ihm die Freiheit zu, Neues zu erproben und visionär in die Zukunft zu denken. Nur im Geborgenen kann der Mensch seine Potenziale entbergen. Nur im Sicheren kann er sich sammeln und seine innere Balance finden. Um kreativ zu sein, muss er frei von existenzieller Sorge sein. Er muss sich aufgehoben fühlen. Gerade in Zeiten der Unsicherheit. ▬ Sicherheit entsteht freilich nicht durch Zäune und Überwachungskameras, durch Security-Services oder Personen-Scanner. In manchen Bereichen mag das unausweichlich geworden sein, aber wichtiger noch ist die Kultur in einem Haus, die Transparenz der Kommunikation und das Vertrauen der Beschäftigten untereinander. Notwendige Sicherheitsvorkehrungen sollten deshalb so getroffen werden, dass sie nicht zu einem Vertrauensverlust führen. Menschen wollen sich geschützt fühlen, nicht aber überwacht werden. Es geht nicht darum, Festungen zu errichten, sondern Räume, in denen Menschen frei sein können. Es geht, wie immer, um das rechte Maß. ▬ An diesem Punkt sind zunehmend auch Architektur und Raumgestaltung gefordert. Sie sollten Sorgfalt darauf verwenden, dass dieses Maß getroffen wird und Räume das Gefühl von Sicherheit und Geborgenheit vermitteln.

Ein Haus ist immer auch ein Schutzraum. In ihm wird der Mensch frei, über den Tag hinaus in die Zukunft zu denken.

B.019

Niederlande

2.80%

Höchstwert in
Europa

Norwegen

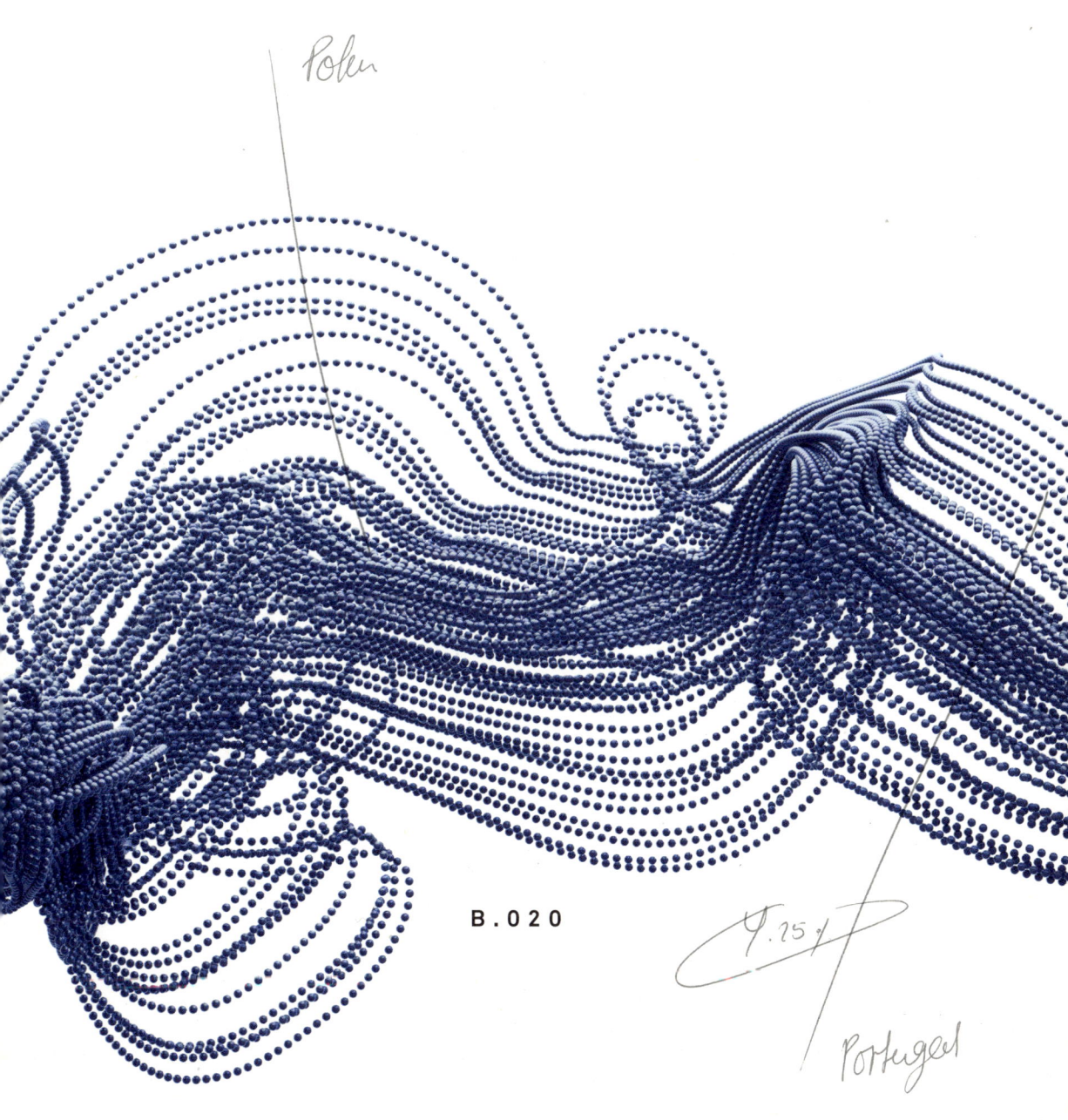

Polen

B.020

Portugel

»Alles wirkliche Leben ist Begegnung.«

Martin Buber

Jedes Haus hat seine eigene Stimmung, die ihrerseits die Hausbe-
wohner stimmt. Nimmt die Baukunst Maß am Kosmos, setzt sie seine
Harmonie ins Werk, dann wird sie Räume schaffen, die Menschen
auf den Grundton der Harmonie stimmen und stimmige Geselligkeit
befördern. Auf diese Weise genügt das Haus dem Wesenszug des
Menschen, ein Wesen der Verbundenheit zu sein. ▬ Der wichtigste
Ort ist ursprünglich die Feuerstelle. Hier rücken die Bewohner
eng zusammen. Hier versammelt sich die Hausgemeinschaft: Herren
und Knechte, Jung und Alt, nach getaner Arbeit oder in langen,
dunklen, kalten Winternächten. Man erzählt einander Geschichten,
hat Zeit füreinander. Hier ist Begegnung möglich. ▬ Begegnung
ist mehr als Kommunikation. Begegnung bedeutet, einander zu sehen,
einander zu hören, einander etwas zu sagen zu haben. Wo Menschen einander begegnen, lassen sie es zu, dass der andere sie etwas
angeht. Dafür braucht es einen Sinn der Achtsamkeit, der Gegen-
wärtigkeit und der Präsenz. Dafür bedarf es der Treue zum Gespräch
und des Bleibens im Gesprächsraum. Dafür braucht es Entschleu-
nigung und Sammlung. ▬ Als das kann der geschützte Raum des Hauses wirken. Wo man sich sicher weiß, wo man es warm hat, wo man
genährt und gut versorgt ist, da lässt sich das Leben entschleunigen, so
dass echte Begegnung geschehen kann; ob nun vor dem Kamin, zu
Tisch oder in einem elegant ausgestatteten Konferenzraum, gleichviel.
Stets geht es darum, dass ein Raum einladend ist: einladend zur persönlichen, tiefen Begegnung, in der wir einander als Personen gewahren,
die uns etwas angehen. Denn, wie der Philosoph Martin Buber lehrte,
in solcher tiefen Begegnung ist das wirkliche Leben. Hier, im *Raum des
Zwischenmenschlichen*, so lehrt er, entsteht „eine denkwürdige, nirgends
sonst sich einstellende Fruchtbarkeit".

Das Haus erlaubt Geselligkeit. Im Haus arbeitet man gemeinsam. Es ist ein Ort der Zugehörigkeit – ein Ort der Begegnung.

B.021

Slowakei

Slowenien

У .35/.

B.022

Schweiz

4. 74 %

Schweden

Spanien

7. 62 %

» **Kultur ist die Gesamtheit
aller Formen der Kunst,
der Liebe und des Denkens,
die im Verlaufe von Jahrtausenden
dem Menschen erlaubt haben,
weniger Sklave zu sein.** «

André Malraux

Wo Menschen an einem geschützten Ort zusammenkommen, öffnen sich Räume für Kultur. Räume der Kultur sind Gewächshäuser der Seele. Sie sind dem Menschen das, was jungen Bäumen eine Schonung ist. Sie schonen den Menschen, sie kultivieren seine Seele. Hier kann er geschützt im Stillen reifen und gedeihen. Dank ihnen ist es möglich, dass ein Mensch sich zeigen kann: dass er sich mitteilen und in der Welt bekunden kann. Hier tauscht man sich aus und erfährt voneinander. Hier spielt man miteinander. ▬ Der niederländische Kulturanthropologe Johan Huizinga hat überzeugend dargelegt, dass das gemeinsame Spiel der Ursprung aller Kultur ist. Das Spiel aber braucht einen Spielraum, einen geschützten Raum, der herausgenommen ist aus dem üblichen, alltäglichen Geschehen. Ein Raum, der frei von Sorge ist. Ein Haus, das seines Namens würdig ist, ist ein solcher Raum. ▬ Gewiss, auch im Haus fällt Arbeit an. Die Hausarbeit erfordert Zeit und Mühe. Doch irgendwann ist Feierabend. Die Arbeit ist getan, und nun verwandelt sich das Haus in einen Kulturraum. Dann können sich die Bewohner im zweckfreien Tun ergehen, nun können sie spielen. Die einen spielen Karten, die anderen spielen Hausmusik. In manchen Ländern ist das noch heute so. In unserer modernen Welt hingegen wohnen wir den Spielen anderer bei: vor dem Fernseher oder vor dem Computer. Hier wird Kultur bestenfalls noch konsumiert. In früheren Gesellschaften wurde sie im Haus reproduziert – oder gar geschaffen. ▬ Ein Haus, das wirklich Haus ist, ist ein Freiraum für die Potenzialentfaltung. Es gerät zur Bühne, auf der Menschen etwas durchspielen oder worin sie sich ausspielen – manchmal auch aufspielen – können. Auf diese Weise entspricht das Haus seinem dritten Wirkungselement: ein Ort der Kultur zu sein.

Häuser sind Gewächshäuser der Seele. In ihrem geschützten Raum kann das Potenzial des Menschen reifen, bis er Früchte trägt.

» **Das, was wir denken, müssen wir sagen, das was wir sagen, müssen wir tun, das was wir tun, müssen wir sein.** «

Alfred Herrhausen

Ein Haus unterstützt seine Bewohner darin, ihre Potenziale zu entfalten und die zu werden, die sie sein können. Das gelingt in dem Wech-
selspiel von Verbundenheit und Freiheit, Zugehörigkeit und Individualität, Schutz nach außen und Offenheit nach innen. „Der Mensch",
so sagte Martin Buber, „wird am Du zum Ich." Er braucht sowohl
ein Gegenüber als auch einen sicheren Stand. ▬ Ein Haus gewährt dem
Menschen einen Standpunkt und öffnet ihm zugleich den Zugang in
die Welt. Es ist eine Begegnungsstätte von Kultur und Natur, von Intimität und Öffentlichkeit, von Einsamkeit und Geselligkeit. Je stärker
diese Pole in einem Haus verbunden sind, desto mehr wird es dem Menschen zum Brutkasten seines Selbstseins. ▬ Das Haus unterstützt
ihn darin. Es gewährt ihm einen Raum, in dem er sich spiegeln, in dem er
sich erproben kann: „Zeige mir deine Wohnung, und ich sage dir, wer
du bist", heißt es nicht zufällig. In unseren Häusern wächst das Eigene,
denn in ihnen stülpt die Seele sich nach außen. Und dafür braucht
es gar nicht viel: ein bisschen Freiheit, ein bisschen Zeit, ein bisschen Gestaltungswillen. Und den Mut, sich frei zu machen von den Idealen
und Verlockungen der Zeitschriften und Kataloge. Wo alle nur noch dem
Diktat der großen Möbelhäuser folgen, kann das Haus das Wirkungselement der Identitätsstiftung nur noch schwerlich erfüllen. ▬ Von solchen Verführungen zum Konformismus sollte sich freimachen, wer
die einem Haus innewohnenden, ursprünglichen Potenziale nutzen möchte.
Er sollte den Raum vielmehr so gestalten, dass er offen und einladend
ist, so dass Menschen sich in ihm zeigen, sich mitteilen, entdecken können. Wo Häuser Schutz gewähren, Menschen zusammenbringen und
Raum für Spiel und Kultur schaffen, da können sie auch Orte werden, an
denen das Eigene, Originelle, Unverwechselbare wächst.

Ein Haus gewährt dem Menschen einen Standpunkt und öffnet ihm zugleich den Zugang in die Welt.

B.024

OFFICINA HUMANA

» Die antike Ökonomik entstand
als ganzheitliche Managementwissen-
schaft, als Wissenschaft von der
ethisch verantwortlichen Menschen-
führung in einem Haus. «

Horst Meyer

Der Mensch ist immer auch ein Wesen der Natur. Sein Stoffwechsel
hält ihn am Leben. Er nimmt von der Natur und gibt ihr zurück. Der
Umschlagplatz dafür ist das Haus – auf Griechisch *oikos*. Es ist
der Ort des Konsumierens und des Produzierens. Die Kunst, dabei das
Maß und Gleichgewicht zu halten, nannten die Griechen *oikonomia* –
Ökonomie, die Kunst des guten Haushaltens. ▬ Das Haus ist in der Vorstellung der Griechen ein geschrumpfter Kosmos. Im großen Spiel
des Kosmos mitzuspielen und die dort in Geltung stehenden Regeln
getreulich zu befolgen, ist deshalb die Kernaufgabe der oikonomia.
Als Kunst ein Haus zu führen und zu unterhalten, wurde sie zuerst von
Aristoteles bedacht. Den oikos dachte er als Lebewesen, das sich
durch Produktion und durch Konsum am Leben hält. Wichtig erschien
ihm, dass es dabei ein Gleichgewicht des Nehmens und des Gebens
gibt, dass eine stimmige Ökologie gewahrt ist. ▬ Noch heute ist sie
maßgeblich für das Wirtschaften. Das Wirtschaften gerät zum Segen,
wenn es den Haushalt mit dem Nötigen versorgt und gutes Leben
möglich macht. Es wird aber zum Fluch, wenn wirtschaftliches Denken
das ganze Haus kolonialisiert und seinen funktionalen Zwängen und
Parametern unterwirft. ▬ Nicht Reichtum oder Gelderwerb sind in der
antiken Ökonomie der Sinn und Zweck der Haushaltsführung, sondern die Eigenständigkeit und Unabhängigkeit des Hauses. Das Geld ist
lediglich ein Mittel, jene Autarkie des Hauses zu gewährleisten, nicht
aber Ziel des Haushaltens. Und dieses Mittel findet seine Grenze in dem
Zweck, der ihm gesetzt ist. Nichts ist fataler für ein Haus als grenzen-
loses Wachstum, grenzenloser Gelderwerb. Denn Grenzenlosigkeit, so
wusste Aristoteles, zerstört das Leben. ▬ Das Leben aber ist der
wahre Sinn und Zweck der Wirtschaft – weshalb nur so viel Geld zu
erwirtschaften ist, wie es für die Autarkie und Unabhängigkeit des
Hauses nötig ist. Dieser alte Gedanke ist höchst aktuell: Für ein gutes
Arbeiten in der Zukunft wird es unumgänglich sein, die Ökonomie
als eine Kunst im Dienst des Lebens wiederzuentdecken – als jene Kunst,
die man benötigt, ein Haus zu einem Ort zu machen, worin das Leben
blühen kann; als eine Kunst, die jenen Menschen dient, die einem Haus
– und Unternehmen – zugehören.

Für ein gutes Arbeiten in der Zukunft wird es unumgänglich sein, die Ökonomie als eine Kunst im Dienst des Lebens wiederzuentdecken.

B.025

Türkei

03 | Kann der Mitarbeiter tun,
   | was er am besten kann?

Ukraine

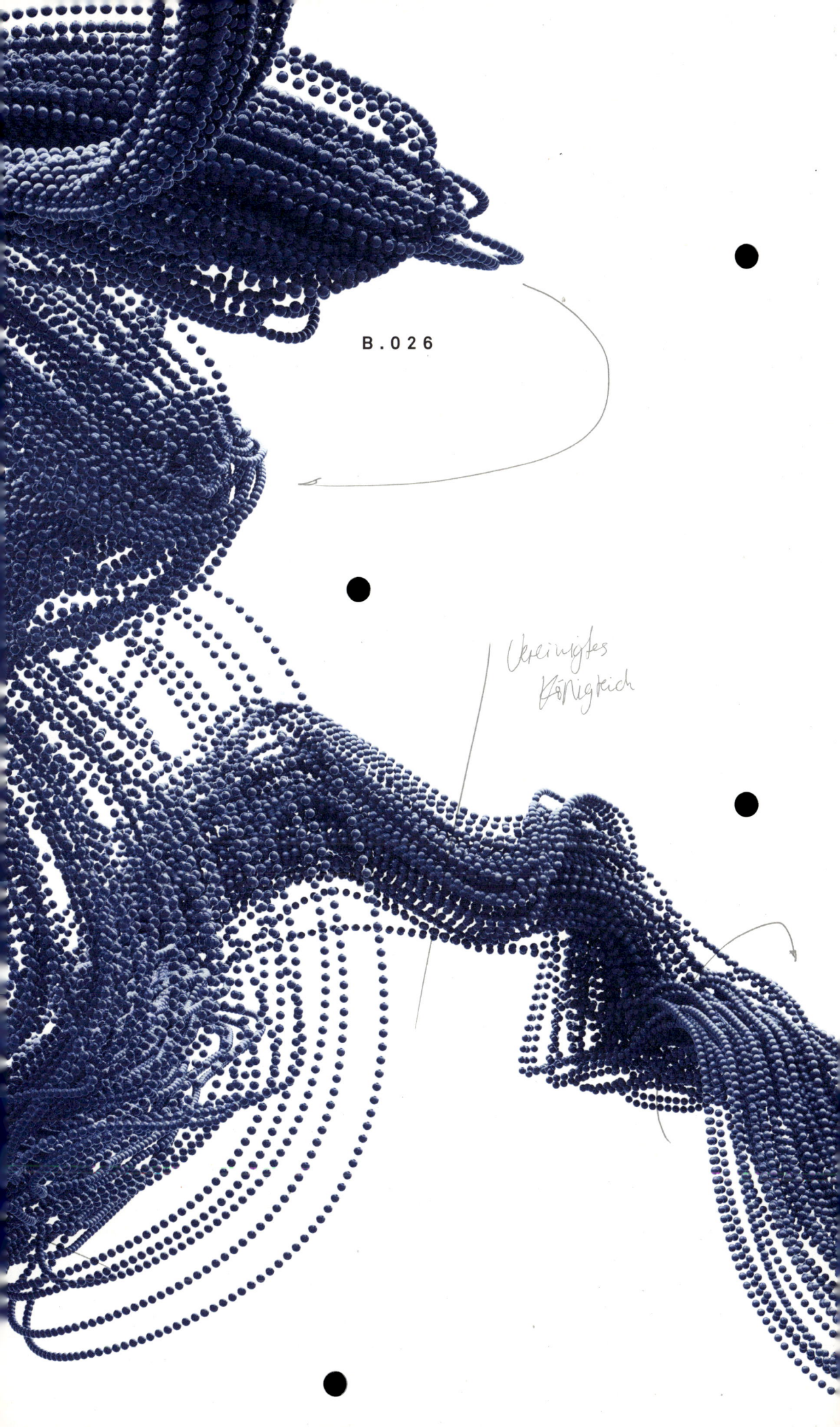

B.026

Vereinigtes
Königreich

»Unsere Bestimmung ist Tätigkeit.«

Immanuel Kant

Der Mensch ist ein tätiges Wesen. Es liegt in seinem Naturell, mit der Welt und seinesgleichen umzugehen. Dabei lassen sich im Anschluss an die Philosophin Hannah Arendt drei verschiedene Grundformen der Tätigkeit unterscheiden: „Arbeiten, Herstellen und Handeln. Sie sind Grundtätigkeiten, weil jede von ihnen einer der Grundbedingungen entspricht, unter denen dem Geschlecht der Menschen das Leben auf der Erde gegeben ist."

Arbeit – auf Englisch *labour* – gründet darin, dass wir alle Kinder der Natur sind. Als Wesen aus Fleisch und Blut müssen wir uns ernähren. Wir *bebauen* das Land, um Nahrung zu erhalten, und wir *bauen* Häuser, die uns Schutz gewähren. Auf dem Land erzeugen wir unsere Nahrung, in Häusern bereiten wir das Essen zu. Wir pflegen unseren Körper, waschen uns und unsere Kleidung. Wir halten das Haus sauber und sorgen für die Erziehung unserer Kinder. „Die Grundbedingung, unter der die Tätigkeit des Arbeitens steht", sagt Hannah Arendt, „ist das Leben selbst."

Neben der Arbeit steht das Herstellen – auf Englisch *work*. Herstellen ist Produzieren. Der Mensch erschafft sich Dinge, die ihm nützlich sind. Er greift dafür in die Natur ein, raubt ihr Rohstoffe, um mittels seiner Fertigkeit und Technik das Leben zu vereinfachen. Auf diese Weise erzeugen wir eine künstliche Welt, die heute die natürliche Welt zu überlagern droht. Die Wissenschaft spricht darum vom *Anthropozän*:

der Weltzeit, die dadurch geprägt ist, dass die Welt der menschengemachten Dinge umfassender ist als die Natur.

Und schließlich ist da das Handeln – *action*. Als Handelnde bekunden wir uns in der Welt. Wir zeigen uns in unserer Besonderheit und versuchen, diese mit anderen Menschen zu koordinieren oder zu vermitteln. Im Handeln formt sich unsere Identität. Handelnd werden wir zu denen, die wir sind.

Jede dieser Tätigkeiten erschafft sich ihre eigenen Arbeits-räume. Indem wir diese aufsuchen, erschließt sich uns das Wesen des menschlichen Tätigseins.

Der Mensch ist ein tätiges Wesen. Er arbeitet, produziert und handelt. Dafür benötigt er die passenden Räume.

B.027

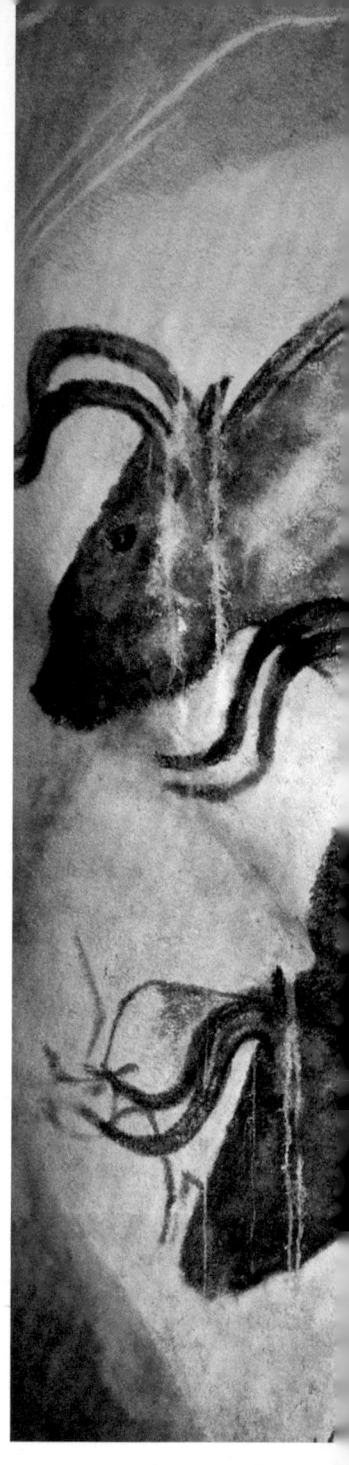

»Arbeit ist schwer, ist oft
genug ein freudloses
und mühseliges Stochern;
aber nicht arbeiten
– das ist die Hölle.«

Thomas Mann

Mit der Geburt beginnt die Bedrohung. Der Schutz des Mutterleibes ist
dahin, sobald der Mensch das Licht der Welt erblickt. Nun sehnt er
sich zurück danach, geborgen und beschützt zu sein. ▬ Nicht nur die
Biografie jedes Einzelnen beginnt auf diese Weise. Auch die Mensch-
heitsgeschichte zeugt davon. Kaum dass unsere Vorfahren von den Bäumen stiegen, suchten sie sich neue Räume, die ihnen Schutz vor Wind
und Regen, vor wilden Tieren und mannigfachen Gefahren boten. So kam
es, dass sie in Höhlen oder unter Felsvorsprüngen siedelten. Die Geschichte des Wohnens beginnt, nach allem was wir wissen, in der Höhle.
Die Grundfunktion, die sie erfüllt, obliegt noch heute allen Räumen:
Sie müssen Schutz gewähren. ▬ Das gleiche gilt für Zelt und Jurte, Haus
und Hütte. Als Wohnender und nicht nur Hausender ist der Mensch
immer auch ein *Bauender*: einer, der Räume baut, in denen er sich nieder-
lassen kann, weil sie ihm Schutz bieten. Hier kann er seinen Körper
pflegen, hier kann er das Essen zubereiten. Hier kann er seiner täglichen
Hausarbeit nachgehen. Mit ihr genügt er den Forderungen, die sein
leibliches Leben an ihn stellt. Im Schutz der Höhle oder des Zeltes kann
der Mensch seinen leiblichen Bedürfnissen nachkommen. ▬ Und
nicht nur das: Er findet einen Raum, worin er sich zuhause fühlen kann.
Zelt und Jurte, Haus und Hütte – sie treten an die Stelle des Mutterleibes, sind Orte der Geborgenheit und Nähe, der Wärme, des Schutzes
und der Intimität. ▬ Zugleich öffnet sich ein Raum für Begegnung
und Gespräch. Ein Dach über dem Kopf eint die Menschen. Die Sprache gedeiht, Geschichten werden erzählt. Wo Räume Schutz gewähren,
kommen sich die Menschen näher. ▬ Doch zahlt der Mensch für
diese Qualitäten einen Preis: Er grenzt sich ab, nimmt sich heraus aus
dem großen Netz des Lebens. Die Welt ist nun geteilt, es gibt ein
Innen und ein Außen. Es gibt *privat* und *öffentlich*. Der Innenraum wird
bald zum Raum der Frau, der Außenraum zum Raum des Mannes.
Die Hausarbeit trennt sich von der Landarbeit und von der Jagd. Nun
werden neue Arbeitsräume nötig: Wirtschaftsräume.

Der geschützte Raum von Zelt und Höhle gibt dem Menschen Sicherheit. Hier kann er den Bedürfnissen seines Leibes nachkommen: Essen zubereiten, den Körper pflegen, ausruhen.

B-038

» **Lichtungen sind Voraussetzungen für den gezielten Fortschritt.** «

John Nisberg

Räume sind nicht nur Schutzräume. Sie sind auch Freiräume. Der ursprüngliche Raum im Freien ist die Lichtung. Der tiefe Wald war unergründlich, düster und gefahrvoll. So rodete der Mensch den Wald und schuf sich eine Lichtung. Sonne und Mond schauten ihm zu. Die Sterne boten Orientierung. Ein Feuer brannte in der Mitte und bot Schutz und Wärme. Das Feuer regte das Gespräch an, Gedanken konnten fließen, Kultur wurde geboren. Und die ewige Natur rauschte in ihrem Hintergrund. Die Lichtung macht den Unterschied zwischen Natur und Kultur. Sie ist der erste selbstgeschaffene Ort des Menschen. — Die Lichtung öffnet einen Lebensraum. Sie erlaubt es dem Menschen, ein Haus zu bauen und das Land zu bebauen. Auf der Lichtung kann er etwas anbauen. Er wird zum Bauer. Er arbeitet auf dem Feld, zähmt seine Tiere, wird sesshaft, bestellt das Land, sät aus, erntet, verarbeitet. — Der Bauer baut sich einen Hof. Das Angebaute muss gelagert und verarbeitet werden. Gerätschaften für den Landbau müssen gepflegt und besorgt werden. Die Tiere brauchen Schutz und Unterkunft. Die Landarbeit ergänzt die Hausarbeit, die Hausarbeit ergänzt die Landarbeit. Hauswirtschaft und Landwirtschaft – im Hof sind beide vereint. Sie vereinen sich zu der Siedlungsform, die über Jahrtausende hinweg in unseren Regionen am weitesten verbreitet war. — Der Hof ermöglicht Autarkie. Die Menschen haben das, was sie zum Überleben brauchen. Sie produzieren Überschuss. Die Ressourcensicherheit gewährt Zeit zum Nachdenken und Planen. Zuerst für Ideen zur Sicherung der Grundversorgung, später zur Expansion des Landes und für neue Anbauformen. Langfristiges und systematisches Denken werden kultiviert. Nachhaltigkeit wird als Qualität erkannt. Der Hof wird zur Keimzelle einer Ökonomie, die nah genug an der Natur ist, um auch eine Ökologie zu sein. Darin zeigt der Hof, was gute Arbeitsräume auszeichnet: Er ist ein Freiraum, eine Lichtung – Keimzelle naturgemäßer Arbeit, die rückgebunden an den Kosmos bleibt.

Der Hof ist die älteste Siedlungsform des Menschen. Hier
wirtschaftet der Mensch
rückgebunden an die großen
Zyklen des Lebens. Hier
denkt man über den Tag hinaus
und arbeitet im Geiste der
Nachhaltigkeit.

B.029

Nordamerika

Kanada / hat die unengagiertesten
Arbeitnehmer in Nordamerika

Costa Rica

B.030

OFFICINA HUMANA

Erhält der Mitarbeiter
Anerkennung ?

Dominikanische
Republik

» **In Manufaktur und Handwerk bedient sich der Arbeiter des Werkzeugs, in der Fabrik dient er der Maschine.** «

Karl Marx

VIER. Die Arbeit

Um sich das Leben zu erleichtern, wird der Mensch zum *Homo faber*: zum Macher, Hersteller und Produzenten. Er gründet Werkstätten, in denen er Gerätschaften und Gegenstände herstellt. Nach und nach umgibt er sich mit Zeug, das seinen Zwecken dient. Er entwickelt neue Techniken – und bald schon geht es ihm nicht mehr allein nur darum, das Leben zu vereinfachen, sondern sich die Natur untertan zu machen. Die Welt der Herstellung entfremdet uns vom Leben – selbst da, wo sie dem Leben dient. ▬ Ursprünglich war der Ort der Herstellung die Werkstatt. Hier wurde das gemacht, was Menschen brauchten. Das Handwerk stand im Dienst des Lebens. Man achtete auf Qualität und Haltbarkeit. Doch mit der Neuzeit kam ein neuer Geist auf. Eine ungeheure Revolution kündigte sich an. Ganz langsam hatten sich Ideen zu Verfahren, Verfahren zu Technologien und Technologien zu Orten der Produktion entwickelt. Nun nahm das Feuer im Haus seinen macht-vollen Platz ein und in wenigen Jahrzehnten brach sich die Fabrik ihre Bahn. Fast alles, was Menschen einst von Hand herstellten, wurde den Maschinen übergeben. Fabrikanten organisierten und produ-zierten. Dies brachte ungeahnten Wohlstand. Der Ort der rationalen Her-stellung von Waren war geschaffen. ▬ *Ablauf, Methode* und *Verfahren* waren Modeworte dieser Zeit. Effizienz und Produktivität gerierten sich als neue Ideale. So ist es heute noch. Die technische Vernunft und ihre Werte prägen unsere gesamte Arbeitswelt. Und das Büro ist jener Arbeitsraum, der die Maschinenwelt zusammenhält und organisiert. Es steht im Dienste ihrer Ideale. Und es ist gut, wenn es ihnen entspricht. Nur sollte dabei nicht verlorengehen, was in der Welt der Technik allzu oft verloren geht: die Rückbindung ans Ganze, das Maßnehmen am Kosmos. Ein Arbeitsraum, der nur der Funktionalität verpflichtet ist, blockiert das Leben.

Als *Homo faber* wird der Mensch zum Produzenten. Er schafft eine künstliche, technische Welt, die ihm zwar ungeahnten Wohlstand beschert, ihn dabei aber immer mehr ihren Zwängen unterwirft.

B 031

OFFICINA HUMANA

> » **Je größer der Markt, desto größer der Wohlstand für alle.** «

Adam Smith

Die Waren und Güter, die der Mensch herstellt, sind nicht allein für ihn
bestimmt. Er tauscht sie gegen andere Güter. Handel und Gewerbe
entstehen. Und mit ihnen Orte, an denen Waren umgeschlagen werden:
Märkte und Handelsplätze, Häfen und Verkehrsknotenpunkte. An
diesen Orten wird nichts hergestellt – an diesen Orten wird Handel getrieben. ▬ Um einen Markt herum entstehen Städte. Aus allen
Richtungen kommen hier die Menschen zusammen. Man tauscht nicht
nur Waren, man tauscht sich auch aus. Auf dem Markt ist man dicht
am Puls der Zeit, erfährt von fernen Ländern oder anderen Handelsplät-
zen. Straßen entstehen, die Mobilität nimmt zu. Ein unsichtbares
Netz von Beziehungen und ein sichtbares Netz der Handelswege werden
geknüpft. Die Welt wird kleiner und schneller. ▬ Besonders gilt das
für die Häfen. Sie sind Knüpfpunkte und Maschen in dem großen Netz
der Handeltreibenden: Membranen für Ideen, Technologien und
Waren. Verbunden sind sie durch ein Haus, das schwimmt: das Schiff.
Schnell schuf der Mensch sich dieses Instrument, um Häfen zu verbinden. ▬ Eine neue Form der Beziehung entsteht: Der Mensch wird
zum Kunden. *Kunde* bedeutet Bekannter oder Einheimischer. Es
meint seit dem 16. Jahrhundert den in einem Geschäft regelmäßig ein-
kaufenden Bekannten. Das Wort verweist mithin auf den Austausch
von Kenntnissen. Durch Kundenkontakt begegnet der Händler
Neuem und Neuestem: anderen Speisen, fremden Ideen, unbekannten
Göttern, großen Mythen. In den Hafenstädten des östlichen Mittel-
meers entstehen Philosophie und Wissenschaft. ▬ Mobilität wird nun
zu einem hohen Gut. Die Geschwindigkeit des Lebens nimmt zu;
doch damit wächst auch die Gefahr der Übereilung und der Ungeduld.
„Fluch vor allem der Geduld!", lässt Goethe seinen Faust ausrufen,
der zuletzt eine global agierende Gesellschaft leitet – ein Menetekel der
Moderne, die allzu oft die Dinge übereilt und deshalb Irrtum und Gewalt
hervorbringt. ▬ Der Marktplatz ist ein guter Ort, wenn er begrenzt
ist. Gefährlich wird es, wenn das ganze Leben einem Marktplatz gleicht.

Wo Handel getrieben wird, findet Austausch statt. Markt und Hafen sind nicht nur Umschlagplätze für Waren, sondern auch für Ideen. Hier gedeiht die Kreativität.

» Der Handelnde ist weiser als der Wissende. «

Seneca

Handeln ist mehr als Handel treiben. Handelnd teilen wir uns mit.
Indem wir uns handelnd in der Welt bekunden, zeigen wir uns als diejenigen, die wir sind. Im Handeln wächst unsere Identität. „Sprechend
und handelnd", sagt die Philosophin Hannah Arendt, „unterscheiden Menschen sich aktiv voneinander, anstatt lediglich verschieden zu sein."
━ Orte des Handelns sind von jeher besondere Orte. Die Germanen
kannten als Versammlungsort die Thingstätte. Die Römer hatten im
Zentrum ihrer Siedlungen das Forum, die Griechen trafen sich auf ihrer
Agora. Hier wurde die *Polis*, wie sie eine Stadtgemeinschaft nannten,
ihrer selbst gewahr. Hier tauschte man sich aus. Hier ging es nicht um Handel und Kommerz, sondern darum, die Zeitläufte zu diskutieren und
die Geschicke der Bürgerschaft zu lenken. Hier prallten Sichtweisen und
Meinungen aufeinander. Hier wurde Politik gemacht. Hier wurde aus
den vielen Einzelnen die eine gemeinsame Stadt. *Agora* und *Forum* sind
die Ursprungsorte der Politik. ━ Auch Philosophen oder Künstler
tummelten sich auf der Agora Athens. Sokrates traf sich hier mit seinen
Mitbürgern und erprobte die Kunst des philosophischen Gesprächs.
In ihm gediehen Kreativität und Einsicht. Die Meisterschaft des Sokrates
lag nicht zuletzt darin, die Vorurteile und die Denkgewohnheiten
seiner Mitbürger aufzubrechen, um Raum zu schaffen, für die Wahrheit.
Die hohe Kunst des Wechselspiels von Frage und Antwort wurde von
Sokrates auf der Agora erfunden. ━ Mit dem dialogischen Geist gedieh
die kulturelle Blüte. Kein Volk auf Erden war in so kurzer Zeit so
kulturkreativ wie die Athener. Die Keimzelle ihrer Kultur war die Agora;
weil man hier frei war, weder Handel trieb noch Waren produzierte,
weil man nicht arbeitete, sondern sich ganz der Begegnung mit anderen
widmen konnte. Auf *Agora* und *Forum* kann sich das Menschsein frei entfalten. Und Freiheit lässt Kreativität erblühen. ━ Ein zeitgemäßes
Unternehmen braucht ein Forum oder eine Agora. Es braucht Schutzräume, die nicht von der technischen und instrumentellen Vernunft
dominiert sind. Es braucht Arbeitsräume der Lebendigkeit, an denen
Menschen handeln können.

Auf dem Forum der Römer und der Agora der Griechen wurde die Politik erfunden: Orte der Diskussion, des Meinungsaustausches – Orte, an denen der Gemeinsinn entsteht und kultiviert wird.

El Salvador

4.21 %

Prozentual sind
Arbeitnehmer hier
am wenigsten
erfolgreich in ihrem
Job. (innerhalb
Nordamerika.)

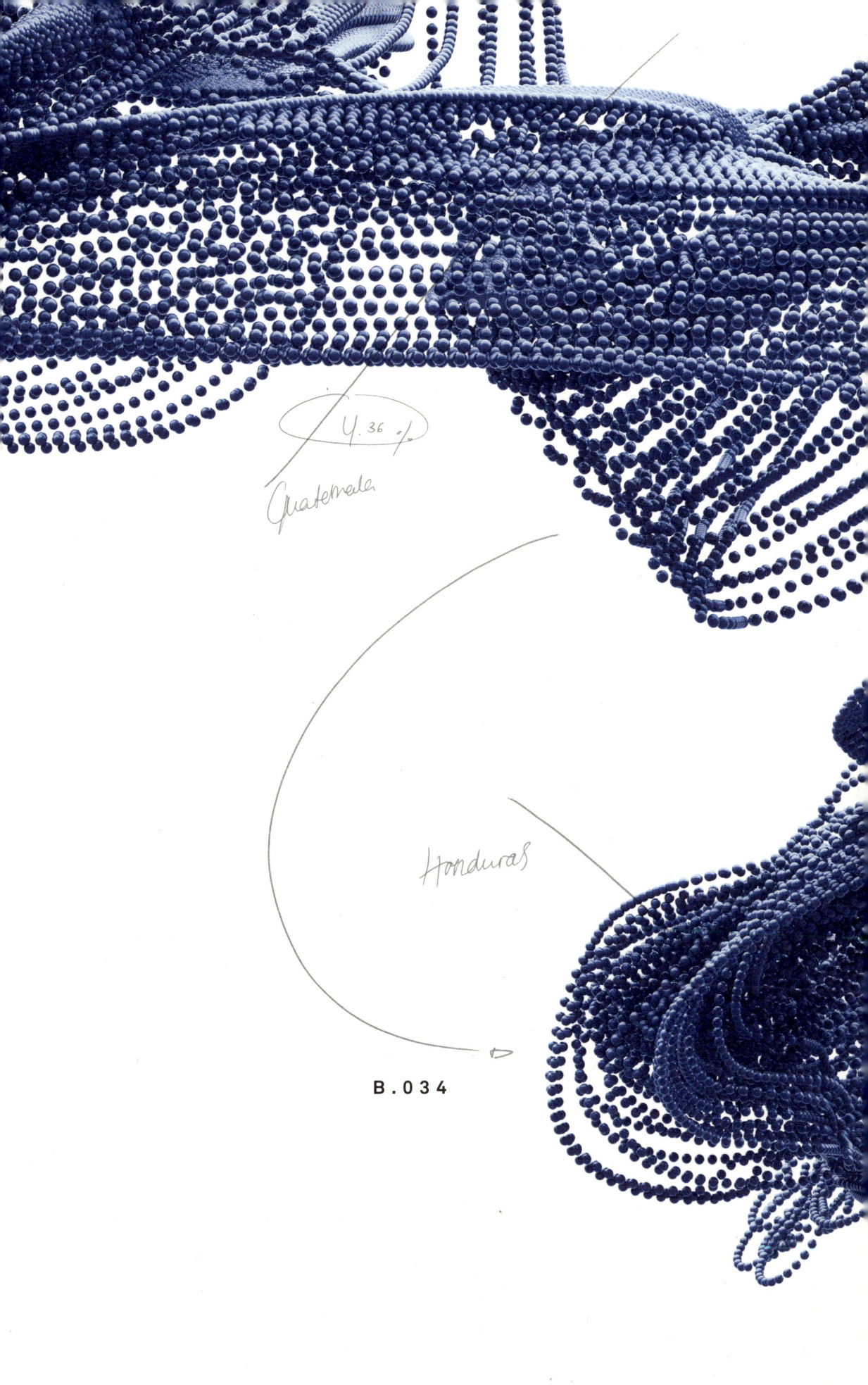

Guatemala

Honduras

B.034

OFFICINA HUMANA

Mexiko

Y. 58 %

Panama

Nica

VIER. Die Arbeit

B.035

4.58 %

2.52 %

Vereinigte Staaten

»**Freude an der Arbeit
lässt das Werk
trefflich geraten.**«

Aristoteles

Was immer der Mensch tut: Es soll ihm Freude machen. Er soll sein
Tun bejahen können oder sinnvoll finden. Und das ist immer dann der
Fall, wenn er im Einklang mit sich und der Welt ist – wenn er den
Eindruck hat: So wie es ist, so ist es gut. ▬ Wenn etwas gut ist, hat es
Qualität. Daraus ergibt sich: Wenn unsere Arbeit Qualität hat, ist sie
gut und macht uns Freude. Deshalb ist es wichtig, sich zu fragen, worin
die Qualität des Arbeitens und Lebens besteht – was es denn ist, das
uns erlaubt, „Ja" zu dem zu sagen, was wir tun. Die Antworten, die wir
dabei erhalten werden, weisen uns den Weg dahin, wie gute Arbeitsräume und Büros beschaffen sein müssen, damit qualitativ hochwertige
Arbeit in ihnen geleistet werden kann. ▬ Dabei ist zu beachten,
dass sich das tätige Leben des Menschen zwischen unterschiedlichen
Polen bewegt: zwischen Verbundenheit und Freiheit, Schönheit und
Funktionalität, Intimität und Offenheit, Kreativität und Empfänglichkeit,
Ordnung und Chaos, Kreation und Rekreation. Gut sind Arbeiten
und Leben immer dann, wenn beide Pole voll zur Geltung kommen und
die Balance zwischen ihnen stimmt. Das ist ein Grundprinzip des
Lebens. ▬ Wenn Menschen bei der Arbeit gut sein wollen, muss ihre
Arbeit so gestaltet sein, dass sie diese Balance des Lebens zulässt.
Gut eingerichtete Büros und Räume unterstützen das. Die Qualität der
Arbeitsräume wirkt sich direkt auf die Qualität der Arbeit aus. Im
Idealfall schwingen Mensch und Raum in Resonanz und Harmonie. Wo
das der Fall ist, sprießen Kreativität und Freude. Wo das der Fall ist,
bleibt Erfolg nicht aus.

Qualitativ hochwertige Arbeit gedeiht in qualitativ hochwertigen Räumen. Qualitativ hochwertig sind Räume dann, wenn sie den Grundprinzipien des Lebens genügen.

**» In Freiheit und Verbundenheit
leben zu können, ist ein Grundbedürfnis
von uns Menschen. «**

Gerald Hüther

Auf den ersten Blick sieht es aus wie ein großer Widerspruch: Zum einen wohnt in uns der Drang nach Freiheit, zum anderen die Sehnsucht nach Verbundenheit. Wie sehnen uns nach Zugehörigkeit, Geborgenheit und Eingebundensein in eine Gruppe. Wir leben gern in Partnerschaften und Familien. Wir sind, wie es die alten Philosophen sagten, *gesellschaftliche Wesen*. Zugleich wohnt in uns der Impuls, uns in dieser Welt zu zeigen, unverwechselbare Spuren zu hinterlassen. Wir suchen unseren Vorteil, unsere Chance, unsere Macht. Wir sind, wie es die neuzeitlichen Philosophen sagen, *rationale Egoisten*. Und wer hat Recht? ▬ Nach allem, was wir heute wissen, beide. Vom Säuglingsalter an gibt es in uns die widersprüchlichen Tendenzen: die Sehnsucht nach der verlorenen symbiotischen Verbundenheit im Mutterleib und den Impuls zur Welt zu kommen und uns in ihr zu bewähren. Sogar unser Gehirn ist darauf ausgelegt, dass wir der einen wie der anderen Tendenz folgen. Und deshalb sind wir auch nicht schlecht beraten, das zu tun. ▬ Tatsächlich sind Verbundenheit und Freiheit keine Widersprüche. Im Gegenteil: Erst in Verbundenheit mit anderen werden wir zu denen, die wir sind oder doch sein können. Begegnung befreit uns zu uns selbst. „Der Mensch wird am Du zum Ich", notierte Martin Buber. Er wollte damit sagen: In der verbindlichen Beziehung zu anderen wächst unsere Identität. Wir brauchen die Verbundenheit, um in Freiheit unsere Individualität auszubilden. ▬ Gute Arbeits- und Büroräume tragen dem Rechnung. Sie bündeln Energien, indem sie Räume für Begegnung und Verbundenheit schaffen. Sie fördern eine Teamkultur, deren Mitglieder einander verbindlich sind, die prozessorientiert arbeiten und gemeinsam ihr Bestes zu geben bereit sind. Und sie ermöglichen jedem Einzelnen, seine individuellen Eigenheiten zur Entfaltung zu bringen. Sie unterstützen Teams und Individualisten. In diesem Spannungsfeld gedeiht das Leben.

Menschen wollen zweierlei: Freiheit und Zugehörigkeit. Sie arbeiten gerne im Team, brauchen aber auch individuelle Freiräume. In diesem Spannungsfeld entfalten sie ihre Potenziale.

B.037

» Schönheit rettet die Welt.«

Fjdor Dostojewski

Schon die Dichter und Denker der Antike wussten, dass nichts den Menschen so sehr anspornt wie die Schönheit. Schönheit begeistert und bezaubert, Schönheit reißt hin, vom Schönen geht ein Sog aus, dem der Mensch nicht widerstehen kann. Eine „geburtshelfende Göttin", lehrte Platon, sei die Schönheit: der Nährstoff allen schöpferischen Handelns. ▬ Was die antiken Denker ahnten, bestätigt die moderne Wissenschaft: Ein schönes Umfeld, ja schon die Erwartung von etwas „Schönem", steigert die Produktion von Dopamin, das als sogenanntes Glückshormon bekannt ist und dessen Ausschüttung als Hochgefühl erlebt wird. Schönheit ist so gesehen ein Dünger für das Wohlempfinden und für die schöpferische Kraft des Menschen. Wer motivierte Mitarbeiter möchte, ist mithin gut beraten, ein schönes Arbeitsumfeld herzustellen: durch ansprechende Kunst und hochwertiges Design. ▬ Besonders das Design ist wichtig. Arbeitsgeräte ebenso wie Arbeitsräume sollten dabei freilich nicht nur schön sein. Auch ihre Funktionalität ist wichtig. „Form follows function" ist nicht umsonst ein Leitsatz des Produktdesigns und der modernen Architektur – ein Wort, das durch den Architekten Louis Sullivan bekannt wurde, der feststellte: „Wo die Funktion sich nicht ändert, ändert sich auch die Form nicht." ▬ Funktionalität und Ästhetik zu verbinden, ist die Kernaufgabe, die sich bei jeder Arbeit stellt: Schönheit nicht um der Funktionalität willen, Funktionalität nicht um der Schönheit willen opfern. Ein stimmiges Zusammen beider Qualitäten ist das Kennzeichen von Arbeitsräumen, die Kreativität und Potenzialentwicklung möglich machen.

Funktionalität und Ästhetik miteinander zu verbinden, ist die Kernaufgabe bei der Gestaltung von Räumen.

B.038

» Das Wesen der Arbeit ist Intimität. «

David Whyte

Kein Mensch kann dauernd auf der Bühne stehen. Ein jeder braucht auch seine Rückzugsorte. ▬ Kein Mensch kann immer nur zurückgezogen leben. Er braucht zuweilen einen Raum, worin er anderen begegnen und sich selber zeigen kann. ▬ Die Menschen schwanken zwischen Intimität und Öffentlichkeit. Sie schwanken zwischen Einsamkeit und Geselligkeit, denn sie brauchen beides. ▬ Alleinsein tut not, um sich zu sammeln. In der Sammlung wächst die Kraft. Wer gesammelt ist, kann konzentriert und zielgerichtet an die Arbeit gehen. Wer gesammelt ist, steht in Kontakt zu seinen Energieressourcen. Wer gesammelt ist, ist nicht zerstreut. Um sich zu sammeln, braucht es den privaten Raum. Es braucht Intimität, um ganz bei sich zu sein. ▬ Es braucht Intimität auch dann, wenn Menschen unter sich sein wollen. Vertrauliche Gespräche brauchen den geschützten Raum. Auch sie sind eine Form der Sammlung. Sie brauchen Schutz und Abgeschiedenheit. Im öffentlichen Raum sind Sammlung und Vertraulichkeit fehl am Platze. Weil Sammlung und Vertraulichkeit dem Mensch gut tun und ihn kräftigen, sollten gute Arbeitsräume und Büros intime Räume in sich schließen. ▬ Zugleich jedoch braucht es die offene Bühne. Im öffentlichen Raum ist Platz für Dialog und Miteinander. In ihm entsteht Kokreativität. Hier öffnet sich der Zwischenraum, aus dem Innovation aufsteigt. Wo schöpferisch und innovativ gearbeitet werden soll, braucht es beide Pole.

Menschen schwanken zwischen Intimität und Öffentlichkeit. Sie schwanken zwischen Einsamkeit und Geselligkeit, denn sie brauchen beides.

B.039

Südamerika

Argentinien

Brasilien

Z. 62%

VIER Arbeit

Bolivien

B.040

Chile ... 4.48 %

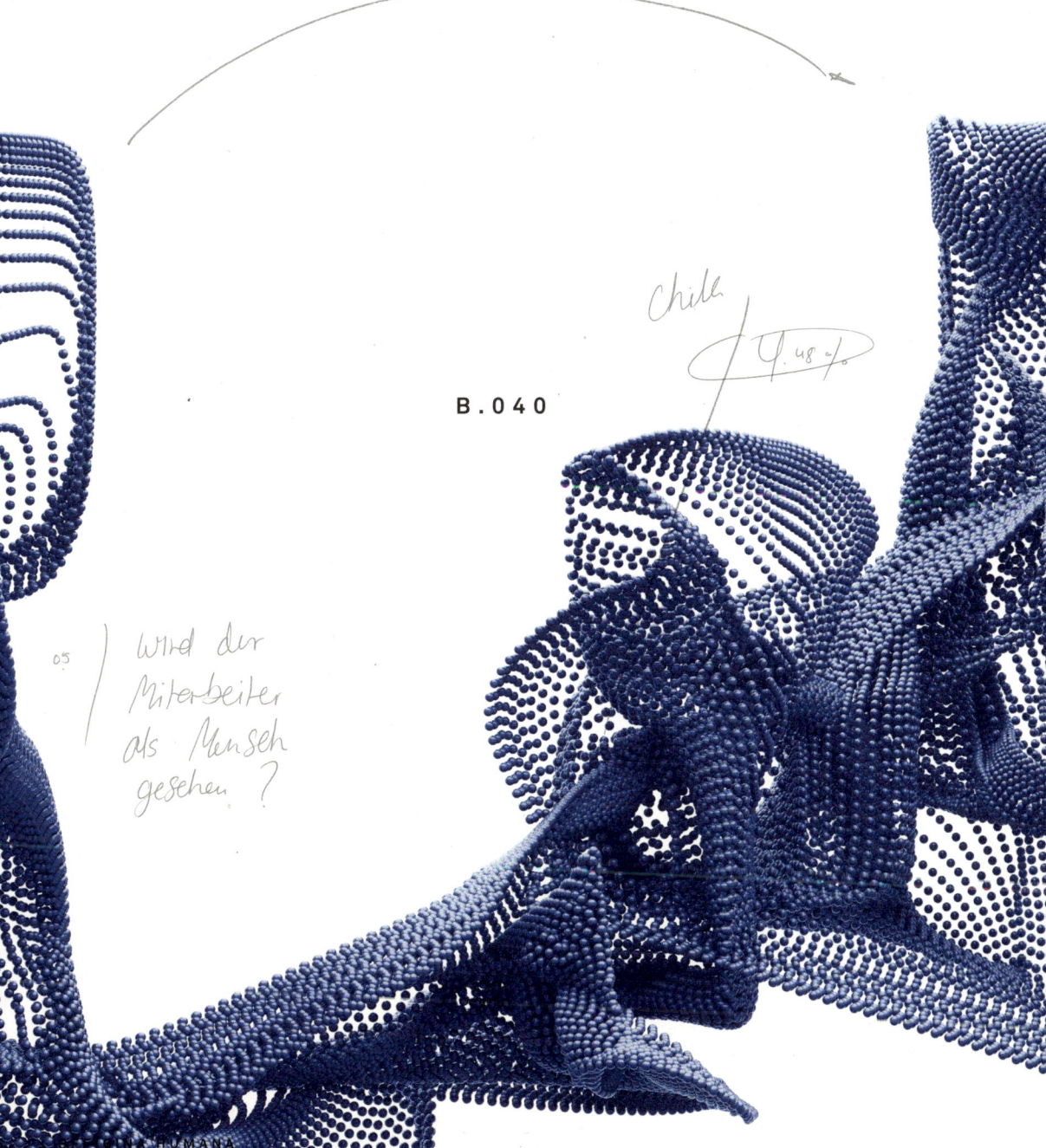

05 Wird der
Mitarbeiter
als Mensch
gesehen ?

» Die beste Medizin gegen Erschöpfung ist nicht auszuruhen, sondern mit ganzem Herzen bei der Sache zu sein. «

Br. David Steindl-Rast [III]

Das beste Mittel gegen Stress und Erschöpfung ist Begeisterung, so lehrt es nicht allein der weise Mönch David Steindl-Rast; so lehrt es auch die Hirnforschung. Wer von Begeisterung gepackt ist, lernt leichter, ist schöpferischer und hat mehr Freude bei der Arbeit. Da fragt sich doch, wie man es anstellen kann, mehr Begeisterung in unseren Unternehmen zu pflanzen. ▬ Eine Antwort findet man beim alten Philosophen Platon. Der spricht zwar nicht direkt von Begeisterung, dafür aber von Eros – was einem Griechen so viel bedeutet wie Leidenschaft, Liebe, Begeisterung. In einem seiner Dialoge wirft er die Frage auf, wie Eros zur Welt kommt, und die Antwort die er gibt, ist auch noch heute relevant: Begeisterung, so die Pointe der Geschichte, ist das gemeinsame Kind von Kreativität und Empfänglichkeit. ▬ Begeistert sind wir immer dann, wenn wir hingerissen sind – von einer Idee, einer Vision, von etwas Schönem, das uns anspricht. Um diesen Anspruch zu vernehmen, müssen wir für ihn empfänglich sein. Empfänglich sind wir dann, wenn wir zur Ruhe kommen. Wer möchte, dass seine Mitarbeiter begeistert sind, muss deshalb Ruhezonen schaffen. Denn dort geht es besonders anspruchsvoll zu: Dort zeigen sich Ideen und Visionen. ▬ Genauso wichtig aber ist, dass auf den An- und Zuspruch eine Antwort folgt. Das weckt die Kreativität. Etwas fällt einem ein oder zu. Der Einfall ist begeisternd. Nun brennt das Herz und will etwas aus dem Einfall machen – was dann auch gelingen wird, denn wer von etwas hingerissen und begeistert ist, verfügt gewöhnlich über großen Tatendrang. Auch dafür braucht es Raum in einem Unternehmen. Geistig wie räumlich.

Der Brennstoff kreativer Prozesse ist die Begeisterung. Sie entsteht, wo Menschen sich berühren lassen – und wo sie den Mut aufbringen, neue Wege zu beschreiten.

B.041

» Wisst ihr denn nicht, dass das Chaos der Vater allen Seins ist und Form und Materie der Welt ihren jetzigen Zustand gegeben hat? «

Voltaire, Zadig

Viele alte Mythen erzählen davon, dass die Welt einst aus dem Chaos entstand. Dahinter steckt eine tiefe Weisheit, die von der Quantentheorie bestätigt wird: Das Universum schwimmt auf einem ungestalten Meer der Möglichkeiten. Es wird in jedem Augenblick aufs Neue dem Chaos abgerungen. Bildlich gesprochen kann man sagen: Der Boden, auf dem wir unsere Welt errichtet haben, ist sehr dünn. Und direkt unter unseren Füßen klafft das Chaos. ▬ Zuweilen klafft es auch auf einem Schreibtisch – oder ein ganzes Büro ist in es gestürzt. Die Ordnungsfreaks bekommen dann die Krise. Für andere ist das völlig unverständlich. Die Jünger des Chaos sind überall. Sie brauchen das totale Durcheinander, um kreativ zu sein. Sie laufen zu Topleistungen auf, wenn sich der Schreibtisch unter Papierbergen biegt. Sie wissen genau, warum ein Dichter wie Friedrich Hölderlin das Chaos „heilig" nannte: In ihm entsteht zuweilen neues Leben. ▬ Für andere geht das nur, wo Ordnung herrscht. Sie brauchen klare Verhältnisse und einen möglichst aufgeräumten Schreibtisch. Auch diese Menschen können Großes leisten. Auch sie sind kreativ. Es gibt die einen und die anderen. Und beide braucht man, wenn man in der ersten Liga spielen will. Es braucht – um es mit Friedrich Nietzsche zu sagen – das Apollinische und das Dionysische: das Klare und Strukturierte und das Unscharfe, Flüssige. ▬ Ein schönes Symbol dafür ist der Tanz – der griechische Kreistanz etwa: Die Tänzer folgen einer strengen Ordnung. Die Schrittfolge ist festgelegt. Doch gerade diese feste Ordnung ermöglicht denen, die da tanzen, eine ungeheure Freiheit. Der regelmäßige und sichere Schritt ebnet den Weg in die Ekstase. Rausch und Regel sind aufs Innigste verwoben. Und eben darin wächst den Menschen Lust und Leidenschaft. Ein guter Tanz ist wie ein Generator, der Lebensenergie erzeugt.

Wer für Genialität ein Umfeld schaffen will, ist gut beraten, Arbeitsräume so zu gestalten, dass Chaoten und Organisierte auf ihre Kosten kommen.

B.042

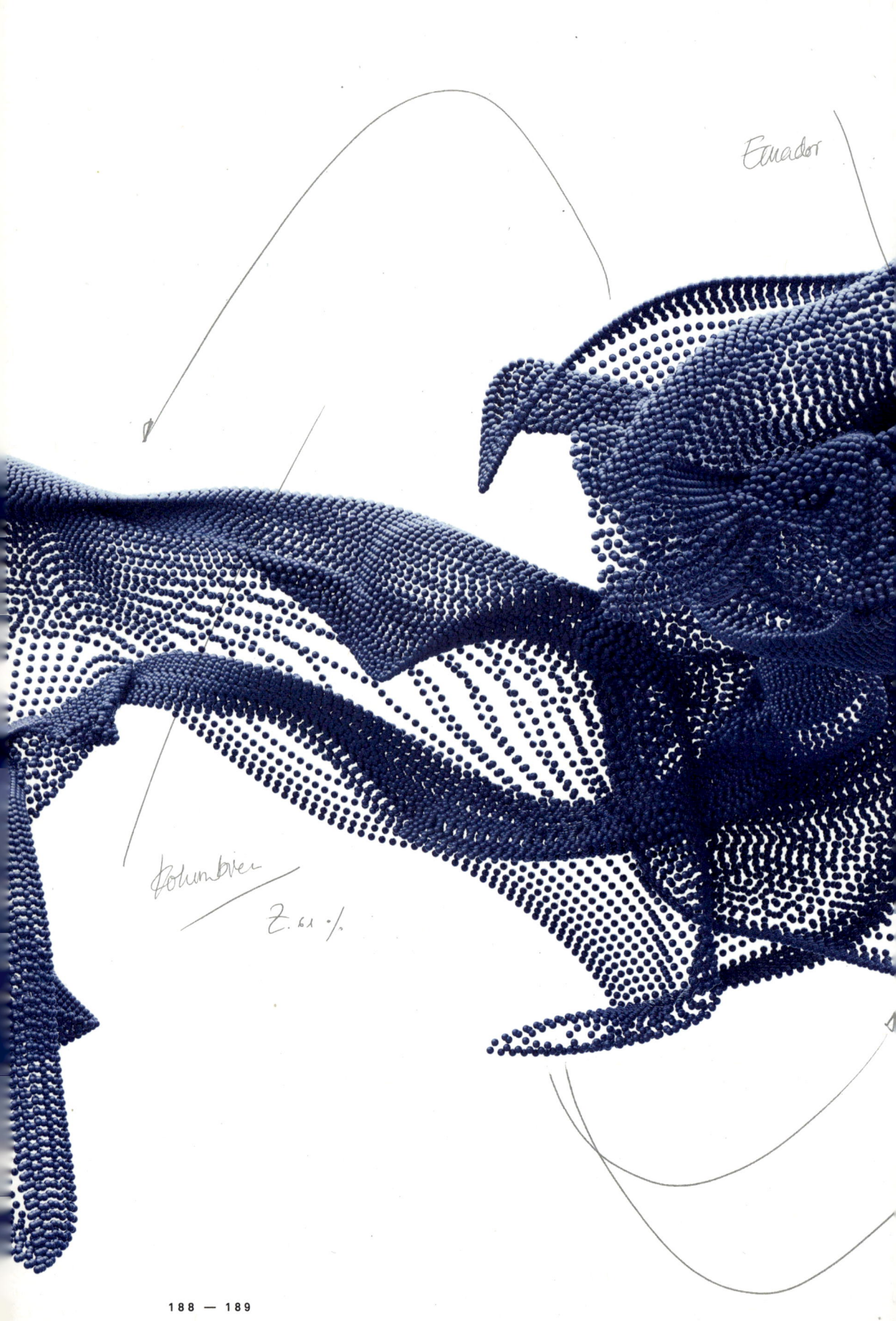

Ecuador

Kolumbien
Z. 61 %

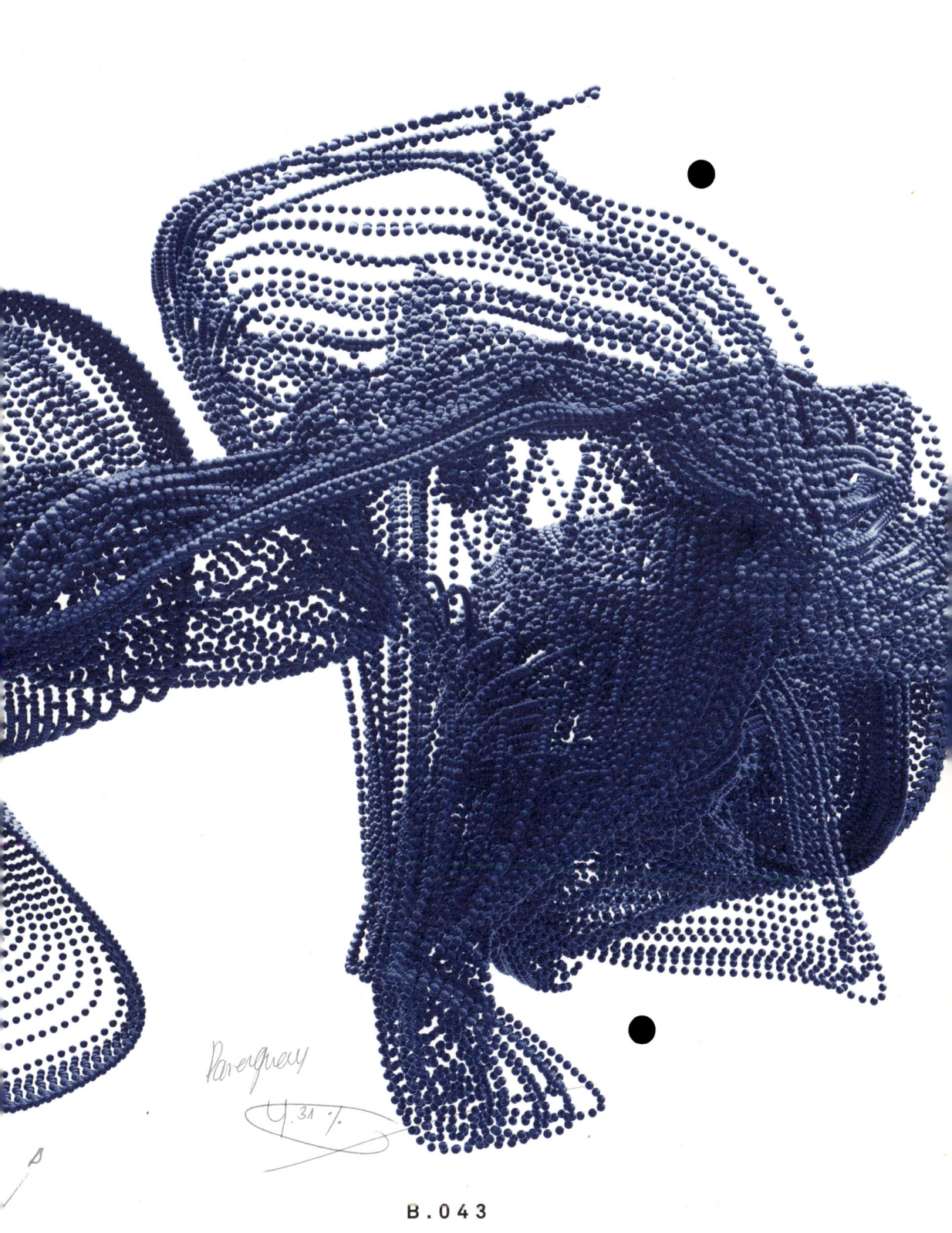

Paverguery

B.043

FÜNF. Die Orte

» **Jeder Mensch hat in der Nähe und in der Ferne gewisse örtliche Einzelheiten, die ihn anziehen, die ihm, seinem Charakter nach, um des ersten Eindrucks, gewisser Umstände, der Gewohnheit willen, besonders lieb und aufregend sind.** «

Johann Wolfgang von Goethe

Der Mensch lebt, wohnt und arbeitet in Räumen. Die Räume, die er aufsucht, sind nicht abstrakt. Es sind bestimmte Orte, *gestimmte* Orte – Orte, die für besondere Zwecke geschaffen wurden und an denen er unterschiedliche Potenziale entfalten kann; Orte, die seine Entwicklung und Reife fördern; Orte, die ihm guttun und an denen er ganz Mensch sein kann.

Ein Blick in unsere Welt genügt, um zu erkennen, dass Menschen viele Orte schufen. Darunter gibt es einige, die gleichsam archetypisch sind. Und einige davon haben sich über die Jahrhunderte als besonders geeignet erwiesen, um das kreative Potenzial im Menschen zu entfachen. Diesen Orten eignet eine eigene Magie. Sie verraten etwas davon, wie Arbeitsräume und Büros gestaltet werden sollten, damit in ihnen Menschen aufblühen können.

Dabei fällt auf, in welchem hohen Maße – gerade bei der Arbeit – Innen und Außen zusammenspielen. Es gibt Räume für Verbundenheit und Räume für Freiheit, Räume für Intimität und Öffentlichkeit, Kreativität und Empfänglichkeit, Ordnung und Chaos. Doch immer sind sie Räume für Lebendigkeit.

Der Geist, der in diesen bestimmten und gestimmten Räumen weht, sollte auch im Büro der Zukunft zuhause sein.

In ihm sollte ein Hauch jener Magie zu spüren sein, die diese Orte beseelt: den Tempel und das Kloster, das Schloss, die Universität, die Bibliothek und das Labor, ein Atelier oder ein Kaffeehaus, einen Salon oder das Foyer eines Schauspielhauses.

Der Mensch hat sich viele verschiedene Orte für Kreativität geschaffen. Von ihnen lässt sich manches darüber lernen, wie zukunftsfähige Büros gestaltet werden sollten.

B.044

»Hirn und Herz
sind unsere Tempel.«

Dalai Lama

Der Tempel ist wohl der älteste aller Orte. Irgendwann kam der Mensch darauf, einen bestimmten Bezirk seiner Welt abzugrenzen und zu sagen: Dies ist ein heiliger Ort. Tatsächlich ist das die ursprüngliche Bedeutung des lateinischen Wortes *templum*: abgesonderter Bereich. — Vermutlich wählten unsere Vorfahren diese Orte nicht umsonst. Vermutlich spürten sie die unverwechselbare Qualität bestimmter Kraftorte. Zuweilen verband sich auch eine fromme Sage mit dem Ort. So oder so vollzogen die Menschen die Ur-Teilung, das *Urteil*: hier ist heilig, dort profan. So entstanden Tempel und Heiligtümer als Schnittstellen zwischen Himmel und Erde, Orte der Epiphanie und Inspiration. — Der Tempel ist der Ort, an dem das Heilige sich zeigt und wo es folglich auch verehrt wird. Er ist der Ort der Rückbindung – lateinisch: der *religio* – ans Heilige; ein Ort, an dem man dem Vollkommenen begegnet. Aus eben diesem Grund hat man überall auf der Welt an solchen Orten Gebäude errichtet, die dem Vollkommenen so nah wie möglich kommen. Ob nun der Parthenon-Tempel zu Athen oder die Kathedrale von Chartres, ein Stupa im Himalaya oder die Blaue Moschee in Istanbul: Dem Vollkommenen konnte man nur in vollkommener Schönheit und Harmonie begegnen. — Wo höchste Qualität verwirklicht werden soll, bedarf es eines Umfelds höchster Schönheit. Wo Kreativität und Schöpferkraft gedeihen sollen, braucht es ein Umfeld, das durch höchste Kreativität und Schöpferkraft gestaltet wurde. Gewiss, ein Büro ist kein Heiligtum und soll es auch nicht sein. Doch sollten sich auch in einem Büro Himmel und Erde treffen und eine Rückbindung ans Große und Ganze möglich sein: damit gute Ideen und Visionen vom Himmel auf die Erde gebracht werden können. Wer Großes leisten will, muss groß denken, bauen und gestalten. Groß denken, bauen und gestalten heißt: am Schönen und Vollkommenen Maß nehmen. — Tempel sind geistige Kraftwerke. Denn sie sind nahe am Quell gebaut: am Ursprung des Geistes, in dessen Dienst sie sich wissen.

Wo Kreativität und Schöpferkraft gedeihen sollen, braucht
es eine Architektur, die durch
höchste Kreativität und Schöpferkraft gestaltet wurde.

»Bete und arbeite!«

Benedikt von Nursia

Im Kloster wird spirituelle Energie erzeugt. Es ist ein geistiges Laboratorium: ein geschrumpfter Kosmos, der Hof und Höhle, Haus und Werkstatt, Markt und Forum zu einem autarken Ganzen verbindet. Es ist in vielerlei Hinsicht beispielhaft dafür, wie Arbeit auf eine erfolgreiche und nachhaltige Weise organisiert werden kann. Das Kloster ist ein kreativer Ort. Von ihm und seinen Bewohnern lässt sich vieles lernen: Die Schöpfung wird in ihm bewahrt, die Kultur wird gefördert, die Verbindung mit dem Heiligen wird gehalten und die Gemeinschaft unter den Menschen wird gepflegt. ▬ Jahrtausende altes Menschheitswissen ist in Klöstern kondensiert. Das Leben folgt dort altbewährten Regeln, es ist gesättigt mit dem Nährstoff einer reichen Tradition, die auf Benedikt von Nursia (480-547) zurückgeht. Er gab den Mönchen eine Regel, die bis heute befolgt wird: die *Regula Benedicti*. Sie umreißt die geistige Architektur der abendländischen Klöster. Sie schafft die Statik, die es braucht, damit der Geist sich in der Welt bekundet. ▬ Die Regel des Benedikt ist klug durchdacht. Ihr Kerngedanke ist die Harmonie, das Gleichgewicht des klösterlichen Lebens: Mönch oder Nonne wissen sich als Teil einer Gemeinschaft. Sie kennen kein privates Eigentum. Sie schwören Armut und Enthaltsamkeit, Askese und Gehorsam. Egozentrik ist den Ordensleuten fremd – was nicht bedeutet, dass sie sich als Individuum nicht ernstgenommen wüssten. Es geht im Kloster nicht um blinde Unterwerfung: Es geht um Dienst an der Gemeinschaft, vor allem aber um den Dienst an Gott. ▬ Die Klosterleute machen keinen Job – sie folgen einem Ruf, einer persönlichen Mission. Ihr treu zu bleiben, ist ihr heiliges Gelübde. Sie dienen ihr, sie stiften einen Sinn. Sie leben für andere, spielen nicht bloß mit Ideen, sondern setzen sich aufs Spiel. In ihrem Tun befriedigen sie mentale, emotionale und spirituelle Bedürfnisse. Sie leben ganzheitlich und werden doppelt belohnt: nicht nur äußerlich, sondern auch innerlich. ▬ In den Klöstern Europas entstanden wegweisende Innovationen für alle Lebensbereiche: Landwirtschaft und Handwerk, Ökonomie und Ökologie, Wissenschaft und Spiritualität. Man kennt die Formel *Ora et labora*: „Bete und arbeite". Die Ordensleute, die ihr folgen, achten auf das Gleichgewicht von Praxis und Besinnung, von *vita activa* und *vita contemplativa*, von *creatio* und *recreatio*, Tun und Erholung. *Life-work-Balance* ist für sie kein Problem. ▬ Im Klosterbau ist dieses gute Gleichgewicht in Stein gemeißelt: Traditionell ist das Kloster um einen Innenhof errichtet, der von einem Kreuzgang umzogen ist. Dort wandeln Mönche oder Nonnen betend oder meditierend. Darum gruppieren sich diverse Räume für die unterschiedlichen Tätigkeitsbereiche der Mönche: Räume der Spiritualität, der Gesundheit, der Arbeit, der Gemeinschaft, Orte des Wissens. Die Kirche ist der Ort der regelmäßigen Besinnung. Vom Morgenlob bis zur Komplet findet sich der Konvent dort ein, um sich an die Präsenz des Heiligen rückzubinden. Im Skriptorium und in der Bibliothek hingegen gehen die Mönche ihrer Arbeit nach. Im Refektorium versammelt sich die Gemeinschaft. ▬ Das Kloster ist die Wiege des Büros. Um sie gut zu hüten, legten sie ihre kostbaren Bücher auf Filztücher – die sogenannte *Burra*. Von dieser Technik rührt der Name *Büro: der Ort, an dem das Kostbare geschützt wird*. Für das Büro der Zukunft ist das Kloster maßgeblich. Es lehrt, dass Kostbares am besten dann geschützt ist, wenn Kreation und Rekreation einander die Waage halten. ▬ Die Klosterschreibstube wurde bald zur Logistikzentrale, in der die vielen Fäden des komplexen Klosterlebens zusammenliefen. Hier wurde gedacht und geplant, besprochen und berechnet, dokumentiert und gestaltet. Von hier aus wurden alle Abläufe gesteuert und die Autarkie des Klosters gesichert. ▬ Das Kloster ist von alters her ein gastfreier Ort. Pilger und Schutzsuchende finden in ihm Zuflucht. Menschen, die nach Ruhe suchen oder sich in einer Lebenskrise sammeln wollen, finden in Klöstern oft Frieden und seelischen Beistand. Nicht selten trägt dazu der Klostergarten bei, der meist von liebevoller Hand gepflegt wird.

Für das Büro der Zukunft ist das Kloster maßgeblich. Es lehrt, dass Kostbares am besten dann geschützt ist, wenn Kreation und Rekreation einander die Waage halten.

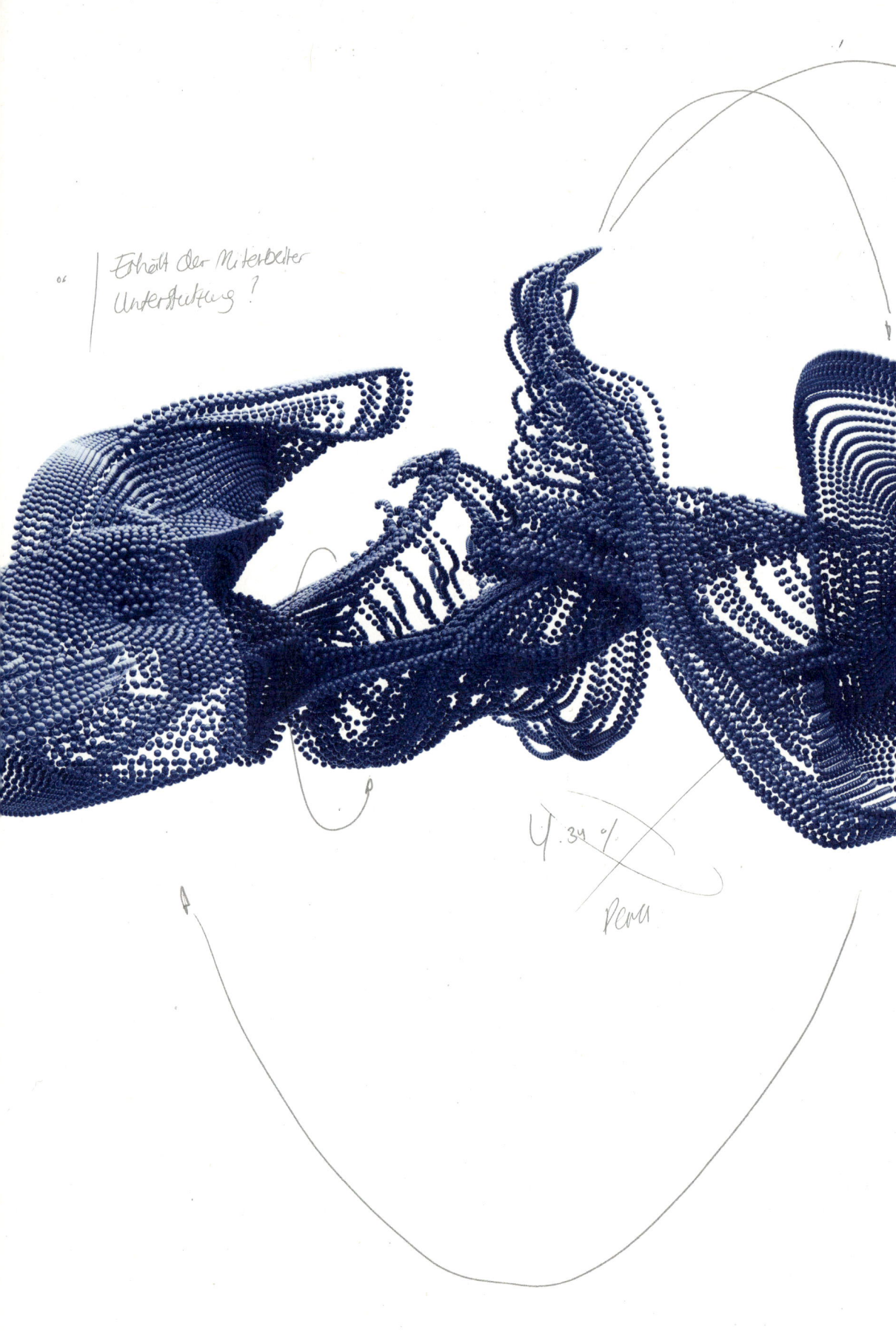

FÜNF. Die Orte

B.048

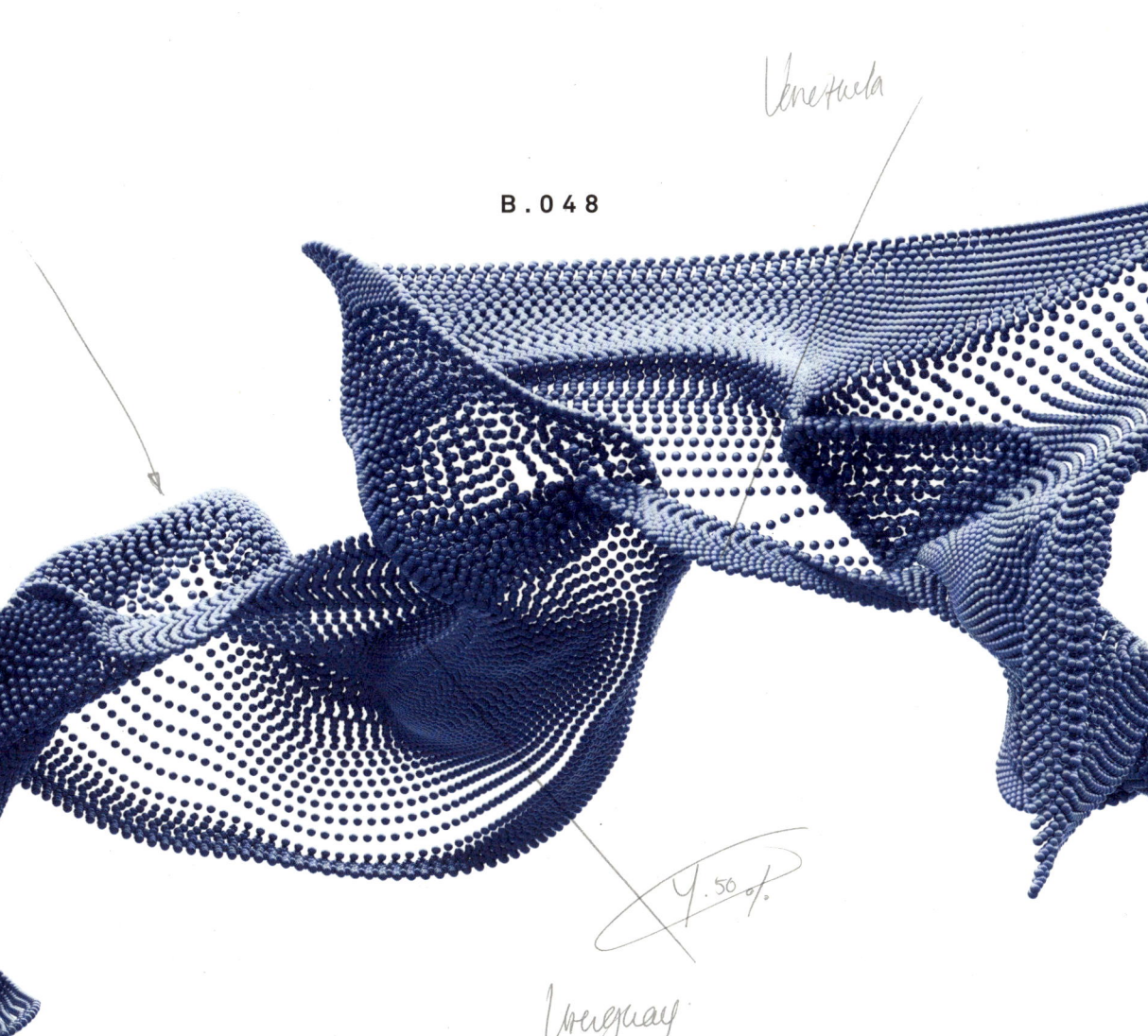

Venezuela

Uruguay

Y. 50%.

» Es sind nur die starken,
  zugleich an der Vergangenheit
  festhaltenden Geister,
  welche die wahre Zukunft
  zu schaffen vermögen. «

Josef Schelling

Bibliotheken sind Tempel des Geistes, große Speicher des Menschheitswissens, unerschöpfliche Ressourcen der Inspiration. Seitdem der
Mensch die Kunst des Schreibens lernte und in Papyrus oder Pergament
ein Medium fand, auf dem Geschriebenes die Zeiten überdauern kann,
umgibt er sich mit Büchern. Durch sie ist er verbunden mit dem
Allgemeinen – mit dem, was Friedrich Hegel einst den *Weltgeist* nannte.
Aus Büchern weht er den Menschen an. In Bibliotheken kann er ihm
begegnen. ▬ Lesen heißt ursprünglich *sammeln*. Das Wort *Weinlese* kündet
noch davon. Wer liest, sammelt das Wissen ein, empfängt den Geist
vergangener Zeiten und ferner Zeitgenossen. Bibliotheken sind Orte des
Empfangens und des Nährens. Sie gleichen Speisekammern des Geistes,
in denen er sich umtun und sättigen kann. Sie sind genauso Orte des
Bewahrens. In ihnen türmt sich Tradition. So sind sie Schatzhäuser des
Menschheitswissens – ständig bedroht, vom Strom der Zeit hinweg-
gerissen zu werden. Bibliotheken sind Protest gegen das Vergessen und
Verschwinden. ▬ Auch das Büro der Gegenwart ist solch ein Speicher-
haus. Auch wenn die Speichermedien inzwischen digital sind. Hier
wird gesammelt und archiviert. Hier wird das Gedächtnis bewahrt und
das Bewusstsein der Herkunft gepflegt. Wer heute Zukunft schaffen
will, muss seine Herkunft kennen und die Schätze der Vergangenheit
erhalten.

Bibliotheken sind unerschöpfliche Ressourcen. In ihnen ist Menschheitswissen gesammelt. Aus ihren Quellen muss schöpfen, wer Zukunft schaffen will.

B.049

» Der wahre Zweck des Menschen ist die höchste und proportionierlichste Bildung seiner Kräfte zu einem Ganzen. «

Wilhelm von Humboldt

Im 13. Jahrhundert werden die ersten Universitäten gegründet. Zuerst in Italien, später in Paris, Köln oder Prag. Das Wissen lässt die Klostermauern hinter sich. Bibliotheken sind nicht länger ein klösterliches Monopol. Wissenschaft und Religion trennen sich voneinander. Die Menschen wenden sich vermehrt dem Studium der Natur zu. Man verlässt sich dabei nicht mehr nur auf die Heilige Schrift als dem autoritativen Text, sondern studiert die Autoren der Antike und entwickelt eigene Ansichten über das Sein der Welt und das Sollen der Menschen. Nun werden immer mehr Bücher benötigt. Der Beruf des Schreibers wird aufgewertet. Mit seiner Konjunktur wird die Schreibarbeit zu einer Profession. ▬ Die Universitäten sind weit mehr als Bibliotheken. Das Wort *Universität* setzt sich zusammen aus dem lateinischen *unus* (eins) und *versus* (gewendet). Es bedeutet die zur Einheit gewendete Gesamtheit alles Erkenn- und Erforschbaren; ganz so, wie das Universum die zur Einheit gewendete Gesamtheit alles Seienden meint. Universitäten sind so etwas wie Webstühle, an denen das Wissen um die Welt zu einem sinnvollen Ganzen verwoben wird. ▬ Das geht nur in der Gemeinschaft der Lehrenden und Lernenden. Universitäten als Orte des Studierens und Forschens sind immer zuerst Orte der Kommunikation und des Gesprachs – des *freien* Gesprächs; denn diese Orte sind weitgehend aus der Welt des Handels und der Politik herausgelöst, so dass der Geist in ihnen ungetrübt von Macht- oder Profitinteressen wehen kann. Kokreativität und Kreativität sind hier zuhause – zwei hohe Qualitäten, die zu erzeugen für künftige Büros von höchster Relevanz sein wird.

Für die Blüte des Geistes braucht es Räume wie Universitäten: Räume, die frei sind von Macht- und Profitinteressen, die nur dem Forschen und Studieren dienen.

» **Der Mensch ist nur da ganz Mensch, wo er spielt.** «

Friedrich Schiller

Barock und Rokoko waren die großen Spielzeiten der europäischen Kultur. Nach den dunklen Zeiten des Dreißigjährigen Krieges waren die Menschen der religiösen Kämpfe überdrüssig. Sie sehnten sich nach Licht und Leichtigkeit. Ein neuer Geist zog in Europa ein. Die Aufklärung begann und mit ihr eine neue Hinwendung zum diesseitigen Leben. Die Welt, in der man lebte, galt dem Philosophen Leibniz als die beste aller möglichen Welten. Das Leben durfte nun gefeiert werden. ▬ Genau das taten alle, die es sich leisten konnten. Die Adeligen schufen sich paradiesische Kunstwelten: lichtdurchflutete Schlösser, umgeben von üppigen Gärten. Spiegelsäle voll reicher Ornamentik. Sie boten die Kulissen für das große Spiel des Hofzeremoniells. Hier wurde Politik getrieben, hier bändelte man zu gefährlichen Liebschaften an, hier wurden Intrigen geschmiedet. ▬ Doch nicht nur das. Die Schlösser und Paläste des Barock boten die Bühne für Kunst und Kultur. Ideen und Erfindungen wollten gezeigt und sollten gesehen werden. Ein feierlicher Raum mit Licht und Glanz – was konnte ein besserer Rahmen sein, um neue Einfälle zu präsentieren? Die führenden Köpfe der Gesellschaften versammelten sich und staunten. Was es doch alles gab! Theater, Musik, Architektur, Waffen, Gärten! Die Fürsten wollten einander in Pracht und Herrlichkeit überbieten. Beflügelt durch den Geist der Aufklärung geriet das Schloss zu einem Pantheon der Künste. Die beste aller möglichen Welten sollte Ausdruck finden in der Herrlichkeit von Kunst und Architektur. ▬ Das Schloss ist der perfekte Ort der Repräsentation. In seinen prunkvollen doch leeren Räumen können sich die Menschen zeigen: Hier können sie etwas darstellen, hier können sie spielen, hier können sie prächtig sein. Solche Räume braucht der Mensch. Sie unterstützen ihn in seiner Potenzialentfaltung. Auch ein Büro sollte ein bisschen Schloss sein. Dann werden Kreativität und Einfallsreichtum ebenso in ihm gedeihen, wie Spiel und Lebensfreude.

Kreativität braucht Räume, in denen sie sich zeigen kann. Die alten Schlösser waren dafür wie geschaffen. Sie waren Bühnen für die Selbstdarstellung schöpferischer Menschen.

» Was ist am Ende der Mensch anderes als eine Frage? «

Rahel Varnhagen

Die Zeit der Schlösser ging vorbei. Die Revolution fegte über Europa hinweg. Der Adel lag darnieder, das Bürgertum erstarkte. Das kulturelle Leben zog in die Städte. Es suchte neue Räume – und fand sie in den städtischen Salons. Sie gab es schon im 18. Jahrhundert, doch ihre große Blütezeit war zu Beginn des 19. Jahrhunderts. ▬ Ob Paris, London oder Berlin, alle großen Städte brachten Salons hervor. Hier trafen sich Wissenschaftler, Künstler und Literaten mit Politikern, Fabrikanten und Bankiers. Man tauschte sich aus und ergötzte sich an neuen Ideen. Man las sich vor und diskutierte, man pflegte geistreiche Konversation. Zumeist waren es kundige Frauen, die in ihren Privathäusern zu Salons luden. Sie schufen freie Begegnungsräume und eine Stimmung, in der offen und mutig neue Visionen vorgetragen wurden, die so manches alte Gedankengebäude zum Einsturz brachten. Festliche Räume, feierliche Stimmung. Champagner und Musik. Hitzige Debatten, Streit der Worte und Gedanken, skandalöse Werke – der Salon zog es an, der Salon zeigte es und diskutierte es. ▬ Nicht jeden Tag wurde Salon gehalten. Meist traf sich die Salongesellschaft nur einmal im Monat. Die Zahl der Teilnehmer blieb überschaubar. Die Räume waren nicht so groß wie in den Schlössern der Aristokraten. Sie waren nüchterner und offener: das geistige Versuchslabor des Bürgertums. Hier ging es weniger um stolze Selbstdarstellung, hier ging es mehr um Austausch und Begegnung. Junge Talente konnten sich beweisen. So mancher kluge Geist fand im Salon einen Förderer oder eine Förderin. ▬ Die Salonkultur kommt langsam wieder. In viele deutsche Städte ist sie schon zurückge-kehrt. Die Arbeitswelt hat sie jedoch noch nicht erreicht. Dabei täte der Geist eines Salons auch Unternehmen gut. Es braucht die Diskussion in einem klugen Kreis. Es braucht das fruchtbare Gespräch mit Quer-denkern, die frei von Konventionen oder Zwängen reden können. Es braucht den kreativen Austausch und Gelegenheiten für die Mitarbeiter, ihre Talente zu erproben und zu zeigen.

Ein Unternehmen braucht Orte des freien Austausches, der geistreichen Konversation. Solche intellektuellen Versuchslabors waren die Salons. Ihre Kultur sollte auch in Büros Raum greifen.

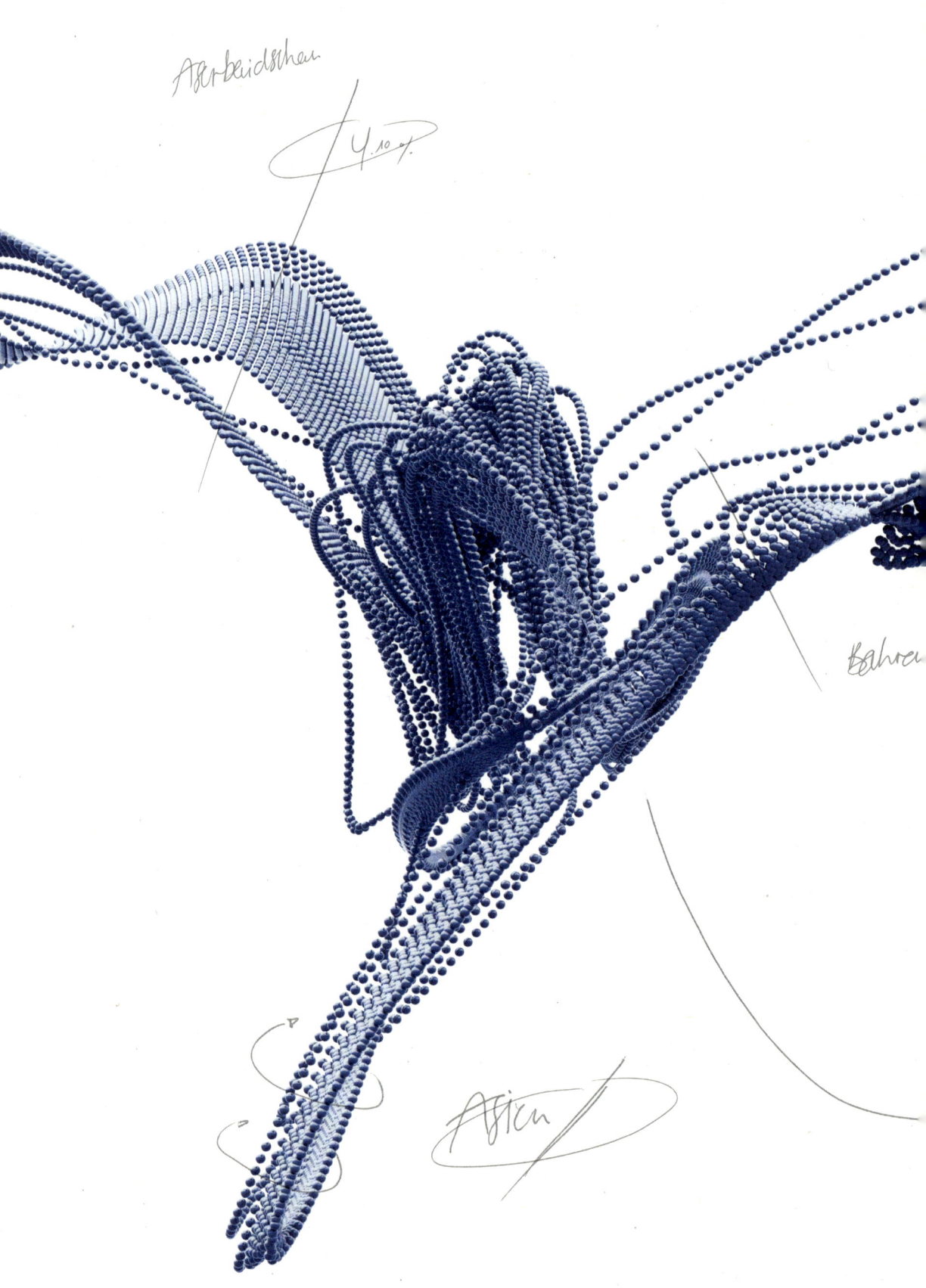

Aserbaidschan

4.10.1.

Bahra

Asien

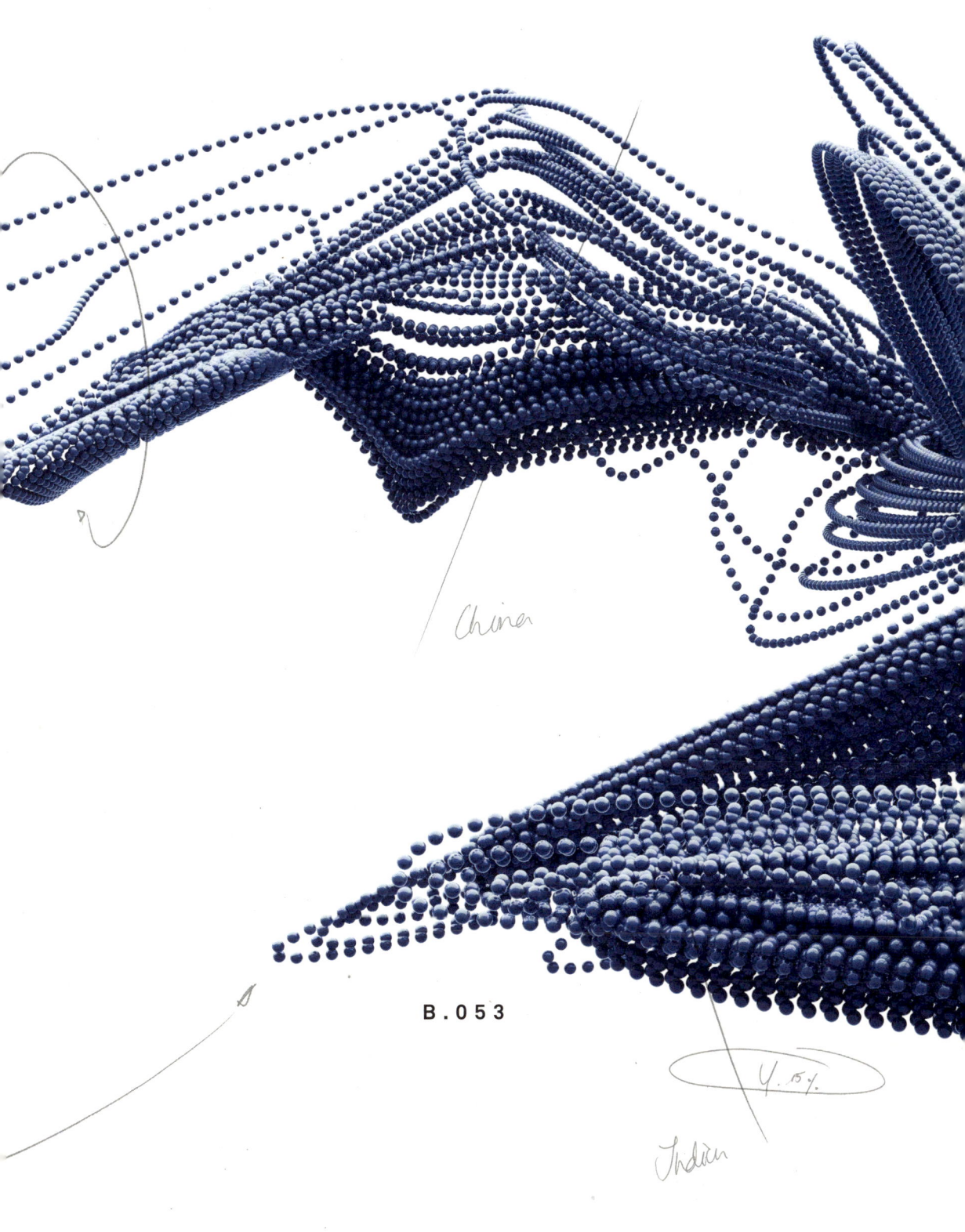

China

B.053

Indien

»Der Charme des Kaffeehausbesuches liegt in seiner Absichtslosigkeit, seiner Unplanbarkeit und darin, nicht explizit auf Nutzen ausgerichtet zu sein.«

Markus H. Peschl

Der Wettstreit darum wo das erste Café entstand, wird zwischen Wien, Lissabon und Madrid ausgetragen. Vermutlich aber ist es noch viel älter: Egal ob im Café Central in Wien oder im Kafenion auf einer kleinen griechischen Insel – das Café ist der zentrale Ort der Kommunikation der Einwohner eines Dorfes oder einer Stadt. Es ist ein öffentlicher Ort, zu dem ein jeder Zutritt hat. Zugleich ist es ein Ort voller Intimität. In Cafés treffen sich verliebte Paare ebenso wie alte Freunde. Hier finden *Blind Dates* statt und konspirative Zusammenkünfte. Hier wird gespielt und nachgedacht. Hier findet man Poeten, die an ihren Werken feilen, genauso wie Geschäftsleute, die ungestört die Zeitung lesen wollen. — Man sieht: Ein Café ist nicht nur ein Ort, an dem man Kaffee trinkt und Kuchen isst. Vor allem ist das Café jener Ort, an dem man auf neutralem Boden höchst diskret und höchst intim mit anderen verkehren kann – informell, ohne Agenda, dafür aber unter vier Augen. Ein solcher Ort ist unbezahlbar. An ihm sind Kreation und Rekreation zugleich möglich. Hier regeneriert sich die Gemeinschaft. Hier schöpft sie neue Kraft aus der Begegnung zwischen Menschen. — So wenig wie man diesen Prozess erzwingen kann, so wenig ist er rein zufällig. Entsteht er doch aus den Zutaten des Raumes. Der Raum eines Cafés begünstigt das Gespräch und beflügelt das Denken. Im Englischen nennt man einen solchen Ort einen *Enabling Space*. „Das Kaffeehaus", schreibt der Wiener Innovationsforscher Markus Peschl, ist ein Raum, „in den man sich einerseits zurückziehen kann, in dem man andererseits aber auch die für das Lernen und das Generieren neuen Wissens erforderliche Reibung mit der Realität vorfindet." — Räume wie diese sind für Unternehmen wichtig. Sie nähren Geist und Seele derer, die sich darin treffen. Sie lassen unerwartete Begegnung zu, geben dem Zufall eine Chance. In ihnen öffnet sich der Raum des Zwischenmenschlichen, worin die Quelle der Ideen sprudelt.

Im Café kommen alle zusammen. Es ist ein informeller, öffentlicher Raum. Es lässt unerwartete Begegnungen zu und öffnet die Sphäre des Zwischenmenschlichen für fruchtbare Gespräche.

B.054

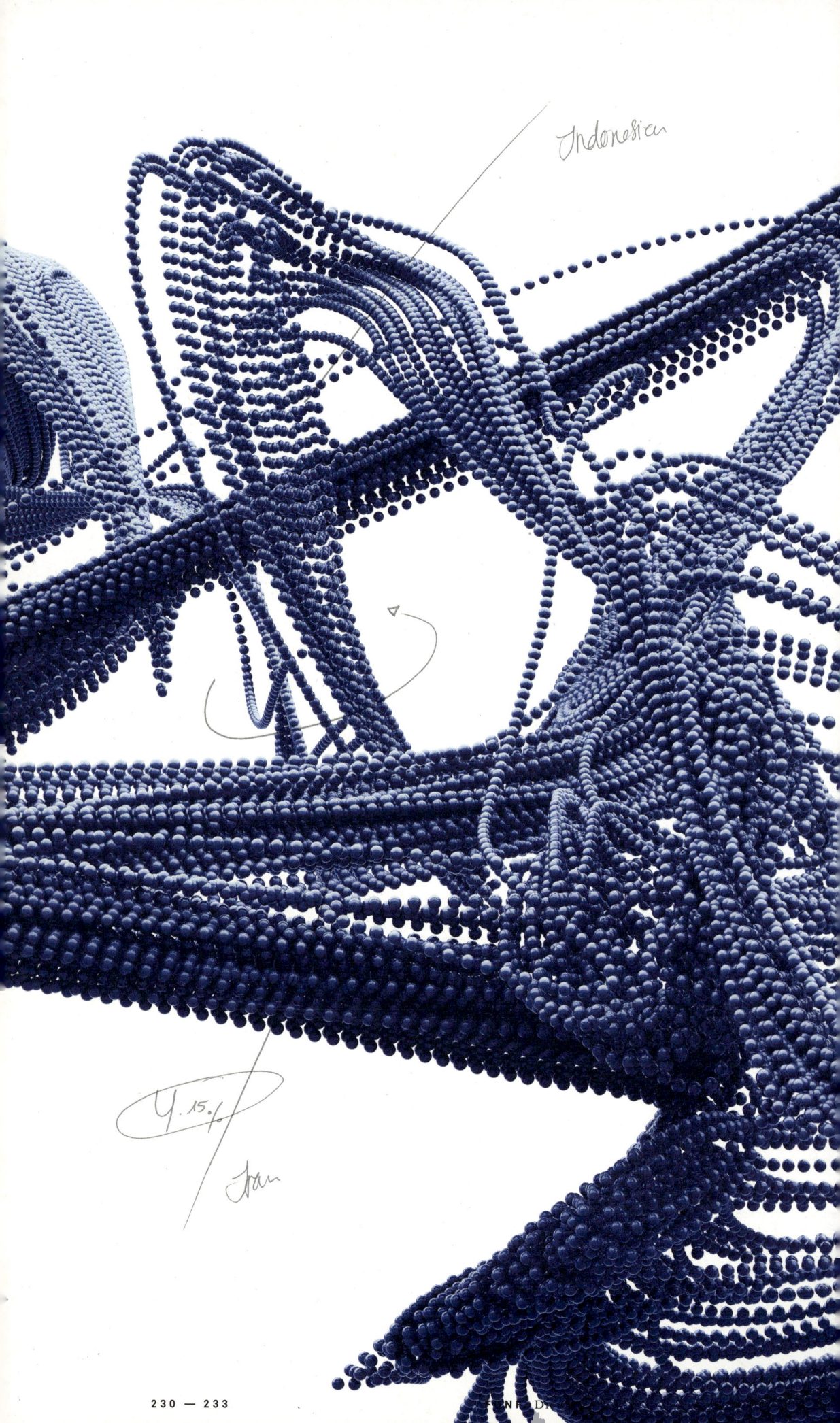

Indonesian

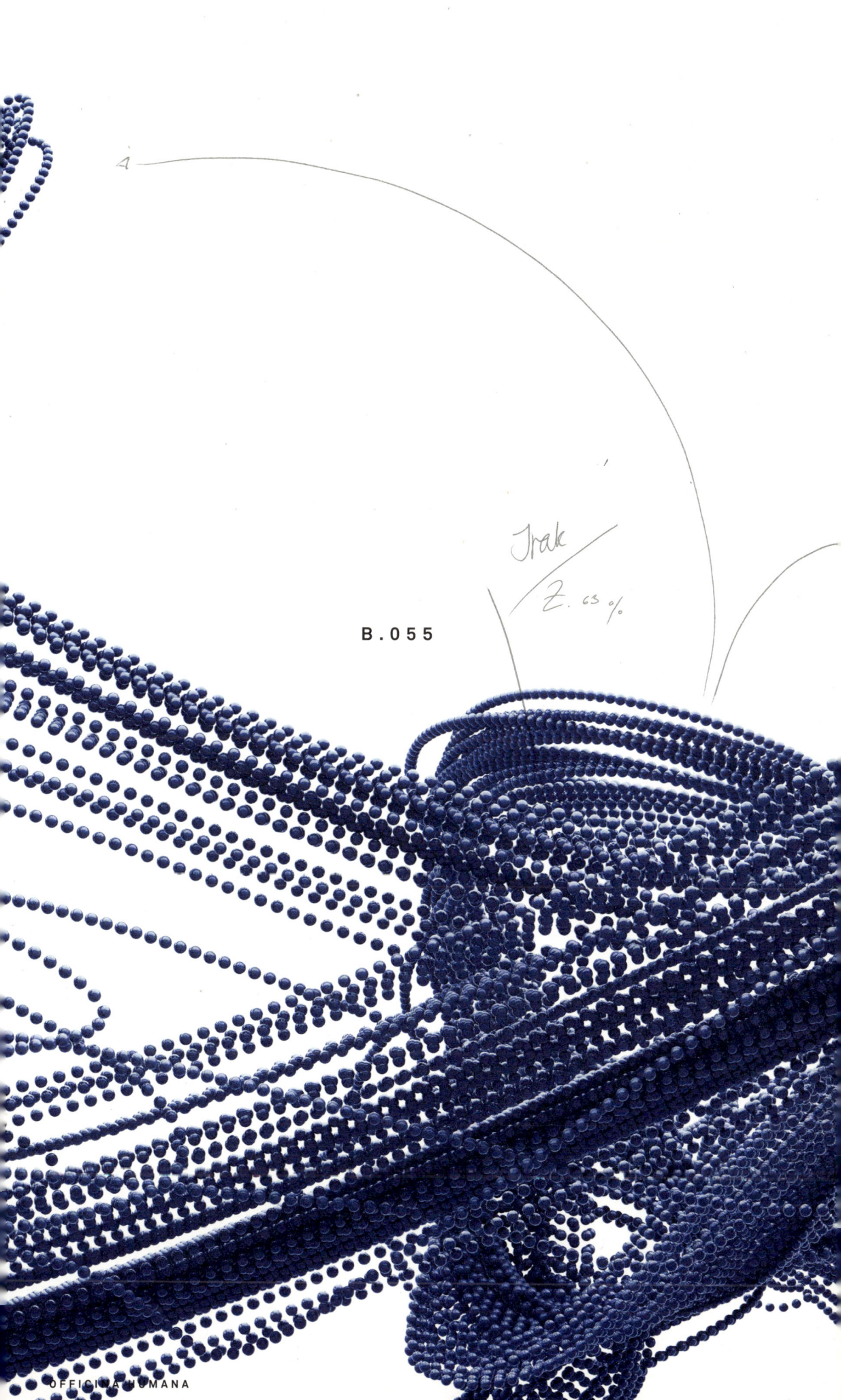

B.055

Irak
Z. 63 %

» **Im Paradies sind nur Schönheit, Luxus, Ruhe und Wohlgefallen.** «

Charles Baudelaire

Foyers sind offen. Der Zugang ist frei. Wer in sie eintritt, ist nicht
mehr draußen, aber auch noch nicht drinnen: Orte des Übergangs,
Zwischenräume. In ihnen wartet man. In ihnen hält man sich vorübergehend auf. Man ist nicht festgelegt. Man ist nicht hier und ist nicht
da. Foyers sind Zugabteile ohne Zug. In ihnen laufen die Zeiger der
Uhr mit langsamerer Geschwindigkeit. Der Zwischenraum steht offen.
— Und deshalb ist man selber offen. In einer Lobby oder in einem
Foyer ist es nicht anstößig, sich von Fremden ansprechen zu lassen
– oder selbst Fremde anzusprechen. Es herrscht keine Verbindlichkeit.
Für Intimität ist hier kein Platz. Solche Orte sind geschaffen für die
informelle, formlose und flüchtige Begegnung – die oft aber sehr tief
gehen kann. — In einem Foyer kann man flanieren, ohne Anstoß
zu erregen. Man darf sich zeigen, ohne aufdringlich zu sein. Man darf
die Menschen anschauen, ohne sich dabei als Voyeur zu fühlen.
Man schaut sich nur mal um. Es ist eine informelle Bühne, auf der un-
geprobte Stücke gegeben werden – ein Ort der kontrollierten Offensive,
der Improvisation. — An solchen Orten geht der Geist auf Wander-
schaft. Er folgt den Kommenden und Gehenden auf imaginäre Reisen
mit ungewissem Ausgang. Darin liegt ihr hohes Potenzial für Kreativität.
Daran kann Maß nehmen, wer Arbeitsräume plant. Es braucht den
Raum, der frei von Fokussierung ist.

In Bürogebäuden braucht
es Räume wie Foyers: Orte, an
denen der Geist flanieren
und sich unverbindlich um-
schauen kann.

B.056

» **Erfolg hat nur, wer etwas tut,
während er auf den Erfolg wartet.** «

Thomas Alva Edison

FÜNF. Die Orte

Man kann die Zukunft nicht vorhersagen, man kann sie allenfalls erfinden. Und um Zukunft zu erfinden, muss man experimentieren. Wer experimentiert, erfindet Zukunft, wer nicht experimentiert, beerdigt sie. ▬ Der Mensch war immer schon Erfinder. Das zeichnet ihn aus. Anfangs waren seine Erfindungen eher Zufallsprodukte. Später wurde das Erfinden eine Profession. Der Mann, dem wir das verdanken, ist Thomas Alva Edison. Über zweitausend Patente hat er angemeldet. Er erfand nicht nur die Glühbirne, das Telefon und den Plattenspieler, vor allem hat er das Erfinden neu erfunden. Dafür erschuf er sich ein Haus: eines, in dem methodisch aus schlauen Ideen neue Produkte wurden, das erste professionelle Labor der Welt. Man kann es heute noch anschauen. ▬ Das Labor macht aus dem gedanklichen Prozess des Erfindens einen sichtbaren und anfassbaren Ablauf. Das tut not, denn für uns Menschen ist es wichtig, die Dinge aus dem Kopf auf das Papier und physisch in die Welt zu bringen. Dann sehen wir sie und verstehen, wie sie zu optimieren sind. Der Ort dafür ist das Labor. ▬ Im Falle Edisons ging die Geschichte traurig aus. Im Jahre 1914 brannte sein Labor bis auf die Grundmauern ab. Ein Großteil seines Lebenswerks ging dabei in Flammen auf. Am nächsten Morgen aber sah er sich die Ruine an und meinte: „So ein Unglück ist schon etwas Großartiges! All unsere Fehler und Irrtümer gehen dabei in Flammen auf, und wir sind in der glücklichen Lage, noch einmal ganz von vorne beginnen zu können." ▬ Ein gutes Büro ist immer auch ein Stück Labor. In ihm muss Raum für Experimente sein. Denn wie der gute Edison schon wusste: Das Neue wird sich nur dann finden lassen, wenn Fehlerfreundlichkeit und Mut zusammenkommen.

Innovation verlangt Fehlerfreundlichkeit und die Lust am
Experimentieren. Wo ein Büro
diesen Qualitäten genügt, gerät
es zu einem Zukunftslabor.

B.057

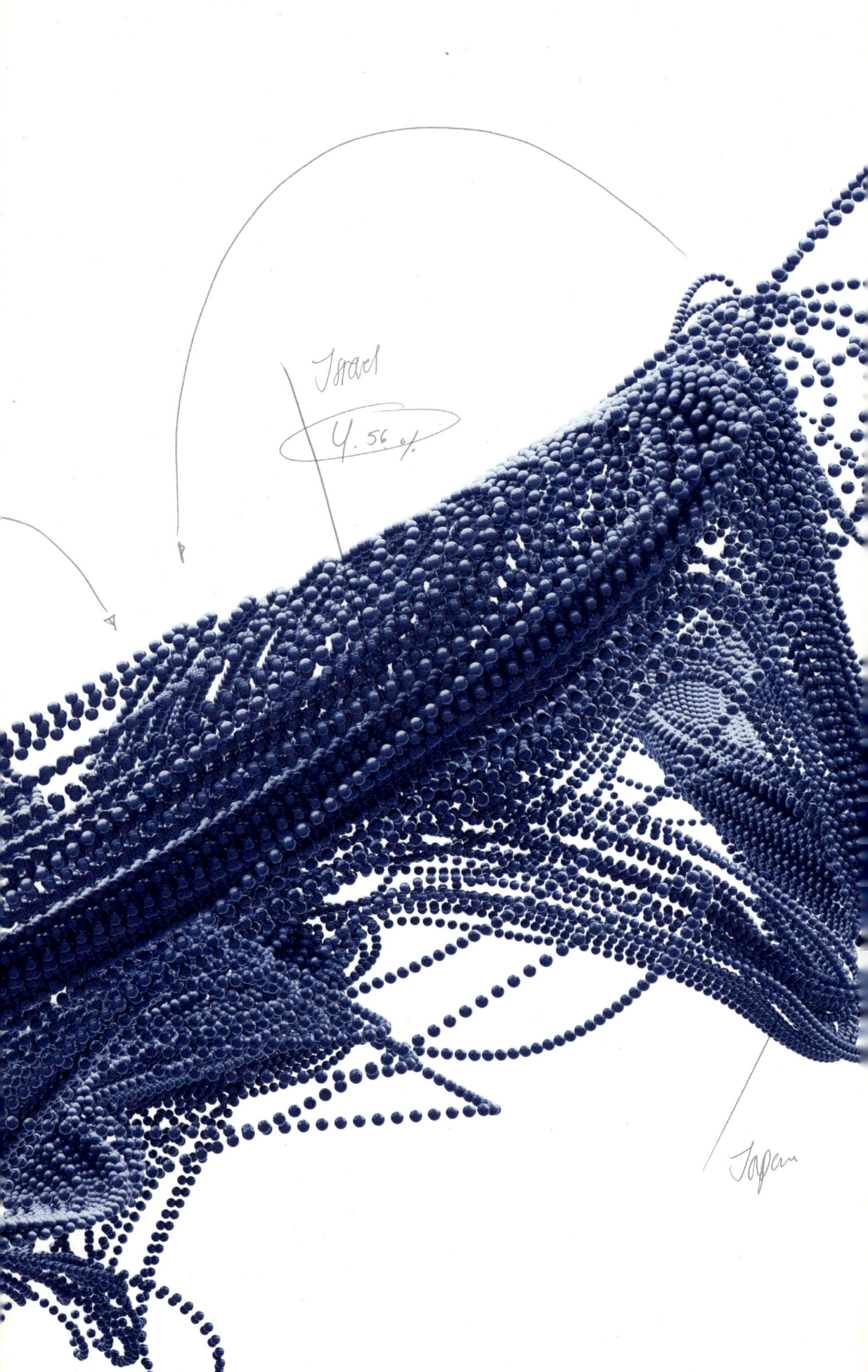

Israel

4. 56 %

Japan

FÜNF. Die Orte

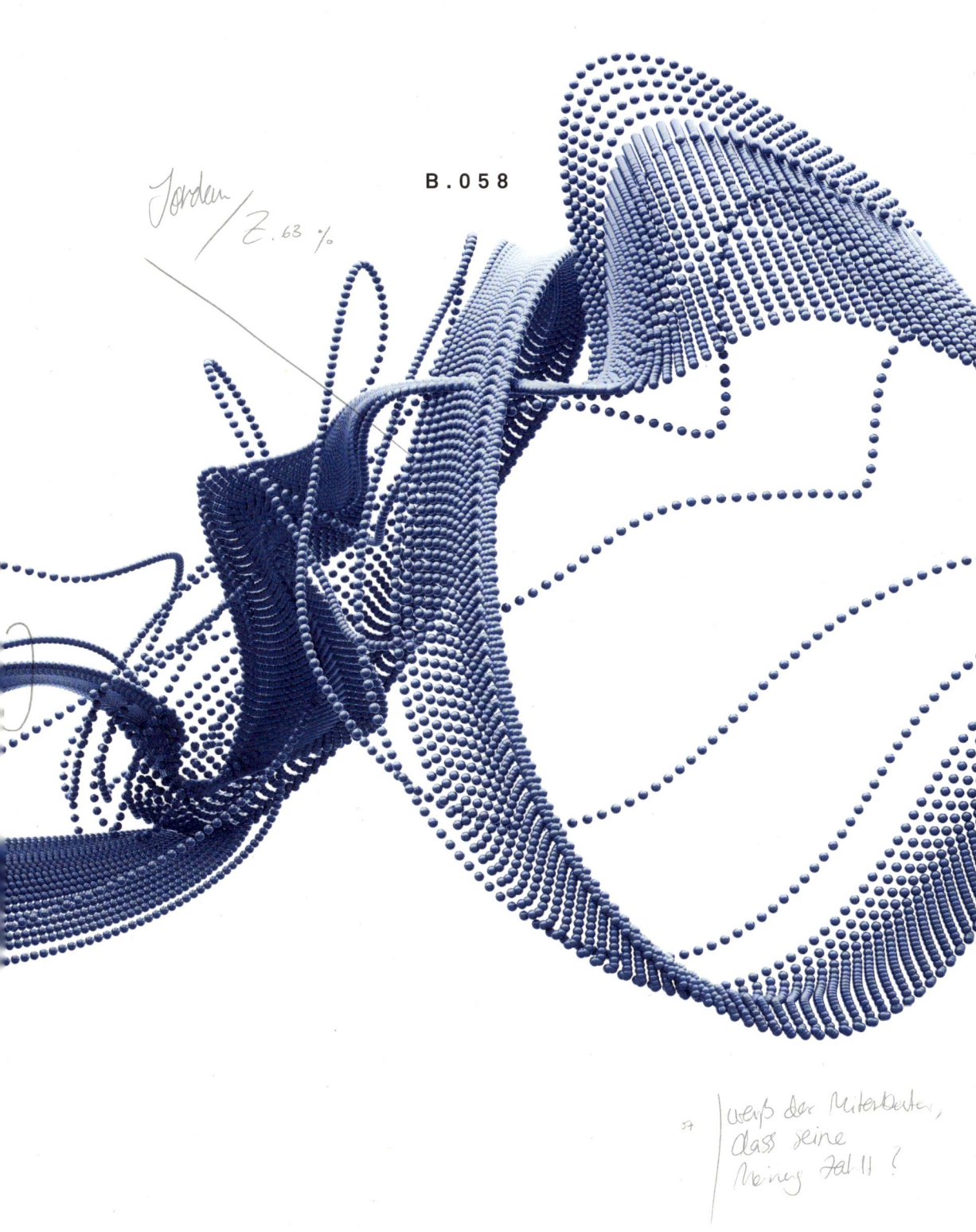

B.058

Jordan / Z. 63 %

57 / weiß der Mitarbeiter, dass seine Meinung Fall?

» Der Zufall ist der Herr aller Erfinder. «

Claude Adrien-Helvetius

Die Garage gilt seit Neuestem als Sinnbild des archaisch kreativen
Schaffens. So manche weltbewegende Idee entstand schon hinter dem
Garagentor. Steve Wozniak und Steve Jobs schraubten Mitte der
1970er Jahre in der Garage von Jobs Eltern in Los Altos ihren ersten
Apple-Rechner zusammen. Die Hewlett & Packard-Gründer Bill
Hewlett und Dave Packard begannen ihre Erfolgsgeschichte in der zum
Labor umgebauten und heute noch als Museum zugänglichen,
legendären „HP Garage" in Palo Alto, die heute als Ursprungsort des
Silicon Valley gilt. Und auch im Schwabenländle weiß man von so
manchen Tüftlern, die in Garagen oder Scheunen ihre Erfindungen
machten: Willy Schmid etwa, der heute die Tramec GmbH in Gingen
leitet, nachdem er 1993 nebenher eine neue Art von Fräskopf entwickelte.
Oder Otto Schäuble, der in Vaters Garage eine Teppichknüpfmaschine
erfand. ▬ Wie kommt das, fragt man sich. Warum nun ausgerechnet die
Garage? Eine Antwort könnte sein: Garagen sind Rückzugsorte. In
ihnen kann man basteln. Man findet dort zumeist ein reiches Arsenal
an technischem Gerät, das häufig unvermittelt beieinanderliegt.
Und damit kann man spielen: Zufällige Materialien finden sich als poten-
zielle Antwort auf vorläufige Fragen. Die Garage ist der Ort des
vorprofessionellen Entdeckens und Erfindens, der Lust am Provisorium.
▬ Roland Barthes und Claude Levi-Strauss prägten dafür den Begriff
der *Bricolage*: Ausgehend vom Material und einer Vorstellung entsteht das
Objekt beim Basteln. Die *Bricolage* ist poetisch. Darin unterscheidet
sie sich vom Erfinden, das analytisch vorgeht. Das Geheimnis der *Bricolage*
zu verstehen ist für kreative Prozesse essenziell. Man muss dem
Zufall Raum geben, damit die Kreativität sich einstellt, damit die Gedanken sich entlang von anregenden Möglichkeiten frei entwickeln
können.

Die besten Einfälle sind Zufallsprodukte – entstanden aus überraschenden Konstellationen. Gute Büros geben dem Zufall eine Chance.

» **Das Atelier füllt sich aufs Neue
mit Figuren aus alter und neuer Zeit,
und immer spielt das Meer von
nah und weit durch Sturm und Sonne
in meine Gedanken.** «

Max Beckmann

Der Zeugungsort der Kunst ist oft das Atelier. Es ist der Ort, an dem Materie und Geist zusammenfinden. Im Atelier schafft sich der Künstler seinen Raum, der ihn in seinem künstlerischen Schaffen unterstützt. Je nach der Arbeitsweise und Mentalität des Künstlers kann ein Atelier recht unterschiedlich ausfallen. Doch schaut man sich Bilder von Künstlerateliers an, dann stellt man fest: Viele große Künstler hatten auf sich zugeschnittene, wohlgeordnete Ateliers, die präzise zu ihrer Arbeitsweise passten. ▬ Eines der schönsten und interessantesten Ateliers ist das von Joan Miró in der Nähe von Palma de Mallorca. Gemeinsam mit seinem Architekten Josep Lluís Sert entwarf er den Bau 1956. Von außen erinnert dieser an den Stil von Le Corbusier. Das Innere hingegen spiegelt den Stil und die Arbeitsweise des Künstlers wider: die simultane Schöpfung mehrerer Kunstwerke. Heute wirkt das Atelier wie die Metapher der *Open Spaces* und offenen Arbeitslandschaften der *Creative Society*: offen und flexibel nutzbar; ein Raum für Menschen und deren Kommunikation. Aber ebenso ein Raum für stille, nachdenkliche Reflexion. ▬ In Mirós Atelier war vieles möglich. Fünf Grundprinzipien treten dabei hervor: (1) Perspektivenwechsel. Jedes Werk kann aus unterschiedlichsten Blickwinkeln betrachtet und geprüft werden. (2) Gleichzeitigkeit. Es kann gleichzeitig an verschiedenen Werken bzw. Werkgruppen gearbeitet werden. (3) Prozessorientierung. Kunst ist auch Handwerk. Bilder und Objekte wollen gelagert und präsentiert werden. Es gibt einen Stoffwechsel: Rohmaterial kommt herein und verlässt als Kunst das Gebäude. Für all dies ist es eine praktische Werkstatt. (4) Einheit von Leben und Arbeiten. Miró konnte in seinem Atelier gleichzeitig leben und arbeiten. (5) Inspiration der Weite. Als das Studio gebaut wurde, lag es allein auf einem Hügel mit phantastischem Ausblick auf das Mittelmeer.

Die Ateliers von Künstlern zeigen: Kreativ arbeitenden Menschen tut es gut, wenn die Räume ihrer Arbeitsweise angepasst sind.

B.060

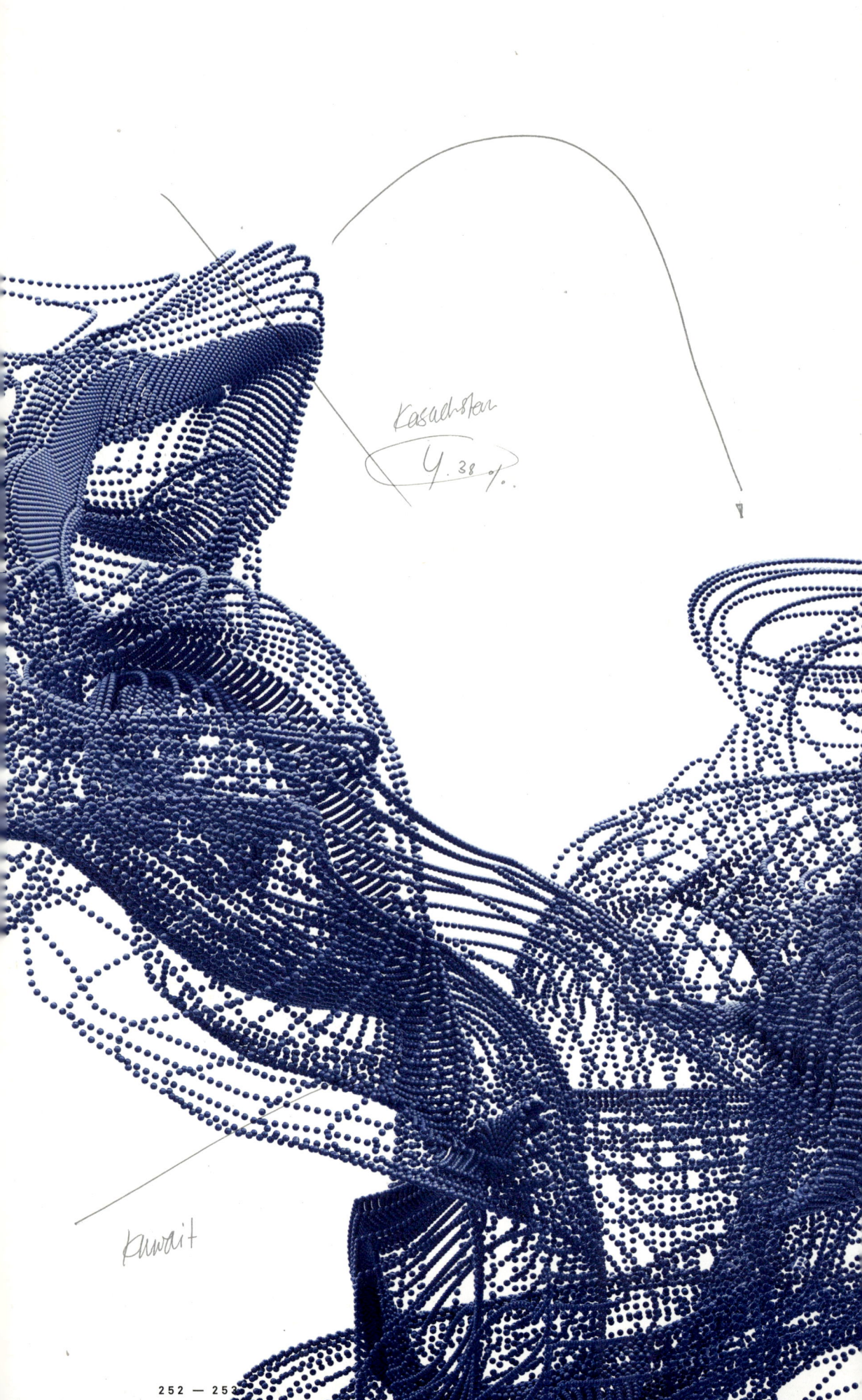

Kasachstan

Y. 38 %.

Kuwait

B.061

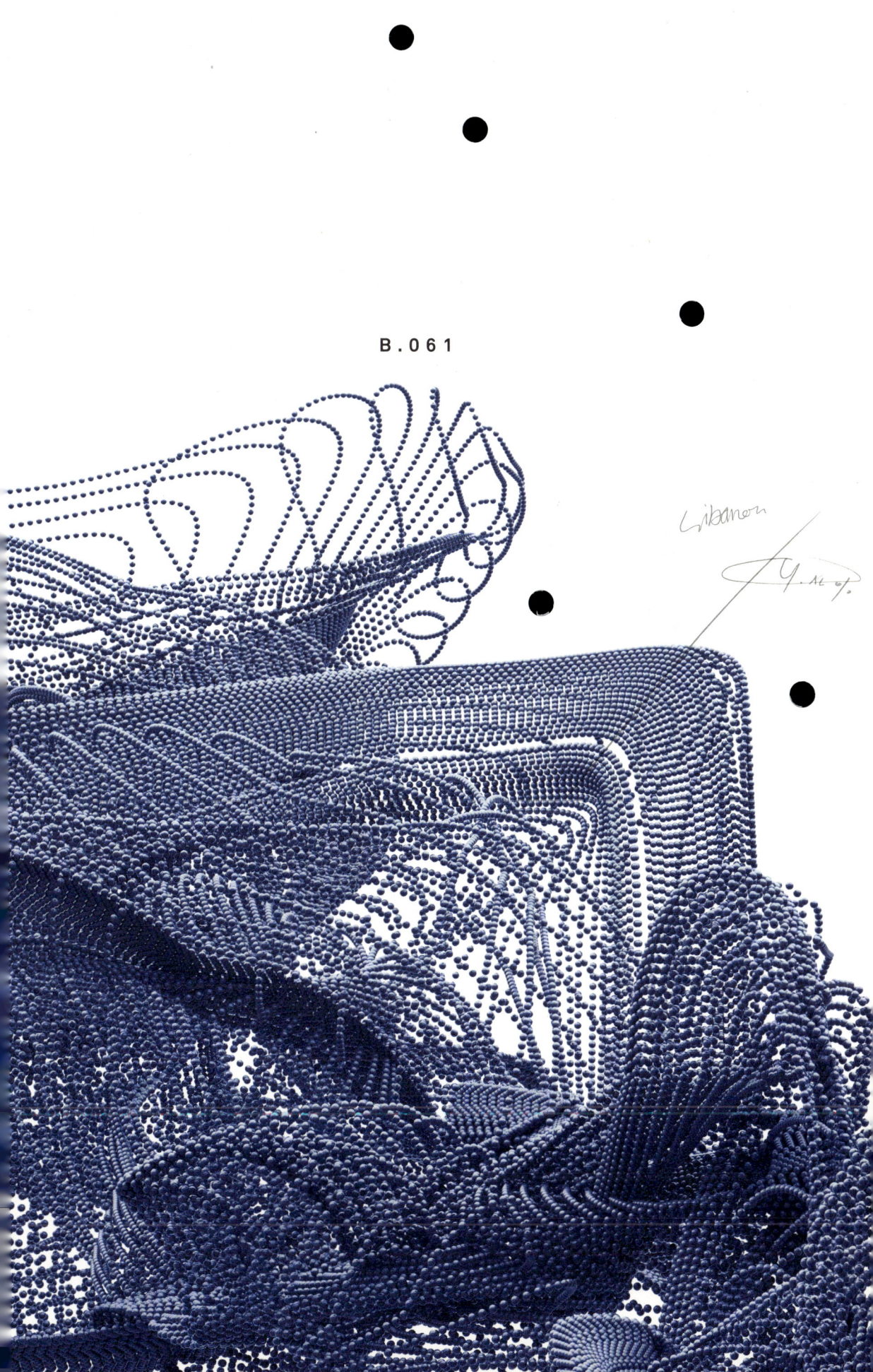

Libanon

SECHS. Das Büro – Wesen und Ursprung

» **Wer nicht von dreitausend Jahren sich weiß Rechenschaft zu geben, bleib im Dunkeln unerfahren, mag von Tag zu Tage leben.** «

Johann Wolfgang von Goethe

Das Büro ist der wichtigste Arbeitsraum der Gegenwart. Das ist nicht selbstverständlich. Die Arbeit im Büro ist das Ergebnis einer langen und verschlungenen Geschichte des Wirtschaftens, in deren Verlauf neue Herausforderungen, neue Arbeitsweisen zutage traten. Der Trend ist dabei klar erkennbar: Arbeiteten noch um die Wende vom 19. zum 20. Jahrhundert rund drei Prozent der Werktätigen in Büros, so findet man dort heute mehr als die Hälfte aller Berufstätigen.

Die heutigen Büros vereinen in sich eine Vielzahl von Funktionen. Dies erzwingt eine Vielzahl von Kompetenzen, die Menschen beherrschen müssen, sofern sie in Büros arbeiten. Um die spezifischen Erfordernisse der Büroarbeit auf gute Weise zu bewältigen, bedürfen sie einiger Qualitäten, die sich aus den traditionellen Funktionen des Büros herleiten: Bewahren, Treue und Achtsamkeit, Verlässlichkeit, Disziplin, Funktionalität, Produktivität, Kreativität. Diese Qualitäten zu fördern, zu nähren und zu unterstützen, ist eine Aufgabe, die sich all denen stellt, die im 21. Jahrhundert Büroräume einrichten und optimieren wollen.

Bei alledem gilt es, die Grundidee des Büros zu bewahren. Sie wird zum ersten Mal sichtbar, wo das Büro als selbstständige Einrichtung in Erscheinung tritt: in den Schreibstuben mittelalterlicher Klöster. Dort verwendeten die Mönche die *Burra* – eine Filzunterlage – um die kostbaren Bücher zu schützen, die sie von Hand kopierten. Das ist bedeutsam: Das *Büro*

– zu dem sich die *Burra* der Mönche entwickelte – dient seiner Grundidee nach dazu, das Kostbare zu schützen. Das Kostbare ist heute nicht mehr nur ein Buch: Vielmehr ist es der Mensch, der seine Arbeit im Büro verrichtet. Ihm Schutz zu geben, ist der Sinn und Zweck auch des Büros der Zukunft. Um ihm den Weg zu weisen, tut es not, sich mit dem Wesen und dem Ursprung des Büros zu befassen.

Moderne Büros sind das Produkt der Vergangenheit. Die Geschichte des Büros enthüllt die wichtigsten Qualitäten und Tugenden der Büroarbeit, die auch in Zukunft relevant bleiben werden.

»Sorge zunächst für dein Haus!«

Hesiod

Am Ursprung der Büroarbeit steht kein Büro, sondern der Kopf des Menschen. In ihm trägt sich schon früh all das zu, wofür dann später jene Räume reserviert wurden, die wir heute als Büros kennen. Doch älter als der Büroraum ist die Büroarbeit. Wo sie einst stattfand, da war das Büro: vielleicht in einem Hinterzimmer, vielleicht am Rande eines Marktes, vielleicht in der schattigen Nische, in der sich im alten Ägypten ein Schreiber niederließ, wie man ihn noch heute im Orient antreffen kann. Gewiss aber immer da, wo Menschen sich ein Stück weit von ihrem täglichen Geschäft oder Handwerk entfernten, um ungestört den Tätigkeiten nachzugehen, die bis heute die Büroarbeit bestimmen: Organisieren und Prüfen, Nachzählen und Rechnen, Verhandeln und Entwerfen. Auch das Speichern und Ablegen von Informationen oder Daten gehört dazu – für Händler und Kaufleute höchst bedeutsame Errungenschaften, um ihr Wissen und ihre Kenntnisse zu archivieren. Die Tugend des geordneten Bewahrens zeichnet die Büroarbeit schon früh aus.

Der Ursprung der Büroarbeit liegt im Speichern, Ordnen, Nachrechnen, Verhandeln und Entwerfen.

B.063

» **Zuletzt ist jede Stelle gut,
wenn man sie gut und treu ausfüllt.** «

Theodor Fontane

Ein eigens als „Büro" deklarierter Raum war dem antiken Menschen nicht bekannt. Seine Erfindung datiert aufs Mittelalter. Sein Ort ist das Kloster, genauer: die klösterliche Schreibstube, das Skriptorium. Die Buchdruckerkunst war noch nicht erfunden und so schrieben eifrige Mönche von Hand alte Handschriften ab und füllten auf diese Weise die bedeutenden Klosterbibliotheken. Sie arbeiteten minutiös, mit großer Treue zu den Texten. ▬ Da Bücher selten waren, galten sie als äußerst kostbar. Deshalb entwickelten die Mönche eine eigene Methode, die Buchumschläge gut zu schützen. Sie legten ein Stück vom Filz der dunklen Mönchskutte – der sogenannten *Burra* – auf ihre grob gezimmerten Schreibunterlagen und betteten das Buch darauf. Von dieser Technik rührt der Name *Büro* her. Als Nachfahre der *Burra* ist das Büro jener Ort, an dem das Kostbare geschützt wird – ein Ort der Treue und der Achtsamkeit für das, was wichtig zu bewahren ist: was Wissen speichert und was Geist entfesselt.

Der Ursprung des Büros ist die *Burra*: ein Filztuch, das dazu diente, kostbare Bücher zu schützen. Heute sind Büros Orte, die den Schatz menschlicher Kreativität hüten sollten.

**» Nicht der Schmuck der Rede,
sondern nur die innere Wahrheit
der Gedanken verschafft
uns Vertrauen und Glauben. «**

Giovanni Pico della Mirandola

Die Renaissance bringt den wachen und weltzugewandten Geist der Antike zurück nach Europa. Das Wahre, das Gute und das Schöne begeistern die Menschen. Kreativität und Schöpferkraft werden als höchste Qualitäten des menschlichen Lebens gefeiert. Von Italien ausgehend tritt die Renaissance im 15. Jahrhundert ihren Siegeszug an und bringt großartige Schöpfungen der Künste und Wissenschaften hervor. Der Handel blüht und es kommt zu einer ungeheuren Flut an Korrespondenz. Verträge werden besiegelt, Versicherungen abgeschlossen, Klageschriften bei Gericht eingereicht. Neue Berufe wie Bankier und Jurist, Rechenmeister und Buchhalter entstehen, neue Schreibstuben schießen in den Städten wie die Pilze aus dem Boden. — Die Renaissance brachte eine außerordentliche Blüte. Sie ist das Produkt einer damals erstmalig erprobten Verbindung: der Bündelung von Humanismus, Kapitalismus und Ästhetik. Diese Verbindung ist noch immer zukunftsträchtig, gesetzt, es gelingt, die drei Faktoren in einem stimmigen Gleichgewicht zu halten. — Das Büro der Renaissance ist das Kontor. Das Wort leitet sich her vom französischen Verb *comptoire*, worin das lateinische *computare* nachklingt, das *zusammenrechnen* bedeutet. Daher heißen Rechenmeister in der Renaissance zuweilen auch *Computer*. Die Rechenkunst steht hoch im Kurs, ist sie doch für den erfolgreichen Handel unverzichtbar. — Das Kontor ist fortan der bevorzugte Arbeitsraum des Kaufmanns. Hierhin zieht er sich zurück, um seine Bücher zu führen. Hier wickelt er den Schriftverkehr ab, hier kalkuliert er Investitionen. Hier arbeitet man im Sitzen – und gewöhnt sich eine geistige und körperliche Arbeitshaltung an, die es vorher so nicht gegeben hatte. Kann das Skriptorium als Ursprungsort des Bürotisches gelten, so ist im Kontor der Renaissance der Bürostuhl erfunden worden. — Zugleich mit dem Kontor macht die Kanzlei Karriere. Sie ist der Arbeitsplatz der Juristen und Beamten. Auch sie verrichten ihre Arbeit am Tisch sitzend. Der Philosoph Hajo Eickhoff bemerkt dazu: „Die disziplinierende Körperhaltung, die das Sitzen fordert, dient dem Erlernen einer regelmäßigen und systematischen Büroarbeit." — Die Tugenden der Büroarbeit in Kontor und Kanzlei sind Genauigkeit beim Verfertigen und Kopieren der Dokumente und Verlässlichkeit der Korrespondenz.

In der Renaissance erfährt die Kunst des Rechnens eine erste Konjunktur. In den städtischen Kontoren tummeln sich die ersten *Computer*. So hießen damals die Rechenmeister.

B.065

Malaysia

4. 30 %

08 Kann sich der
Mitarbeiter mit
dem Unternehmen
identifizieren?

Philippinen

Palästinensische
Autonomiegebiete

B.066

Pakistan

Z. 68 %

> **» Der wahre Preis einer Sache ... ist die Mühe und Plage, ihn zu erarbeiten. «**
>
> Adam Smith

Mit der Aufklärung kommt ein neuer Geist nach Europa. Erste Manufakturen entstehen, der Handel blüht, und in England entwerfen Männer wie Adam Smith und Jeremy Bentham die Grundlagen der modernen Volkswirtschaftslehre. Die neuen Ideale heißen Nützlichkeit, Effizienz und Produktivität. Ihnen zu genügen heißt: methodisch und zielgerichtet planen. Maschinen werden entwickelt, Abläufe optimiert. Einher mit alledem geht ein enormer Zuwachs an Büroarbeit. Die Orte, an denen die neuen Aufgaben verrichtet werden, heißen zwar noch immer Kontor und Kanzlei, verwandeln sich aber schleichend zu Amtsstuben und Sekretariaten. Es sind nun nicht mehr familiäre Räume in den Hinterzimmern der Handelshäuser, sondern professionelle Büros in Manufakturen und frühen Industrieunternehmen. — Professionalität wird nun auch denen abverlangt, die in solchen Räumen arbeiten. Neue Kompetenzen werden erforderlich, die an den nunmehr in Europa im Aufbau befindlichen Regelschulen unterrichtet werden: Man braucht mathematisch versierte Kaufleute und Geistesarbeiter – und man braucht Menschen, die hochgradig diszipliniert zu arbeiten verstehen. — Denn das *Bureau* der Aufklärung bedeutet einen epochalen Wandel: Nicht mehr der Mensch bestimmt die Ordnung seiner Arbeit und seines Büros – sondern die Arbeit gibt dem *Bureau* und dem in ihm tätigen Beamten oder Angestellten die Regel. Nun gibt es feste Arbeitszeiten, nun verfestigt sich die Sitzarbeit. Die Tugend des *Bureaus* im 18. Jahrhundert ist die Disziplin. Auf ihr gründet der Stolz all derer, die in den *Bureaus* des 18. Jahrhunderts arbeiten. Nicht Herkunft oder Abstammung machen den Wert der Profession aus, sondern die Fähigkeit zu Selbstbeherrschung und Konzentration. — Auch eine neue Wissenschaft entsteht in dieser Zeit: die Kameralistik. Sie reflektiert all das, was in den *Bureaus* geschieht: das Ordnen und Verwalten, das Finanzieren und das Archivieren. Sie wird zur Kunst des Wirtschaftens, zu einem Kernbereich der Ökonomie. Mit dieser neuen Wissenschaft erhält die Büroarbeit neuen Aufwind. Sie rückt nun unaufhaltsam in das Herz der Unternehmen und der Staatsverwaltung. Und immer wird sie ausgeübt von diensteifrigen, disziplinierten Beamten und Angestellten.

Im 18. Jahrhundert wird Büroarbeit zu einer Profession. Ihre höchsten Tugenden sind Selbstbeherrschung und Disziplin.

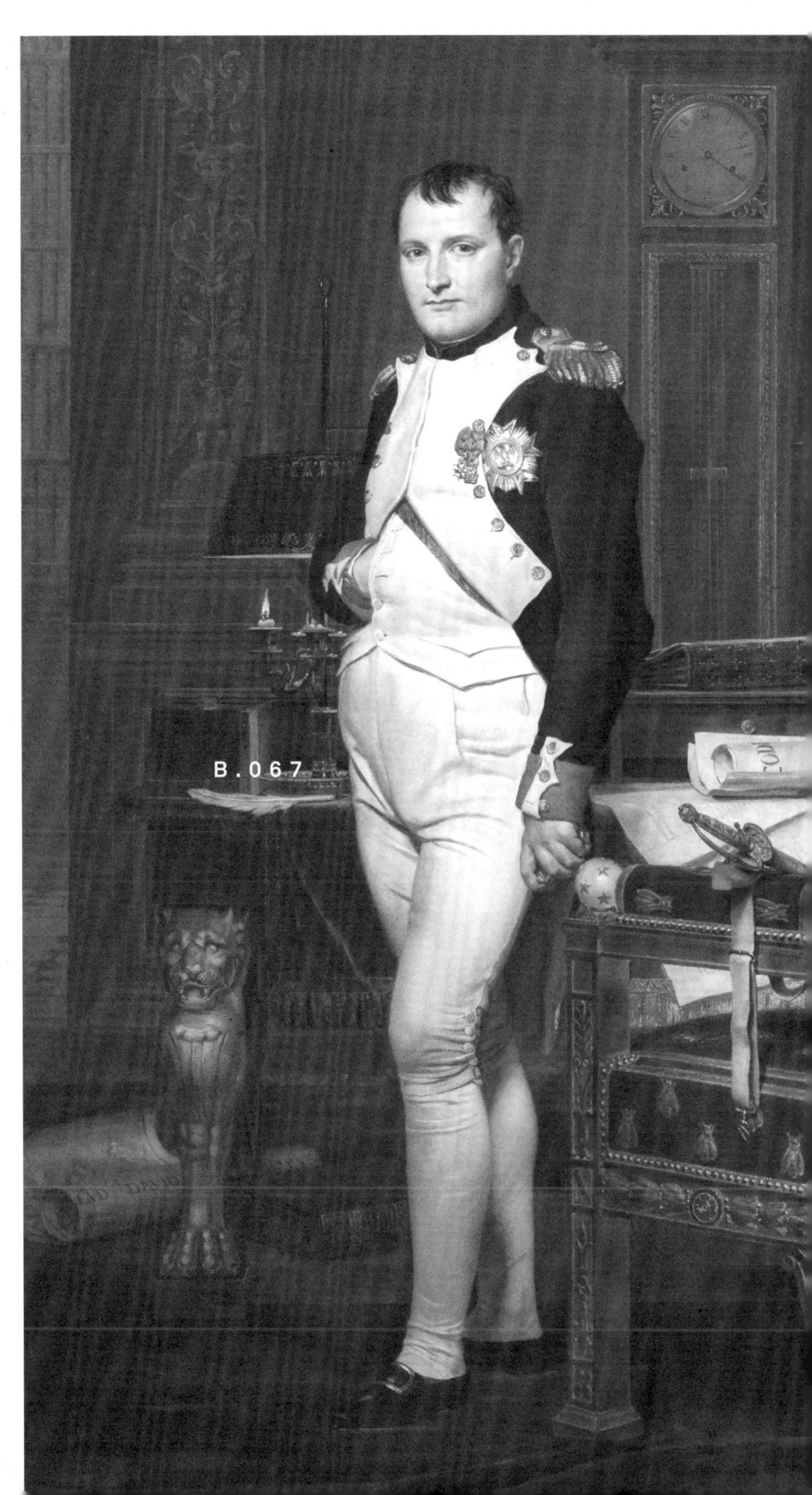

B.067

» **Es ist gefährlich,
einen extrem fleißigen
Büroangestellten einzustellen,
weil die anderen ihm dann
ständig zuschauen.**«

Henry Ford

Im 19. Jahrhundert macht die Industrialisierung enorme Fortschritte. Neue Fabriken entstehen allenthalben, Maschinen übernehmen die Arbeit und verdrängen die alten Manufakturen. Immer größer werden die Betriebe, immer zahlreicher die Beschäftigten, immer komplexer die Abläufe. Ein einzelnes Büro reicht nicht mehr aus, um Herstellung und Vertrieb, Finanzen und Logistik zu koordinieren. Um dem erhöhten Verwaltungsbedarf zu genügen, entstehen neue Bürogebäude. In ihnen werden funktionale Einheiten gebildet: Finanzverwaltung, Planung, Lohnbuchhaltung. ▬ Den Herzschlag der Fabriken geben die Maschinen vor. Sie dominieren nun die Arbeitswelt – und heimlich, still und leise ziehen sie auch in die Büros ein. Zunächst als Rechenmaschinen, seit dem Jahr 1886 dann auch als Schreibmaschinen. Die Einführung der Schreibmaschine bedeutet eine Revolution des Büros. Denn mit den Schreibmaschinen kommen auch die Frauen. Den Männern ist das Schreiben mit Maschinen suspekt. Damit öffnet sich schlagartig ein riesiges Arbeitsfeld für die weibliche Bevölkerung. Es dauert nicht lange, dann ist Büroarbeit zu einer Frauensache geworden. Der Typus der Bürofrau prägt fortan die Verwaltungsgebäude. ▬ Durch die Schreibmaschine und die etwa zeitgleich eingeführte Stenographie kommt es erneut zu einer Beschleunigung der Büroarbeit. Effizienz und Funktionalität geraten nun zu ihren neuen Tugenden. Die Schreibtische in den Büros werden zunehmend effizient gestaltet. Unter die Bürostühle werden Rollen montiert, um unnötiges Aufstehen zu vermeiden. Rohrpostsysteme innerhalb der Bürogebäude tun ihr übriges. Die Sekretärin wird zu einem Rad im gut geölten, schnell und reibungslos operierenden Verwaltungsapparat. In ihm gerät Büroarbeit zu einer Kunst des Funktionierens. ▬ Mit zunehmender Geschwindigkeit steigt die Zahl der zu speichernden Daten und zu ordnenden Dokumente. Nun beginnt die Zeit der Lochkarten und Ordner, Karteikästen und Ablagesysteme, Telefone und Diktiergeräte. Bürogebäude werden zu riesigen Verdauungstrakten, in denen möglichst schnell und reibungslos der geistige Stoffwechsel der Verwaltung voll zogen werden kann.

Mit der Industrialisierung beginnt die Professionalisierung der Büroarbeit. Büromaschinen ziehen in die Schreibzimmer ein – und mit ihnen die ersten Büroarbeiterinnen.

B.068

» **Man merkt nie, was schon getan wurde, man sieht immer nur, was noch zu tun bleibt.** «

Marie Curie

In den Skriptorien kopierten Mönche alte Bücher. In den Kanzleien schrieben eifrige Beamte Dokumente und Verträge, in den Kontoren erstellten Kaufleute Rechnungen und Bilanzen. Damals genügten Feder, Tinte und Papier. In den Büros des Industriezeitalters traten an ihre Stelle Buchungs- und Schreibmaschinen. Heute genügen dem Büroarbeiter zwei Geräte: Laptop und Smartphone. ▬ Die Möglichkeiten, die sich damit bieten, sind enorm. Sämtliche Prozesse werden beschleunigt. Schier grenzenlose Speicherkapazitäten stehen zur Verfügung. Daten können bequem papierlos verwaltet und jederzeit in Sekundenschnelle abgerufen werden. Alle nur denkbaren Informationen sind im Internet in unendlicher Fülle jederzeit verfügbar. Arbeitsplätze können beliebig vernetzt werden, der Workflow wird exponentiell beschleunigt. Für all das braucht man kaum noch Platz. Das Büro reduziert sich auf den Laptop oder das Tablet in der Aktentasche. Totale Mobilität. ▬ Damit verändert sich die Arbeit. Starre Bürozeiten werden ebenso obsolet wie die Festlegung auf einen bestimmten Ort. Die feste Raumgestalt des Büros löst sich auf. Nicht mehr Tisch und Stuhl bilden die Mitte des Büros, sondern der Mensch. Büro ist immer da, wo Mensch, Laptop und Smartphone zusammenfinden. Damit wandeln sich die Arbeitsabläufe, denn sie können nun flexibel der individuellen Situation der Büroarbeiter angepasst werden. Selbst Konferenzen und Meetings werden zunehmend im virtuellen Raum abgehalten. Menschen treffen sich in Online-Portalen, die virtuell die Infrastruktur für ihre Arbeitsabläufe bereithalten. Jeder Mitarbeiter findet darin seinen virtuellen Arbeitsplatz. ▬ Manche Unternehmen arbeiten mit sogenannten *Desk-Sharing*-Büros. Dort gibt es weniger Arbeitsplätze als Mitarbeiter. Um die vorhandenen Räume optimal zu nutzen, teilen sich Mitarbeiter einen Tisch. Mobilität und Digitalisierung sind die Kennzeichen des Büros der Gegenwart und der Zukunft. ▬ Diese Entwicklung tut uns nicht zwangsläufig gut. In den Büros der Gegenwart dominiert die wirtschaftliche Rationalität. Von ihr geprägte Räume sind Teil von Unternehmenskulturen, die nicht zulassen, dass die Emotionen der arbeitenden Menschen sich stabilisieren können. In einem solchen Umfeld werden Menschen krank, denn die kulturelle Umgebung antwortet ihnen nicht. So fallen sie auf ihre Emotionen, Angst, Wut und Trauer zurück. Das ist ein Drama für die betroffenen Menschen, für die betroffenen Unternehmen und für die betroffene Gesellschaft.

Das Büro der Gegenwart wird dominiert von der wirtschaftlichen Rationalität. Meist ist es nur nach Maßgabe von Funktionalität und Effizienz gebaut. Für die Zukunft wird das zu wenig sein.

B.069

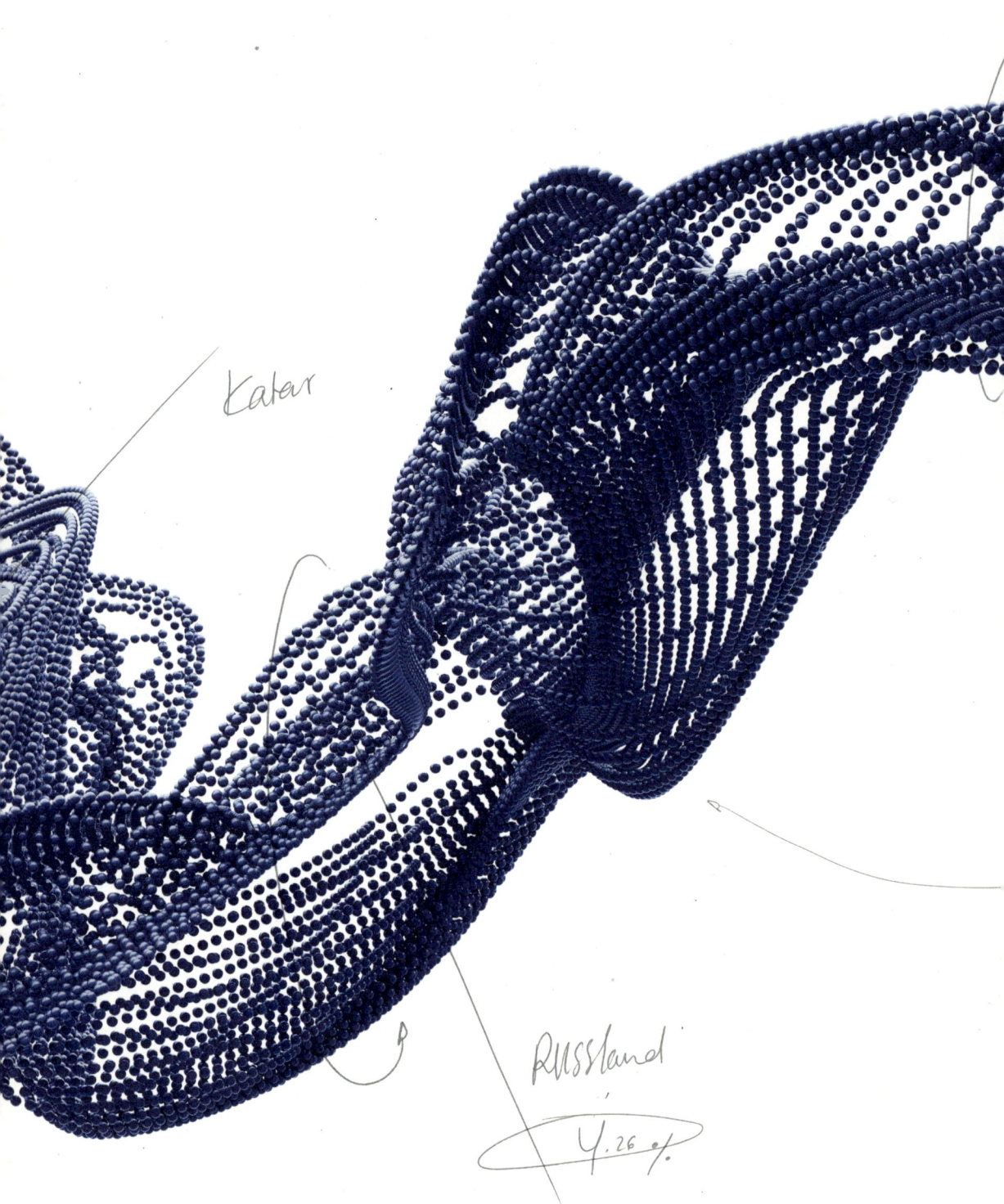

Katar

Russland

B.070

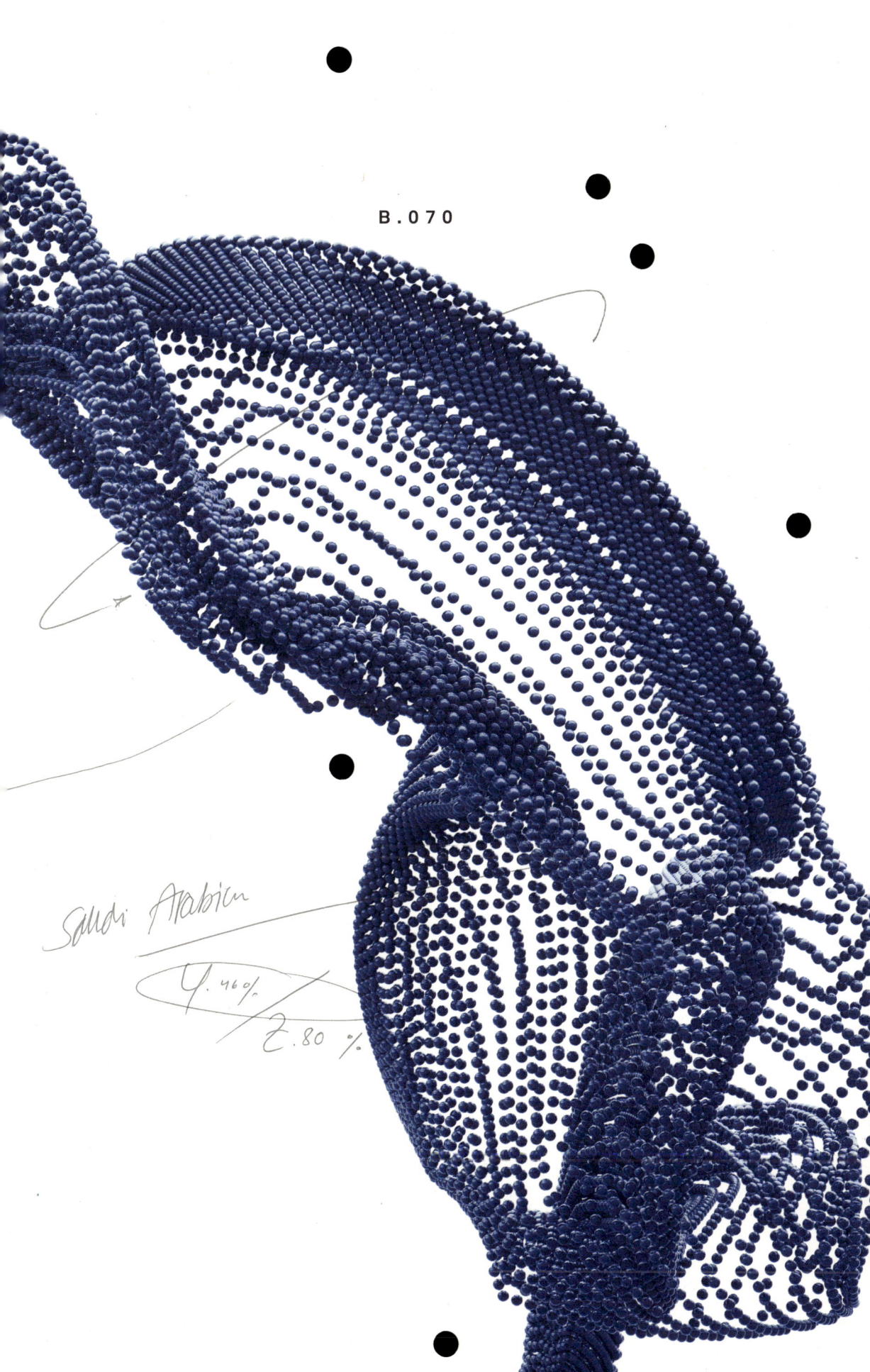

Saudi Arabia
Y. 46%
Z. 80 %

SIEBEN. Das Büro der Zukunft

» **Der schädlichste Satz in jeder Sprache ist: So haben wir das immer gemacht!** «

Grace Hopper

Die digitale Revolution führt zu einem Wandel der Büroarbeit: Starre Bürozeiten und fixe Büroräume erübrigen sich, hergebrachte Bürowerkzeuge verschwinden ebenso wie herkömmliches Mobiliar. Das Büro der Zukunft wird anderen Arbeitsabläufen genügen müssen als das Büro der Vergangenheit.

Digitalisierung und Mobilisierung des Büros stellen diejenigen vor neuartige Herausforderungen, die Arbeitsräume entwerfen, gestalten und einrichten. Ihre Kernaufgabe wird darin bestehen, Räume zu schaffen, in denen Menschen ihr geistiges und emotionales Potenzial entfalten können. Die Kunst guter Büro-Architektur wird sich daran zeigen, in welchem Maße es gelingt, die individuellen Bedürfnisse der Arbeitenden mit den Erfordernissen eines Unternehmens in einer stimmigen Raumordnung zu vereinen. „Die Brisanz und historische Aufgabe für Gestalter, Einrichter und Logistiker, für Designer und Architekten", sagt der Philosoph Hajo Eickhoff, „liegt darin, alle Elemente des Büros und der Büroarbeit vom Menschen her zu denken, zu entwickeln und zu gestalten."

Der Fokus rückt auf den einzelnen Menschen. Nicht länger wird der Büroraum mit seinen Geräten und Ausstattungsgegenständen die Gestalt der Büroarbeit definieren, sondern der einzelne Mensch und die von ihm verwendeten digitalen Geräte werden maßgeblich sein. Nicht länger werden Bürozeiten Takt und Rhythmus der Büroarbeit definieren, sondern der einzelne Mensch mit seinen individuellen Erfordernissen.

So gesehen wird das Büro zwar nicht verschwinden, sich aber doch verwandeln. Der Mensch ist ein soziales Wesen, dessen Handeln sich im Miteinander entfaltet. Eine totale Individualisierung steht nicht zu erwarten, denn Motivation und Engagement erwachsen wesentlich aus der Begegnung mit den Mitarbeitern und der Verbundenheit in einem Team.

Von daher ist damit zu rechnen, dass es auch in Zukunft gemeinsame Büroräume in Unternehmen geben wird – sie werden aber je nach Erfordernis sehr unterschiedlich aussehen. Nur eines wird ihnen gemein sein: In ihrem Zentrum steht der Mensch: *Officina Humana*.

Im Fokus der Gestaltung des Büros der Zukunft steht der einzelne Mensch mit seinen digitalen Geräten.

»Die Gestaltung unserer Umwelt
ist das Hauptproblem unserer Epoche,
das Schicksal der Menschheit ist
von seiner Lösung direkt abhängig.«

Jean Prouvé

Die Digitalisierung der Industrie schreitet mit mächtigen Schritten voran. Produktionsstätten herkömmlicher Art verschwinden. Immer mehr Fertigungsprozesse werden automatisiert, der Mensch als Produktivkraft verliert an Bedeutung. ▬ Noch ist die Entwicklung der künstlichen Intelligenz nicht so weit gediehen, dass auch Kreativität und Innovation maschinell generiert werden können. Umso wertvoller werden diese menschlichen Ressourcen. Sie zu schützen, zu entwickeln und zu bewahren, wird eine Kernaufgabe künftiger Unternehmen sein. Schon jetzt zeichnet sich ab, dass es künftig für ihren wirtschaftlichen Erfolg wesentlich darauf ankommen wird, ob sie in der Lage sein werden, Räume für radikale Innovation bereitzustellen. ▬ Radikale Innovation bedeutet mehr als die Fortsetzung des schon Bekannten mit neuen Techniken oder Instrumenten. Bei ihr geht es um wirklich bahnbrechend Neues, das Konventionen aufbricht und dem den Weg bahnt, was unter Bezugnahme auf den Ökonom Joseph Schumpeter meist *schöpferische Zerstörung* oder auf Englisch *disruption* genannt wird. ▬ Als Weg dahin beschreibt die Innovationsforschung das Verfahren der *emergenten Innovation*. Hinter diesem Begriff verbirgt sich die Idee, dass radikal neues Wissen nur dann zur Welt gebracht wird, wenn es nicht direktiv oder technisch hergestellt wird, sondern sich organisch entwickeln bzw. emergieren kann. Radikale Innovation, so der Konsens der Forschung, kann weder gemacht noch kontrolliert, sondern allenfalls gehegt und kultiviert werden. ▬ Notwendig dafür sind freilich „Gewächshäuser", in denen dieser organische Wachstumsprozess der Kreativität durch nährende Arrangements und eine geeignete Atmosphäre unterstützt wird. Die Forschung spricht in diesem Zusammenhang von einem *Enabling Space* – einem Ermöglichungsraum –, in den einzutreten einer Gruppe Innovationswilliger die Genese des Neuen und die Entfaltung anfangs verborgener Potenziale erleichtert. *Space* bzw. *Raum* ist dabei nicht nur, aber auch als eine lokale Kategorie zu fassen. So bemerkt der Wiener Innovationsforscher Markus Peschl: „Wir müssen lernen, wie es gelingen kann, ein Ökosystem oder ein ‚lebendiges Ambiente' (*living ambiences*) für Kulturen und Verfahren, Inkubation und Ermöglichung bereitzustellen und dies an die Stelle von Regimen der Kontrolle und erzwungener Veränderungen treten zu lassen." ▬ Das Büro der Zukunft wird ein solches *ermöglichendes Ökosystem* sein, oder es wird nicht sein.

Das Büro der Zukunft ist ein Gewächshaus für radikale Kreativität und Innovation.

B.072

„Die Herausforderung besteht darin, einen Raum so zu gestalten, dass der Fluss des Wissens und des sozialen Austausches für die jeweils anstehende Aufgabe auf bestmögliche Weise unterstützt wird." Zugleich stellt er aber auch fest: „In den meisten Fällen führt die zeitgenössische Architektur eher zu ‚verunmöglichenden Räumen' (*Disabling Spaces*) als zu Ermöglichungsräumen – oder gar zu solchen, die Wissens- und Innovationsprozesse aktiv unterstützen." Es ist offenbar an der Zeit, in unseren Unternehmen eine neue Kultur der Potenzialentfaltung und Ermöglichung zu gründen.

Der physische Raum sollte immer mit dem übereinstimmen, was in ihm geschehen soll. Ist das der Fall, wird er die Kreativität der Menschen beflügeln.

B.073

B.074

»Nur durch das Morgentor des Schönen dringst du in der Erkenntnis Land.«

nach Friedrich Schiller

Nichts motiviert den Menschen so sehr wie Schönheit. Denn von der Schönheit geht ein Sog aus. Schönheit spricht uns an, Schönheit berührt uns, Schönheit zieht uns an, Schönheit reißt uns hin, Schönheit begeistert und beflügelt. Die Hellenen drückten das im Bild des Eros-Knaben aus. Er ist der Geist, der sich am Schönen immer neu entzündet, ein Geist, der Flügel trägt, weil er immer da, wo er im Herzen eines Menschen heimisch wird, dessen Geist emporhebt. Wer Menschen in Bewegung setzen – wer sie motivieren will – muss ihnen Schönheit bieten. — Schönheit ist kein Luxusartikel, sondern ein Grundnahrungsmittel – ein Nährstoff oder Dünger für den Geist des Menschen. Sie energetisiert und harmonisiert seine Kräfte. Sie stimuliert ihn, sein Bestes zu geben. Sie gibt seiner Arbeit, seinem Willen, seinem schöpferischen Geist die Richtung. Wo sie fehlt, ergeht man sich in leerer Betriebsamkeit. Davon spricht Friedrich Hölderlin: „Vernunft ist ohne Geistes-, ohne Herzensschönheit, wie ein Treiber, den der Herr des Hauses über die Knechte gesetzt hat; der weiß, so wenig, als die Knechte, was aus all der unendlichen Arbeit werden soll, und ruft nur: tummelt euch, und siehet es fast ungern, wenn es vor sich geht, denn am Ende hätt er ja nichts mehr zu treiben." — Schöne Räume zu erzeugen, ist kein Hexenwerk. Von alters her wissen Architekten und Künstler, wie es geht. Klassisch auf die Formel gebracht wurde es vom großen Baumeister und Architekturtheoretiker der Renaissance Leon Battista Alberti. Für ihn war die Schönheit „eine bestimmte gesetzmäßige Übereinstimmung aller Teile, was immer für einer Sache, die darin besteht, dass man weder etwas hinzufügen noch hinwegnehmen könnte, ohne sie weniger gefällig zu machen". Und seine Definition der Architektur lautet entsprechend: „Architektur ist Harmonie und Einklang aller Teile." — Auch in der Baukunst der Moderne weiß man um die stimulierende Kraft einer schönen Architektur. So sagt der Architekt Le Corbusier vom Geschäft des Architekten: „Man schafft Steine, Holz, Zement herbei; man macht mit ihnen Häuser, Paläste, das ist Sache der Konstruktion. Der Erfindungsgeist ist am Werk. Aber mit einem Mal greift es mir ans Herz, tut mir wohl, ich bin glücklich, ich sage: Das ist schön. Das ist Architektur." — Nur wer glücklich ist, kann kreativ sein.

Schönheit ist kein Luxusartikel, sondern ein Grundnahrungsmittel – ein Nährstoff oder Dünger für den schöpferischen Geist des Menschen.

B.075

»Jeder Mensch ist ein Künstler.«

Joseph Beuys

Bei kreativer Arbeit geht lineares Denken in freies, iteratives Denken über: Wir folgen den Fakten bis zu ihren Grenzen und setzen dann zum Flug durch Bilder, Inspirationen und Ahnungen an. Hier produzieren wir Ergebnisse, indem wir skizzieren, modellieren und dramatisieren. Wo dies geschieht, verwandelt sich der Arbeitsraum in eine Art von Atelier: Hier entstehen Gedanken und Konzepte. Hier betrachten und verwerfen wir sie, hier fixieren und verändern wir sie. Hier ist ein Ort des Austauschs mit uns selbst und mit anderen, die wir dazu einladen, unsere Welt zu besuchen. ▬ Die besondere Qualität dieser Art von Räumen ist einerseits das simultane Arbeiten und andererseits das parallele, gleichzeitige Betrachten von Arbeitsergebnissen, seien es Gemälde oder Flipchart-Blätter. Wer einmal schon in einem großen Workshop mitgearbeitet hat, weiß wie angenehm und inspirierend es sein kann, alle Gedanken und Skizzen mit einem Blick zu erfassen, anstatt an den PowerPoint-Modus des sequentiellen Nacheinander gefesselt zu sein; und dann den Sprung in die neue Mitte einer Idee zu machen, um Neues zu erschaffen. ▬ Belebt werden solche Räume von der physischen Freiheit, sich nicht an vorgegebene Prozesse, Möbel oder zwanghafte Etiketten eines statusorientierten, „schicken" Raumes halten zu müssen. Auch wird man in solchen atelierartigen Räumen keine überteuerten und empfindlichen Gegenstände oder Teppichböden finden, die durch einen Klacks Farbe, einen Filzstiftfleck oder etwas verschütteten Kaffee ruiniert werden. Hier kann es freier und dynamischer als sonst zugehen. ▬ Das Atelier ist ein Inspirationsraum. Hier ist es erlaubt, auch einmal quer zu denken. Hier wird man nicht durch strenges Regelwerk blockiert. Hier stört kein Formular und keine Raumordnung. Das Atelier ist gleichzeitig Symbol und Rahmen für Kreativität. Es ist ein Muss in einem Umfeld, in dem ansonsten Administration, Digitalisierung und Roboterisierung die bestimmenden Kräfte sind.

Inspirierende Räume erlauben simultane Prozesse und Wahrnehmungen. Hier kann man quer denken und angenehme Überraschungen erleben.

B.076

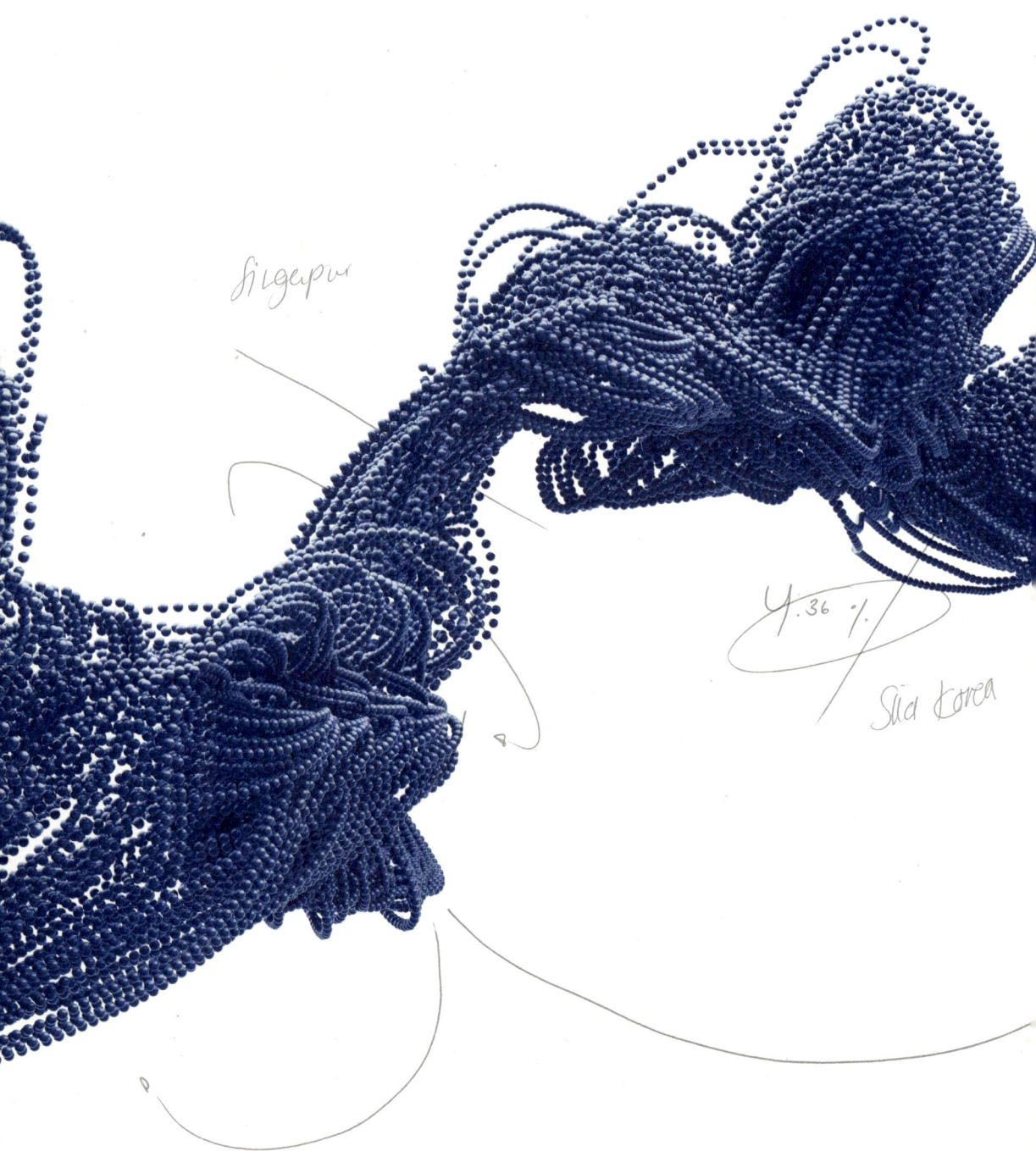

09 Sicht der Mitarbeiter, dass sich seine Kollegen für Qualität engagieren.

Singapur

4.36 %

Süd Korea

Sri Lanka

4.04%

B.077

Syrien

0% der Miterbeiter
sind engagiert um Job
und gerade ermal
3% sind erfolgreich

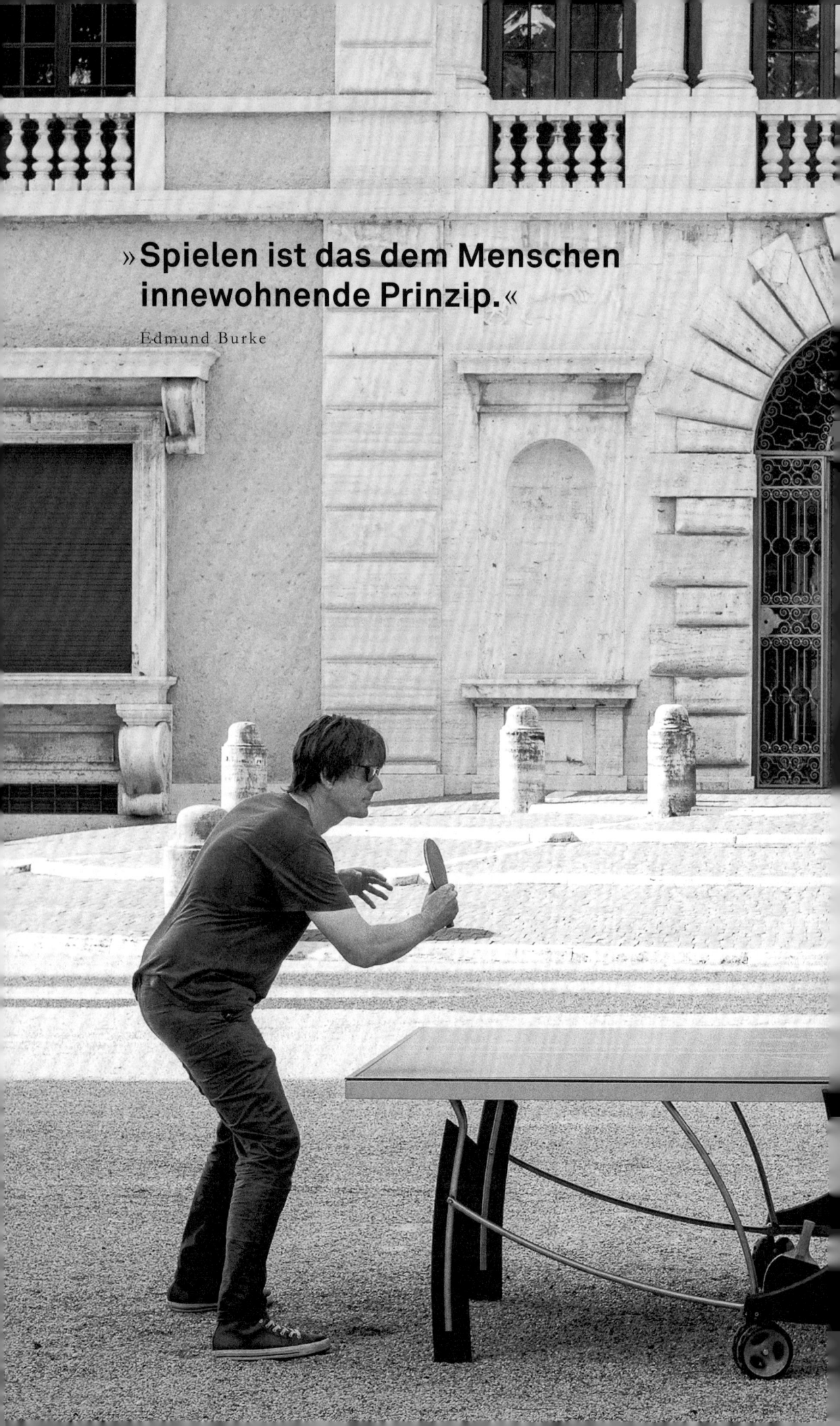

»Spielen ist das dem Menschen innewohnende Prinzip.«

Edmund Burke

Nichts ist der Potenzialentfaltung des Menschen so förderlich wie das Spiel. An diesem Punkt sind sich Lernpsychologen und Hirnforscher einig. Denn im freien Spiel loten Menschen – nicht nur Kinder, sondern auch Erwachsene – ihre eigenen Möglichkeiten und Grenzen aus. Je weniger sie dabei auf bestimmte Ziele fokussiert sind, je weniger sie dabei einen Output produzieren müssen, je selbstvergessener und freier sie spielen, desto origineller, kreativer und innovativer sind sie. Im Spiel formt sich das Gehirn. Spielend werden wir zu Menschen. Spiele sind die wichtigste Quelle der Innovation und Evolution. ▬ „Ohne die immer neue spielerische Erkundung der in uns angelegten Potenziale hätten wir Menschen uns gar nicht weiterentwickeln können", schreiben der Hirnforscher Gerald Hüther und der Philosoph Christoph Quarch in ihrem Buch „Rettet das Spiel". Und weiter: „Dass wir die Herausforderungen einer sich ständig verändernden Lebenswelt überhaupt zu meistern vermochten, uns an neue Gelegenheiten anpassen, neue Möglichkeiten erschließen konnten […], verdanken wir unserer Fähigkeit zu spielen." Das gilt auch für Unternehmen. Je mehr Spielraum sie ihren Beschäftigten gewähren, desto größer sind ihre Erfolgsaussichten. ▬ Spielen erfordert Freiheit. Nichts ist dem Spielen hinderlicher als nach funktionalen Gesichtspunkten designte Räume. Nichts ist ihm förderlicher als offene Spielräume: Räume, in denen Menschen etwas durchspielen können, in denen Umwege und Seitenwege möglich sind. Kreative Prozesse müssen fließen können. Geeignete Räume dafür gleichen eher urwaldartigen Flussauen als betonierten Kanälen, eher Biotopen als Maschinenräumen, eher Kunstkammern als Computern. Daran muss Maß nehmen, wer menschengemäße Arbeitsräume gestalten will. ▬ Das Büro der Zukunft wird nicht mehr allein ein Ort des Rechnens, Archivierens, Ordnens und Verwaltens sein. Es wird viel mehr zu einem Spielraum des Lebens, in dem Kreativität, Kommunikation und Bildung zuhause sind: Abenteuerspielplätze, die Menschen zusammenführen und gute Laune aufkommen lassen.

Nie ist der Mensch so kreativ, wie dann, wenn er spielt. Das Büro der Zukunft wird nicht so sehr eine Stätte des Rechnens und Archivierens sein, sondern ein Spielplatz inspirierter Menschen.

B.078

» **Solange ich Erinnerung habe,
bin ich eine Schatztruhe.** «

Joseph Brodsky

Der Mensch von heute ist zukunftsfixiert. Vor allem der *Homo oeconomicus*. Nichts scheint ihm so kostbar, wie eine berechenbare Zukunft. Große IT-Unternehmen wie Google oder Apple haben das inzwischen entdeckt. Sie haben eine neue Wirtschaftsform entdeckt, indem sie die Ressource „Zukunft" berechenbar machen und als Information verkaufen. ▬ Über die Fokussierung auf die Zukunft neigt der Mensch dazu, die Vergangenheit aus den Augen zu verlieren. Das tut ihm nicht gut. Denn der Mensch ist ein gewordenes Wesen. Sein Leben, sein Denken, seine Kultur, die Einrichtung seiner Welt: Alles verdankt er seiner Herkunft. Vergisst er seine Tradition, vergisst er auch sich selbst. Geschichtsvergessenheit schwächt den Menschen. Mit seiner Vergangenheit verliert er den Boden, auf dem er steht. ▬ Unternehmen sind Systeme, die irgendwann entstanden sind. Sie verdanken sich den Taten und Entscheidungen ihrer Gründer. Gründer sind so etwas wie das Gravitationszentrum eines Unternehmens: das Zentralgestirn, das dafür Sorge trägt, dass der innere Zusammenhalt eines Systems durch die Zeit hindurch gewahrt bleibt. So lehrt es die avancierte Systemtheorie. ▬ Daher tut es not, die eigenen Wurzeln zu pflegen: Herkunft und Geschichte, Gründer und Altvordere im Bewusstsein eines Unternehmens zu bewahren und zu würdigen. Ein zukunftsfähiges Bürogebäude sollte immer auch ein Stück weit ein Museum sein, das zu erkennen gibt, woher man kommt, was man geleistet hat und wessen Taten sich die Gegenwart verdankt. Es braucht, wie die Kulturwissenschaftler Jan und Aleida Assmann dargelegt haben, „Erinnerungsräume", in denen das „kulturelle Gedächtnis" eines Unternehmens gepflegt wird. ▬ „Seine Geschichte ist ein wesentlicher Baustein für das Ansehen eines Unternehmens", sagt Dieter Leuthold, Professor für Corporate History an der Universität Bremen. Viele erfolgreiche deutsche Unternehmen wie Porsche, BMW, Miele, Steiff, Reemtsma, 4711, Märklin oder Adidas unterhalten daher ihre eigenen Firmenmuseen. Die Zukunft erwächst aus der Vergangenheit. In ihr schlummert das eigentümliche Innovationspotenzial. Sich das – buchstäblich – vor Augen zu führen, erdet die Arbeit und gibt der Kreativität eine stimmige Richtung.

Ein zukunftsfähiges Bürogebäude sollte immer auch ein Stück weit ein Museum sein, das zu erkennen gibt, woher man kommt, was man geleistet hat und wessen Taten sich die Gegenwart verdankt.

B.079

» **Es gibt keine Stadt, keine Stelle, die nicht ihre eigene Stimme hat, nämlich jene Stimme, die sich diesem Ort aufgeprägt hat.** «

Hazrat Inayat Khan

Den abstrakten Raum der Geometrie gibt es auf der Erde nicht.
Auch der virtuelle Raum des Computers, in dem der Architekt ein Haus
entwirft, ist nicht derselbe Raum wie jener, an dem ein echtes Haus
errichtet wird. Der Raum, in dem wir bauen, arbeiten und leben, hat
immer ein eigenes Gepräge. Er ist bestimmt durch die Vergangenheit,
gestimmt durch das, was einst in ihm geschah – und durch die Einflüsse
der Umwelt. ▬ Von ihnen wissen die Kundigen des Feng Shui. Im
alten China wurde kein Haus errichtet, ohne sie zu konsultieren. Noch
im modernen China befragen große Unternehmen für teures Geld
angesehene Feng-Shui-Meister, bevor sie ihre Wolkenkratzer in den
Himmel schießen lassen. „Nicht selten lassen sich durch gezielte
raumpsychologische Optimierungen Umsatzzuwächse im zweistelligen
Prozentbereich erzielen", behauptet die Web-Plattform „chinaseite.de".
▬ Die Grundidee der Lehre des Feng Shui besagt, dass jeder Ort
unter dem Einfluss von Energieströmen stünde; und dass der Aufenthalt
an einem Ort nur dann die Lebenskraft des Menschen stärke, wenn
dort die positive Energie des Qi im Fluss ist bzw. gut ausbalanciert wird.
Diese Energie durchströme nicht nur die Natur, sondern auch den
Menschen. Durch planmäßige Eingriffe sei es möglich, das Qi so zu leiten,
dass in einem Gebäude oder Garten ein gutes und stimmiges, vor
allem harmonisches Energiefeld entsteht, das sich auf Gesundheit und
Vitalität des Menschen positiv auswirke. ▬ Was den Chinesen ihr
Feng Shui, ist in Europa als Geomantie bekannt. Wird ihr auch meistenteils
die Wissenschaftlichkeit abgesprochen, so machen sich doch viele
Menschen deren traditionelles Erfahrungswissen zunutze, wenn es darum
geht, Lage und Ausrichtung von Gebäuden zu bestimmen. Auf diese
Weise erhofft man sich, besondere Kraftorte zu identifizieren oder
schwächende energetische Felder so umzuformen, dass sie unschädlich
sind. ▬ Halten auch Feng Shui und Geomantie den Kriterien harter
Naturwissenschaft nicht immer Stand, so versammelt sich in ihnen unstrittig ein enormes Erfahrungswissen, dessen sich zu bedienen,
keinesfalls schädlich sein kann. Denn das Büro der Zukunft sollte ein
Kraftort sein, wenn dort kreativ und schöpferisch gearbeitet werden soll.

Büros sollten Kraftorte sein. Deshalb ist es kein Fehler, bei ihrer Planung Kundige des Feng Shui oder der Geomantie zu konsultieren.

B.080

> » In einem kreativen Prozess
> wächst aus dem Grenzenlosen
> das Begrenzte. «

David Bohm

Innovation braucht ein lebendiges Miteinander. Wir wissen aus der Neurophysiologie, dass echte *Break-through*-Innovationen nie dem Einzelkämpfer hinterm Schreibtisch zuteilwerden, sondern sich nur denen zuspielen, die miteinander spielen: Wenn Menschen im Hin und Her einer Spielbewegung aufgehen, Szenarien durchspielen und dabei keinen Plan verfolgen, dann öffnet sich ein kreativer Raum, in dem das Unerwartete geschehen kann – in dem sich der Einfall des Neuen zuträgt. „Soziale Interaktion ist die *condtio sine qua non* für das Emergieren (radikal) neuen Wissens in einem Setting der Kooperation", sagt Innovationsforscher Markus Peschl und ergänzt: „So weit es innovativen Prozesse betrifft, scheint die Zeit individueller Alleingänge an ihr Ende gekommen zu sein." ▬ Den Raum, der sich im Hin und Her der Menschen öffnet, nannte der Philosoph Martin Buber den *Bereich des Zwischenmenschlichen*. Es ist ein sozialer Raum. „Die Sphäre des Zwischenmenschlichen", sagt Buber, „ist die des Einander-gegenüber; ihre Entfaltung nennen wir das Dialogische." Das Gespräch unter Menschen, die einander als ihr Du erkennen und ernstnehmen, ist der Raum der Kreativität. Dafür ist gar nicht viel erforderlich. Noch einmal Buber: „Es kommt auf nichts anderes an, als dass jedem von zwei Menschen der andere als dieser bestimmte andere widerfährt, jeder von beiden des anderen ebenso gewahr wird und eben daher sich zu ihm verhält, wobei er den andern nicht als sein Objekt betrachtet und behandelt, sondern als einen Partner im Lebensvorgang." Wo Menschen so einander begegnen – wo sie sich nicht als Objekte wahrnehmen und instrumentalisieren –, da öffnet sich zwischen ihnen das Meer der Möglichkeiten. ▬ Was Buber aus Erfahrung wusste, bestätigt die Quantenphysik. Das jedenfalls war die Einsicht David Bohms, der vor dem Hintergrund seiner Forschungen in der Welt subatomarer Quantenereignisse herausfand, warum sich im Dialog von Du zu Du ein unvergleichliches Kreativitätspotenzial öffnet; und wie es möglich ist, aus diesem Meer der Möglichkeiten zu fischen. Er entwickelte dafür die Methode des *Dialogs nach David Bohm* – ein Gesprächsformat, bei dem die Teilnehmer sich in den Raum des Zwischenmenschlichen versenken, um aus dem darin verborgenen Potenzial zu schöpfen. ▬ Innovationsfördernde Architektur steht vor der Aufgabe, den Raum des Zwischenmenschlichen zu materialisieren: Formen zu schaffen, in denen das Formlose sich erschließen lässt; eine Wirklichkeit zu erzeugen, die es erlaubt, ins Mögliche einzutauchen.

Innovation wächst im Raum des Zwischenmenschlichen. Er öffnet sich, wo Menschen aufhören, einander als Objekte wahrzunehmen und stattdessen im anderen ein Du erkennen.

B.081

» Die Gestalt kommunikativer Netzwerke in Organisationen scheint wesentlich vom physischen Ort der Menschen und der Struktur des physischen Raumes abzuhängen. «

Gunter W. Henn / Thomas J. Allen

Der Architekt Gunter W. Henn und der MIT-Professor Thomas J. Allen haben in ihrem Buch *The Organization and Architecture of Innovation* minutiös dargelegt, inwiefern Kreativität und Innovation nicht allein von der organisatorischen Struktur eines Unternehmens abhängen, sondern sehr viel mehr noch von der Architektur der Arbeitsräume. Nur wenn diese die soziale Interaktion der Menschen unterstütze, ja beflügele, könne ein Umfeld für echte oder gar disruptive Innovationen entstehen. — Wichtig dafür ist die Nähe. Wenn sich Menschen regelmäßig sehen – und zwar leibhaftig, nicht virtuell –, entsteht ein kreatives Feld. „Um Kreativität stimulierende Kommunikation zu ermutigen, muss das Management Situationen schaffen, in denen Zufallstreffen stattfinden können, die Wandel möglich machen", schreiben Henn und Allen. Und weiter: „Die Menschen suchen – wenn überhaupt – nur selten eine wirklich inspirierende Kommunikation. Damit sie möglich wird, müssen die Menschen entweder nah beieinander sein oder wenigstens gemeinsame Räume nutzen, die sie gelegentlich in Kontakt zueinander bringen." Eine Kantine, eine Bibliothek, ein Café… — Wo Menschen miteinander arbeiten und dabei mehr als funktionieren sollen, brauchen sie physische Nähe und Sichtbarkeit. Ideal ist, wenn im physischen Raum die Organisationsstruktur eines Unternehmens abgebildet ist – das freilich nicht hierarchisch, sondern funktional. Henn und Allen berichten von einem beispielhaften Bürogebäude, in dem das Management um einen zentralen Innenhof gruppiert ist, von dem aus sternförmig Büros abgehen. So wird das Management von allen jederzeit gesehen. Es ist das Herz in der Struktur, das Gravitationszentrum, das ein System im Innersten zusammenhält und Nähe zwischen den Beschäftigten erzeugt. — Bestätigung findet das durch eine Erhebung des Fraunhofer Instituts für Arbeitswissenschaft und Organisation (Office Analytics 10/2015), die zeigt, dass sogenannte *Multispaces* bei den dort Arbeitenden sowohl bei den Faktoren Motivation und Performance als auch beim persönlichen Wohlbefinden mit Abstand die höchste Zustimmung finden. — Ähnliche Einsichten formuliert der japanischen Organisationsforscher Ikujiro Nonaka. Er bringt kreative Räume mit dem japanischen Konzept des „ba[sho]" in Verbindung und greift dabei auf das in der japanischen Kultur und Sprache tief verankerte Muster des „gemeinsam an/in einem Ort, auf etwas und auf einander Bezogen-Seins" zurück. Auch darin zeigt sich das Wissen darum, dass Nähe und geteilte Räume für kreatives Arbeiten unverzichtbar sind.

Wo Menschen miteinander arbeiten und dabei mehr als funktionieren sollen, brauchen sie physische Nähe und Sichtbarkeit.

B.082

» Architektur versucht, zu bewirken, dass in einer nicht geordneten Welt Ordnung herrscht, dass der Mensch zwischen vielen Privatheit hat und dass auf dem kleinsten Fleck Raum entstehen kann. Und dass an einem düsteren Tag Licht ist. «

Norman Foster

Kreativität gedeiht im Raum des Zwischenmenschlichen. Der Raum des Zwischenmenschlichen öffnet sich im Dialog. In den Dialog treten Individuen. Das Wunder des Einfalls geschieht am ehesten, wenn Menschen ihr Besonderes und ihre unverwechselbaren Eigenheiten in den Gesprächsraum einbringen. Unternehmen brauchen starke Individuen, um innovativ zu sein. Sie brauchen Menschen mit Profil, um wirklich Neues in die Welt zu tragen. ▬ Aus diesem Grunde ist es wichtig, dem Individuellen Raum zu geben. Das neuerdings beliebte *Desk-Sharing* mag kostensparend sein, denn wo es umgesetzt wird, kann ein Unternehmen die Bürofläche pro Mitarbeiter senken. Auch mag es die Effizienz administrativer Vorgänge steigern, wenn die Beschäftigten nach den Prinzipien der *Clean-Desk-Policy* genötigt werden, ihre Arbeitsplätze aufgeräumt, steril und keimfrei zu verlassen, so dass am nächsten Morgen ein anderer dort vorübergehend residieren kann. Ebenso mag es dem Datenschutz förderlich sein, wenn Dokumente nicht mehr für jedermann sichtbar auf dem Schreibtisch liegen. Nur, Kreativität und Innovation werden auf diesem Wege nie erreicht. Dafür braucht es das genaue Gegenteil. ▬ Kreativität geschieht, wo sich reife und gewachsene Individuen in nicht auf Funktionalität reduzierte, assoziative Räume begeben. Versammlungsräume sollten frei von individuellen Einflüssen sein. Nicht so die Arbeitsplätze der einzelnen Mitarbeiter. Denn ihr unverwechselbar Eigenes wird dadurch stark gemacht, dass kreative Menschen einen Arbeitsplatz erhalten, den sie nach ihrem Gusto ausgestalten dürfen. Wer jemals das Büro Walt Disneys sah, weiß, wovon die Rede ist: Da stehen Nippes, Spielzeug, Figürchen – alles, was den Menschen inspiriert, der hier zugange war; und was ihn stark machte, wenn er ins Gespräch mit anderen eintrat. Wer lauter Dinge um sich sammelt die ihn ansprechen und inspirieren, wird inspiriert und ansprechend mit anderen kommunizieren. ▬ Ein Raum für kreatives Arbeiten sollte sich danach richten, was dem Menschen guttut, der diesen Raum mit Leben füllt. Er sollte etwas von einem Atelier oder einem Labor haben: ein Raum mit einer höchst individuellen Schwingung, die zu dem passt, was in ihm geschieht. Ein leerer, anonymer Schreibtisch ist hingegen kontrakreativ.

Unternehmen brauchen starke Individuen, um innovativ zu sein. Sie brauchen Menschen mit Profil, um wirklich Neues in die Welt zu tragen.

B.083

» **Bei der Förderung der geistigen Entwicklung sollte nicht die Konzentration, sondern die Acht-samkeit im Mittelpunkt stehen.** «

Jiddu Krishnamurti

Achtsamkeit ist die Wurzel eines jeden Innovationsprozesses. Ohne
Achtsamkeit ist Kreativität unmöglich. Denn nur, wenn Menschen sich
in Achtsamkeit begegnen, können sie wahrnehmen, was ist. Nur wenn
sie achtsam miteinander umgehen, können sie in einen tiefen, schöpferischen Dialog finden. Der Raum kann sie darin unterstützen und
fördern. „Man kann einen Raum so konfigurieren, dass die Menschen
darin achtsamer dafür sind, was bei ihrer Arbeit am wichtigsten ist.
Man kann sogar ein physisches Objekt ihrer Arbeit sichtbar machen",
sagen Henn und Allen. ▬ Nichts ist der gemeinsamen kreativen
Arbeit so hinderlich wie Ablenkung. „Das Gehirn neigt dazu, ständig
hin- und herzuspringen", erläutert Neurowissenschaftler Henning
Beck „Es ist nicht darauf ausgelegt, sich lange zu konzentrieren. Daher
sind Ablenkungen auch so verführerisch." Deshalb fordert er Büro-
einrichtungen, die ein unabgelenktes Arbeiten erlauben. Wie so etwas
geht, lehrt etwa die japanische Philosophie des *Wabi-Sabi*. Ihr Kernsatz
lautet: „Beschränke alles auf das Wesentliche, aber entferne nicht die
Poesie. Halte die Dinge sauber und unbelastet, aber lasse sie nicht steril
werden." ▬ Das ist etwas anderes als die *Clean-Desk-Policy*, die in
vielen Unternehmen derzeit Konjunktur hat, weil man sich von ihr eine
Effizienzsteigerung erwartet. *Wabi-Sabi* ist mehr als ein aufgeräumter
Schreibtisch   und es geht dabei nicht um Effizienzsteigerung, sondern
um effektives, schöpferisches, achtsames Arbeiten. Dies erfordert gerade
nicht einen gleichgültigen Umgang mit Arbeitsmaterialien und Arbeitsplätzen, sondern das genaue Gegenteil: eine hohe Wertschätzung
der Dinge. Der Autor Matthias Dietz erklärt dies wie folgt: „Die Dinge
verlieren durch *Wabi-Sabi* ihren Funktionswert und gewinnen ihren
Eigenwert. Aus diesem Grund werden nur einfachste, natürliche Materialien benutzt. Sie dürfen weder verziert noch vor Abnutzung oder
Korrosion geschützt werden. Der sichtbar werdende Verfall der Gegenstände wird als deren besondere Schönheit gesehen. Sie sind Teil
eines Werdens und Vergehens – unvollständig und unvollkommen."
▬ Achtsamkeit für das Physische und die Materialität der Arbeitsumgebung ist eine wichtige Voraussetzung für kreatives Arbeiten im
Team. Sie unterbindet das geläufige „Husch-Husch" gedankenloser Abläufe und erfüllt die beteiligten Menschen mit einem Empfinden
von Sinn und Schönheit. In durch *Wabi-Sabi* gestimmten Räumen
gedeiht eine schöpferische Atmosphäre.

Kreativität braucht den Geist der Achtsamkeit. Nur wer darauf acht gibt, wer und was zu ihm spricht, wird gute Antworten finden.

Höchstwert der
unengagierten
Arbeitnehmer
weltweit.

Thailand
2. 84 %

Taiwan

B.085

Vereinigte
Arabische Emirate

OFFICINA HUMANA

Ägypten

B.086

Afrika

Botswana 4. 16 %

Algerien prozentual die
engagiertesten
Arbeitnehmer
weltweit.

» Inclusive Design wird
wirtschaftliche und
soziale Vorteile mitein-
ander verbinden. «

Prinzessin Mette-Marit von Norwegen

Eine der großen Herausforderungen der Zukunft ist der demographische Wandel. Nach Erhebungen des Statistischen Bundesamtes wird schon im Jahre 2020 die Gruppe der 50- bis 64-Jährigen die „Mittelalten" (die 35- bis 49-Jährigen) als stärkste Gruppe der Erwerbsbevölkerung ablösen. Die Zahl der Erwerbsfähigen im Alter über 50 Jahre wird dann etwa doppelt so groß sein wie die Zahl der 20- bis 29-Jährigen, der „jungen" Erwerbsfähigen. ▬ Dieser Entwicklung werden zukunftsfähige Unternehmen Genüge leisten müssen. Sie stehen mithin von der Herausforderung, Kulturen des intergenerativen Miteinanders zu entwickeln, die sich sowohl in der Zeit als auch in der Raumgestaltung niederschlagen werden. Eine mögliche Antwort auf die damit einhergehenden Fragen bietet die Philosophie des *Inclusive Design*. ▬ Dahinter verbirgt sich ein umfassendes Konzept für die Integration junger und alter Beschäftigter, das es allen Mitarbeitern erlaubt, ihre Arbeit nach Maßgabe ihrer persönlichen Konstitution zu verrichten. Das *British Standards Institute* definiert *Inclusive Design* entsprechend als „die Gestaltung von Mainstream-Produkten und/oder Dienstleistungen, die so vielen Menschen wie möglich zugänglich und verfügbar sind, ohne dass sie dafür ein spezialisiertes Design und bestimmte Anpassungen brauchen". ▬ *Inclusive Design* wird zum Mittel der Wahl, wenn immer mehr ältere Mitarbeiter immer weniger jüngeren gegenüberstehen. Indem die physischen Differenzen durch eine angepasste Raumplanung nivelliert werden, kann der Kommunikationsstrom innerhalb von Unternehmen besser fließen und ein kreativitätsförderliches Umfeld kann entstehen – denn gerade da, wo ältere Erfahrungsträger und tatkräftige Berufsanfänger reibungslos miteinander ins Gespräch kommen, öffnet sich ein Raum für nachhaltige, erfahrungsgesättigte Innovation.

Wenn immer mehr ältere Mitarbeiter immer weniger jüngeren gegenüberstehen, darf das für das Raumkonzept eines Unternehmens nicht folgenlos bleiben.

OFFICINA HUMANA

» Wir brauchen einen Zufluchtsort.
Wir brauchen einen Ort zur Meditation,
eine innere Kraft, mit der wir die
Geschehnisse wahrnehmen, verstehen,
neu erleben.«

Anaïs Nin

Damit der Geist lebendig bleibt, müssen Kreation und Rekreation einander die Waage halten. Das wussten schon die alten Benediktiner-Mönche, und ihre Einsicht ist nicht minder gültig für die Arbeitswelt der Zukunft. Wichtig wird es sein, die Arbeitsräume so zu gestalten, dass sich Begegnungsorte und Rückzugsorte ergänzen, dass Platz sowohl für Kreativität ist als auch für Kontemplation. ▬ Nur wer sich *sammeln* kann und dafür Raum und Zeit gewährt bekommt, wird konstruktiv zu einer Ver*sammlung* beitragen. Nur wer für sich sein kann, kann auch für andere da sein. Nur wer in sich ruht, kann wirklich etwas bewegen. Deshalb brauchen kreative Menschen Rückzugsräume. Nur so können sie den Rhythmus halten, der für ein kraftvolles und gesundes Arbeiten notwendig ist. „Deshalb", so der Neurowissenschaftler Henning Beck, „sorgt ein cleveres Unternehmen in seinen Arbeitsräumen für einen Wechsel von An- und Entspannung." ▬ Wer sich „immer wieder zurückziehen und erholen kann, wird sich für die Teamarbeit die nötige Bereitschaft und Gelassenheit erhalten", schreibt auch der Philosoph Hajo Eickhoff und folgert daraus: „Büroräume brauchen deshalb auch Zwischenräume. Diese sind wichtig, denn sie werden nicht nur zwischen den Arbeitsvorgängen aufgesucht, sondern sie sind auch Räume mit einer geeigneten Atmosphäre, in der Menschen sich regenerieren und ihre Kreativität neu formen können. Räume informeller Begegnungen, in denen sich jenseits des zielgerichteten Arbeitens das Innovative ereignen kann." ▬ Avancierte Unternehmen haben das begriffen. In den USA gilt der Lebensmittelkonzern General Mills als Pionier einer Unternehmenskultur, die Yoga und Meditation als integrale Elemente pflegt. Ein anderes, architektonisch gelungenes Beispiel findet sich auf dem Gelände der Universität von Stanford. Dort lädt das *Windhover Contemplation Center* zum Verweilen ein und macht sich dabei auch die sammelnde und beruhigende Kraft der Natur zu eigen. Auch in Deutschland macht der „Raum der Stille" Schule, so auf dem neuen Firmencampus von Thyssen-Krupp in Essen. ▬ Wer Rückzug nicht auf Meditation beschränkt sehen will und dabei auch an Bewegung und gesunde Luft denkt, kann einen Unternehmensgarten anlegen, wie die Firma Weleda oder der Autohersteller Volvo. Denn die Natur ist wohl der beste Ort der Sammlung und Rekreation. Sie in die Architektur künftiger Arbeitsräume einzubeziehen, wird eine lohnende Aufgabe sein.

Menschen brauchen Orte,
an denen sie sich regenerieren
können: Orte der Sammlung,
der Besinnung oder auch der
Bewegung im Freien.

B.088

» Ein Zuhause ist, wohin man geht, wenn einem die Orte ausgegangen sind. «

Barbara Stanwyck

Der Trend ist eindeutig: Der klassische Büroarbeitsplatz mit Anwesen-
heitspflicht wird künftig an Bedeutung verlieren. Davon gehen immer mehr
Unternehmen in Deutschland aus. Und das erwarten immer mehr
Hochschulabsolventen von ihren Arbeitgebern. Wer heute neu auf den
Arbeitsmarkt kommt, fordert von potenziellen Arbeitgebern ein hohes
Maß an individuellen Freiheiten und Flexibilität bei Arbeitszeit und Arbeits-
platz. Schon jetzt geben je nach Größe des Betriebs zwischen 24 und
57 Prozent aller Unternehmen ihren Mitarbeitern die Möglichkeit, von
zu Hause aus zu arbeiten. Allerdings beschäftigen nur 5 bis 6 Prozent
Homeworker, die Vollzeit zu Hause arbeiten. ▬ Hier scheint sich eine
Win-win-Situation einzuspielen. Für die Arbeitnehmer sind flexible
Arbeitseinteilung, angenehme Arbeitsatmosphäre, wegfallende An- und
Abfahrtszeiten, größere Zufriedenheit, bessere Vereinbarkeit von
Familie und Beruf und bessere Konzentration auf die Arbeitsaufgabe
klare Vorteile. Dagegen können für den Arbeitgeber die geringere Ausfall-
quote durch Krankheit, bessere Wettbewerbschancen durch flexiblen
Arbeitseinsatz der Mitarbeiter, höhere Produktivität und die Reduzierung
von Kosten wichtige Vorteile darstellen. ▬ Doch stehen jenen Vorteilen
bei näherer Betrachtung erhebliche Nachteile gegenüber: Wer viel
zuhause arbeitet, neigt dazu, Berufliches und Privates zu vermengen.
Vor allem aber stockt die Kommunikation. Weder Skype noch Telefon
ersetzen die persönliche Begegnung vor Ort. Motivationsmängel
durch Isolation auf der einen Seite und Überlastung infolge mangelnder
Selbstdisziplin auf der anderen Seite sind dramatische Folgen, die
Unternehmen und Beschäftigten teuer zu stehen kommen. ▬ Vor allem
leidet die Kreativität. So sehr es der Potenzialentfaltung der Beschäftigten
förderlich ist, gelegentlich einen Heimarbeitstag einzulegen, so hinderlich
ist es, wenn darüber die Konversation mit den Kollegen vernachlässigt wird. Schöpferisches Arbeiten erfordert ein stabiles Gleichgewicht
zwischen Kommunikation und Kontemplation, Gemeinschaft und
Privatheit, Kreation und Rekreation. Nur wenn dieses Gleichgewicht
gewährleistet ist, dürfte Heimarbeit eine sinnvolle Ergänzung zur
Büroarbeit sein. ▬ Wichtiger als Heimarbeitsplätze auszubauen, ist es,
Büroräume zu gestalten, in denen eine gut ausbalancierte Unternehmenskultur gedeihen kann. Weil Nähe und Begegnung für Kreativität
unabdingbare Voraussetzungen sind, sollte das Home-Office nicht
zum Regelfall werden.

Wichtiger als Heimarbeitsplätze auszubauen, ist es, Büroräume zu gestalten, in denen eine gut ausbalancierte Unternehmenskultur gedeihen kann.

B.089

» Die Krankheit unserer heutigen
Städte und Siedlungen ist das traurige
Resultat unseres Versagens, menschliche
Grundbedürfnisse über wirtschaftliche
und industrielle Forderungen zu stellen. «

Walter Gropius

Architektur kann heilen, das ist von jeher bekannt. Antike Heiligtümer bezeugen dies ebenso wie die Architektur europäischer Kur- und
Badeorte. Stets achteten die Baumeister darauf, die gewünschten Heilungsprozesse durch ein ansprechendes architektonisches Umfeld zu
unterstützen. Mit Erfolg. — Dass dies kein Zufall ist, lehrt die moderne
Wissenschaft. Psychoneuroimmunologie, Neurowissenschaften und
Umweltpsychologie kommen übereinstimmend zu dem Ergebnis, dass
eine ansprechende Umgebung das menschliche Immunsystem stärkt
und die Selbstheilungskräfte des Körpers stimuliert. Berühmt wurde
eine von Roger S. Ulrich in einem Vorortkrankenhaus in Pennsylvania
durchgeführte Studie an Patienten, deren eine Gruppe von ihrem
Krankenzimmer aus auf eine Grünanlage blickte, während die andere
Gruppe auf eine Ziegelwand schaute. Das Ergebnis war eindeutig:
Die Heilungsprozesse verliefen bei denen, die ins Grüne schauten, signi-
fikant schneller als bei der anderen Testgruppe. — Vor diesem Hintergrund findet das Thema *Healing Environment* seit einigen Jahren große
Aufmerksamkeit. Der Begriff stammt ursprünglich von Florence
Nightingale, der Begründerin der modernen, westlichen Krankenpflege
und einflussreichen Reformerin der Gesundheitsfürsorge. Ziel des
Healing Environments war in ihren Augen, die Förderung der Selbstheilungskräfte und das spirituelle Wachstum der Patienten. Räume
sollten so gestaltet werden, dass sie therapeutisch wirken und den Stress
von Patienten und Pflegepersonal minimieren. — Gewiss, ein Arbeitsplatz ist kein Therapiezentrum, und doch kann viel davon für ein
Bürogebäude übernommen werden. Als wichtigste Faktoren nennt Ge-
sundheitsexpertin Jain Malkin in ihrem Buch *The Business Case for Creating
a Healing Environment* das Entfernen von Stressfaktoren wie Lärm,
schlechte Luft, Mangel an Privatheit; die Verbindung mit der Natur; gute
Lichtverhältnisse, eine Atmosphäre der Geborgenheit; Frieden und
Hoffnung. Räume, in denen diese Faktoren berücksichtigt werden, sind
einprägsame, wirkmächtige Orte. Sie gelangen über den Körper ins
Gedächtnis, hinterlassen dort positive Schwingungen und entfalten eine
schützende, pflegende und heilsame Wirkung.

Räume können heilend auf Menschen wirken. Sie können aber auch gesundheitsschädigend sein. Büros sollten deshalb nach Maßgabe von *„Healing Environments"* gestaltet werden.

» Sich hinzusetzen und nachzudenken, ist echte Knochenarbeit. «

Charles, Prince of Wales

Muskel-Skelett-Erkrankungen sind noch immer der Grund Nummer eins für krankheitsbedingte Fehltage von Arbeitnehmern. Das lässt tief blicken – oder gibt doch wenigstens zu der Vermutung Anlass, dass es bei der physischen Gestaltung von Büroarbeitsplätzen nach wie vor einigen Optimierungsbedarf gibt. Denn was nützt das schönste Ambiente und ein heilendes Umfeld, wenn Schreibtische zu niedrig, Stühle zu hoch und Monitore zu schräg sind? — Dass solche Mängel immer noch zu beklagen sind, ist eigentlich erstaunlich. Denn gerade was die Ergonomie angeht, ist in Deutschland seitens des Gesetzgebers viel unternommen worden, um Arbeitnehmer vor den unheilvollen Folgen sitzender Tätigkeit zu bewahren. Und nicht nur vor diesen. Auch Themen wie Lärmschutz, Ausleuchtung, Raumklima sowie das Vermeiden der Emission von Giftstoffen beschäftigen Arbeitsmediziner und Arbeitsschutzexperten schon seit Langem. — So gibt es zu den unterschiedlichen Facetten des Gesundheitsschutzes bei der Arbeit zahlreiche Normen, Verordnungen und Grenzwerte, etwa im Arbeitsschutzgesetz aus dem Jahre 1996, das diverse EU-Vorgaben und internationale Standards zum Arbeitsschutz umsetzt. Auch die Bildschirmarbeitsplatzverordnung (1996), das Arbeitszeitgesetz (1994) und andere Rechtsgrundlagen verpflichten den Arbeitgeber, die Büroarbeitsplätze nach den Erkenntnissen der Arbeitsmedizin und Ergonomie zu gestalten. Auch die sachgerechte Unterweisung der Beschäftigten am Arbeitsplatz wird darin vorgeschrieben. — Auf diese Weise sollte dafür Sorge getragen sein, dass die Hardware bei der Arbeit stimmt. Auch im Büro. Denn so viel ist unstrittig: Produktivität und Kreativität können nur gedeihen, wenn die physischen Basics stimmen. Bei unzureichender Beleuchtung, schlechter Belüftung, einem unangenehmen Raumklima und unzureichenden ergonomischen Umgebungsfaktoren wird auch der kreativste Kopf irgendwann schwer und dätschig. Und mit verspanntem Rücken oder Brustkorb kann auch das begeisterungsfähigste Herz nicht höher schlagen. — Gesundheitsschutz am Arbeitsplatz muss auch in Zukunft selbstverständlich sein. Das ist die Pflicht vor aller Kür. Was dabei zu beachten ist, muss hier nicht eigens ausgeführt werden. Die erforderlichen Normen und Informationen sind überall zugänglich.

Gesundheitsschutz am Arbeitsplatz ist die Pflicht vor aller Kür. Ohne dessen Basics zu beachten, sind Kreativität und Produktivität unmöglich.

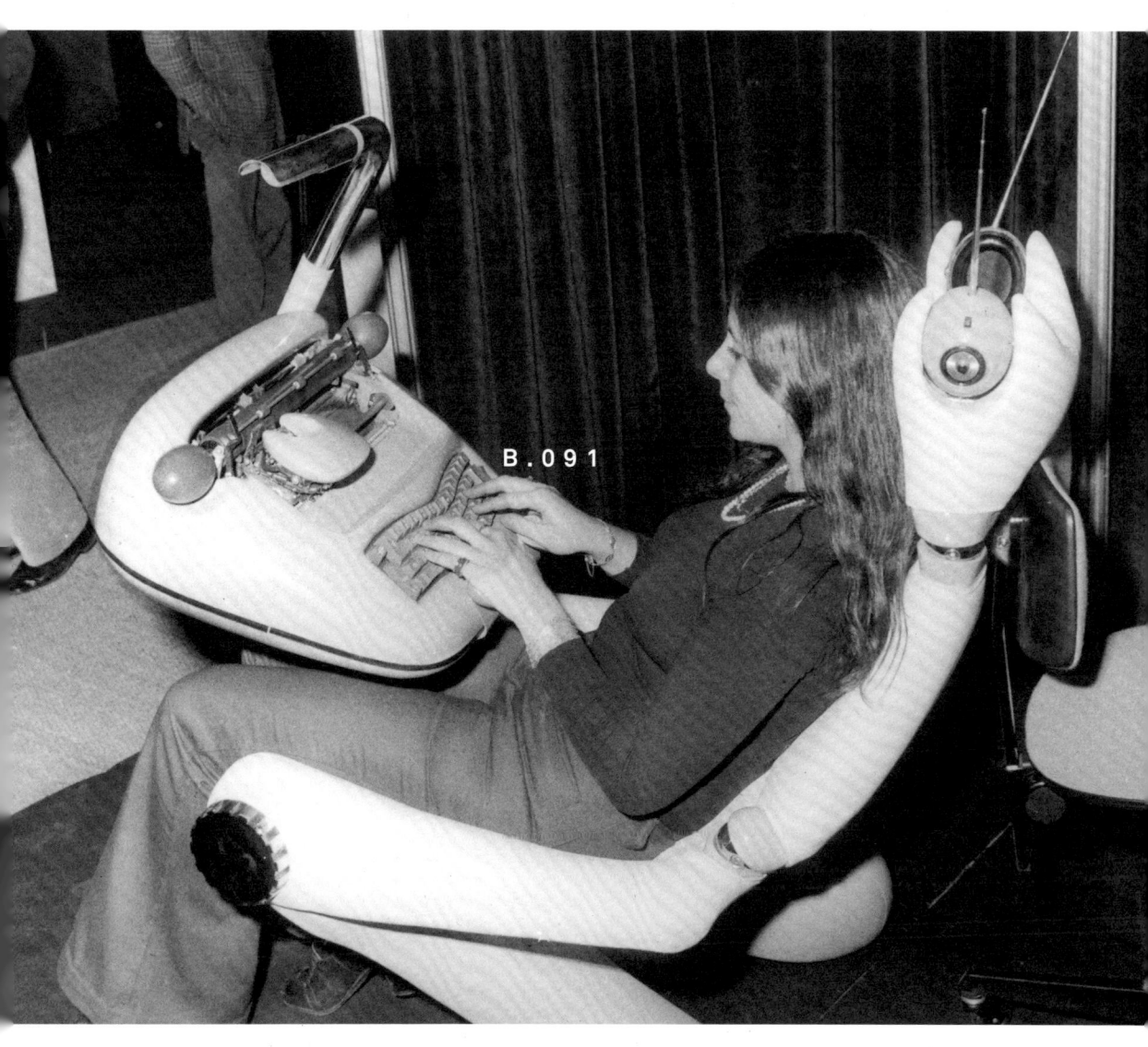

B.091

» **Niemand darf ein krankes Haus bauen. Das ist wider Menschenrecht und Gesetz! Das ist wider die natürliche Ordnung des Lebens!** «

Hubert Palm

Die Baubiologie ist eine vergleichsweise junge Wissenschaft. Als ihre Pioniere gelten der Arzt Hubert Palm sowie der Begründer des Rosenheimer Instituts für Baubiologie Anton Schneider. Gegenstand der Baubiologie ist die Beziehung zwischen Mensch und Gebäude sowie ein umweltfreundliches und schadstofffreies Bauen. — Der Baubiologie verdanken sich vertiefte Erkenntnisse über die Identifikation und Beseitigung schädlicher Faktoren wie Giftstoffe und Schimmelpilze sowie physikalischer Faktoren wie Elektrosmog oder Magnetfelder. Waren deren gesundheitsschädigende Auswirkungen lange Zeit unterschätzt oder unbekannt, so können sie dank baubiologischer Verfahren minimiert werden. Wer heute Arbeitsräume plant oder einrichtet, ist deshalb gut beraten, baubiologische Expertisen abzurufen. — Vor allem die verwendeten Baustoffe bedürfen einer baubiologischen Überprüfung. Das Rosenheim Institut für Baubiologie empfiehlt, ausschließlich natürliche und unverfälschte Baustoffe zu verwenden. Sie sollten geruchsneutral sein und keine Giftstoffe oder Radioaktivität emittieren. Ferner verdient das Raumklima eine hohe Aufmerksamkeit: Wichtig sei eine natürliche Regulierung der Raum-Luftfeuchtigkeit, ein ausgewogenes Maß von Wärmedämmung und Wärmespeicherung sowie eine gute Luftqualität durch natürlichen Luftwechsel. — Auch eine effiziente Ressourcennutzung von Energie und Wasser gehört zum kleinen Einmaleins der Baubiologie, wobei Wert darauf gelegt wird, dass Baustoffe bevorzugt aus der Region stammen und nicht den Raubbau an knappen und risikoreichen Rohstoffen fördern. Schließlich wird bei der Raumgestaltung die Berücksichtigung harmonikaler Maße, Proportionen und Formen sowie naturgemäßer Licht-, Beleuchtungs- und Farbverhältnisse empfohlen. — Die Beachtung baubiologischer Prinzipien und Grundlagen verspricht innovativen Bürogebäuden ein hohes Maß an Nachhaltigkeit. Nicht nur, weil auf diese Weise gesunde, ja heilende Räume für die Beschäftigten entstehen; nicht nur, weil auf diese Weise ein nachhaltiger Umgang mit natürlichen Ressourcen gepflegt wird, sondern vor allem, weil beides zusammengenommen den nachhaltigen ökonomischen Erfolg eines Unternehmens garantiert.

Bei Bau und Einrichtung von Bürogebäuden sollte man möglichst viele natürliche und unverfälschte Baustoffe verwenden.

B . 0 9 2

» Und je freier man atmet,
je mehr lebt man. «

Theodor Fontane

SIEBEN. Das Büro der Zukunft

Der Mensch ist ein soziales Wesen, doch gleichzeitig braucht er um sich einen intimen Raum. Wird dieser Raum verletzt, wirkt sich dies erst negativ auf sein Wohlbefinden und sodann hemmend auf seine Kreativität aus. So wichtig Nähe für das kreative Miteinander ist, so schädlich ist es, wenn sich Menschen bei der Arbeit zu sehr auf die Pelle rücken. Denn so etwas „führt zu Unbehagen, einem Verstummen der Kommunikation und zu Stressgefühlen", erläutern Jürgen Glaser und Britta Herbig in der Studie *Kreativität und Gesundheit* der Zeitschrift *buero-forum*. Und sie stellen fest: „Damit kann eine zu kleine Arbeitsfläche – unabhängig von der akustischen Belastung – zu einem Stressor werden, der Gesundheit beeinträchtigt und durch fehlende Kommunikation Kreativität behindert." ▬ Vor diesem Hintergrund sind Arbeitgeber gut beraten, bei der Planung von Büros nicht der Versuchung zu erliegen, Kosten einzusparen, indem man mehr Arbeitskräfte auf engerem Raum zusammenpfercht. Das *British Council for Offices* (BCO) empfiehlt bei einer individuellen Nutzung von Arbeitsplätzen eine Dichte von 14 bis 15 Quadratmetern pro Arbeitskraft. De facto ist die Dichte in den meisten Großraumbüros jedoch deutlich höher. Der Gesundheit und folglich auch der Kreativität der Beschäftigten ist das alles andere als förderlich. ▬ Letztendlich gibt es keine allgemein anwendbare Lösung für die Frage, wie viele Menschen auf wie viel Quadratmetern zusammenarbeiten können. Am besten ist es, passgenaue Lösungen je nach Arbeitsabläufen und Persönlichkeiten zu ermitteln. Hier sollte das Prinzip einer differenzierten Arbeitsplatzgestaltung zur Anwendung gebracht werden. Und wo sich das nicht machen lässt, sollte die Regel gelten: im Zweifelsfall mehr Raum. ▬ Denn wer groß denken soll, braucht dafür Platz und Weite. Kreativität verträgt sich nicht mit Kleinlichkeit. Ein großer Geist braucht große Räume.

Wo sich Menschen zu sehr
auf die Pelle rücken und keinen
Raum für Intimität haben, ist
kreatives Arbeiten unmöglich.

B.093

» **Das Internet ist wie eine Welle:**
Entweder man lernt, auf ihr
zu schwimmen, oder man geht unter.«

Bill Gates

Die Verheißungen sind großartig: Eine neue Kultur der Arbeit wird
kommen, ein *New Work Order* wird den Abschied vom klassischen Indus-
triezeitalter und die Ankunft in der schönen neuen Welt der digitalen
Wissensgesellschaft oder Industrie 4.0 besiegeln. So pfeifen es die Spatzen
von den Dächern. Die Zukunft erscheint rosig: als „transparente
Kollaboration" „intrinsisch motivierter Wissensarbeiter", die lustvoll
ihre Kompetenzen in sozialen Netzwerken teilen und selbstbestimmt
arbeiten, mit „konsensualer Führung" und unterfüttert von einer gemeinsamen „Verantwortung und Wertvorstellung". Dies alles angetrieben
und befeuert von einer Unternehmenskultur, die sich in virtuellen
Räumen inszeniert und deren physische Gebäude nur noch einem Campus
gleichen, wo sich „Interne" und „Externe" zu informellen Treffen beim
Kaffee oder im Fitnessraum begegnen. Der *New Work Order* der
Futurologen klingt nach ewiger Jugend und entfesseltem Individualismus
– das Schlaraffenland derer, die man *Digital Natives* nennt und deren
Kreativität bei vielen Altvorderen als grenzenlos gilt. ▬ Das Trägerme-
dium jener neuen Arbeitswelt ist virtuell: Soziale Netzwerke, so die
Prognosen, werden jene Nähe stiften, die für kreative Prozesse notwendig
ist – und das mit einer hohen Transparenz, die keinen der Beteiligten
ausschließt. Durch *Social Software* sollen firmeninterne Netzwerke geknüpft
werden, in denen schnell, effizient und transparent kommuniziert
werden kann. McKinsey prognostiziert durch die Implementierung von
Social Software eine Produktivitätssteigerung der „Wissensarbeiter"
um 20 bis 25 Prozent. Zugleich versprechen sich die Protagonisten der
New Work Order vom Einsatz von *Social Software* das Aufbrechen traditioneller Hierarchien und deren Überlagerung durch eine „Informations-
hierarchie". ▬ Das alles wird, schenkt man den Trendforschern Glauben,
zu einer radikalen Neubestimmung dessen führen, was früher das Büro
war. Galt es in der Vergangenheit „als Bereitsteller von technischer und
professioneller Infrastruktur, so sind diese Qualitäten heute auch
außerhalb des Gebäudes mobil oder *ubiquitous* in der Cloud erhältlich.
Das Büro wird künftig stärker als Ort sozialer Bindung und stimulierender
Arbeitsatmosphäre erlebt werden", verheißen Birgit Gebhardt und
Florian Häupl vom Hamburger Unternehmen Trendbüro in ihrer Studie
New Work Order.

Die Zukunft des Büros ist digital, prophezeien Trendforscher. Soziale Medien werden in Unternehmen neue Verhältnisse schaffen.

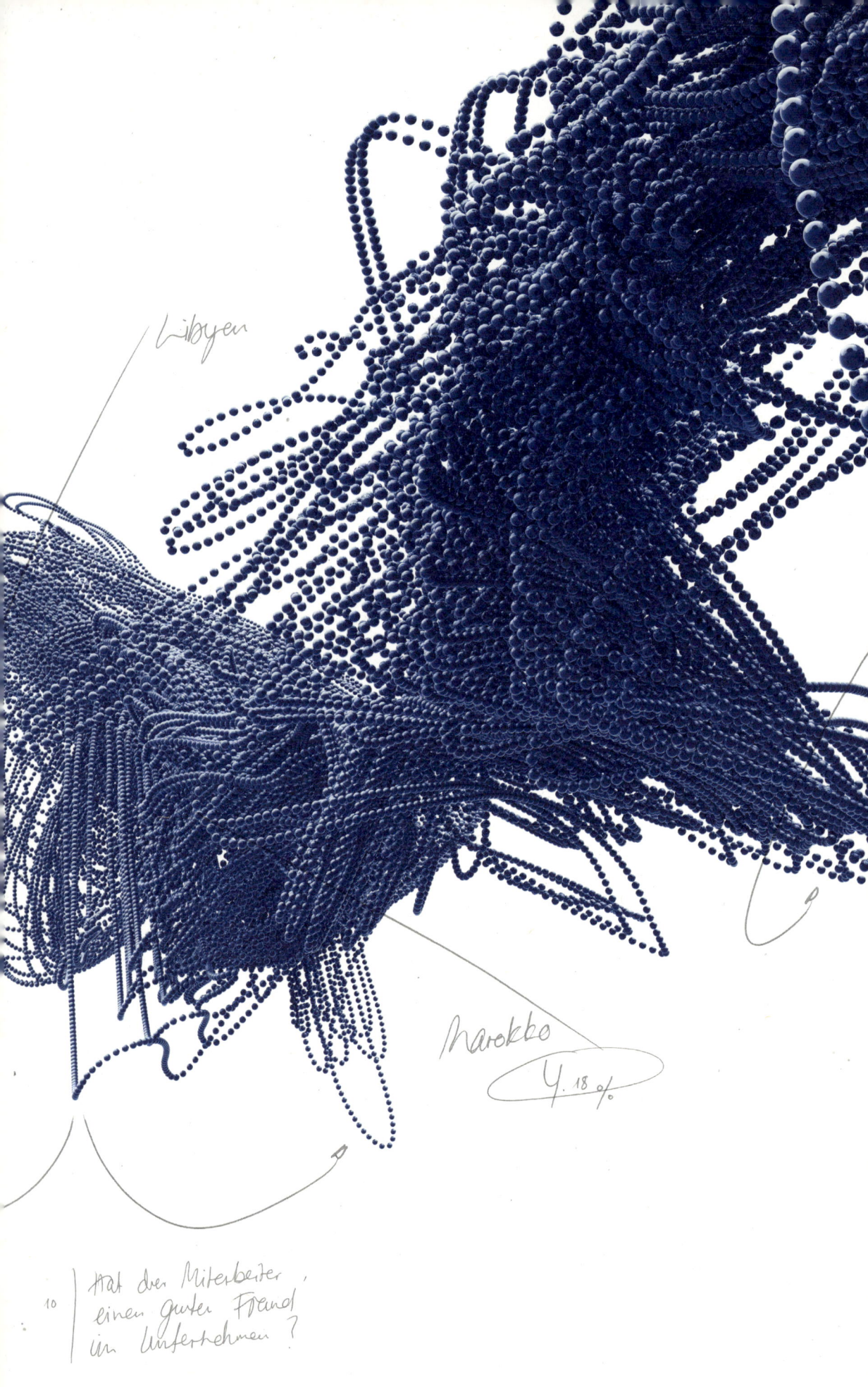

Libyen

Marokko
4. 18 %

10 | Hat der Mitarbeiter
einen guten Freund
im Unternehmen?

Nigeria

B.095

» Wo früher Organisationen, Institutionen und Repräsentationen das gesellschaftliche Leben ordneten, leben wir heute in der fröhlichen Anarchie der Netzwerke. «

Norbert Bolz

```
Rawan:...............

Vani1967:.............
Rawan:...............<
Vani1967:............
Rawan:... .......xxx<3
               <3<3<
               xx<3:*
Vani1967:......xxx<3:*
               xx<3:*) x
Rawan:......xx<3:)hdgc
Vani1967:....xxxx<3<3<
               :*:*:*:*
               xxxxxxx
Rawan:.........hdl<3<3
                  xxxx
Vani1967:...........h

Rawan:..............h

Vani1967:..........
Rawan:..............

Vani1967:..........
Rawan:..............

Vani1967:..........

Rawan:..............

Vani1967:..........

Rawan:   ..........
Vani1967:..........
Rawan:..............
```

Der virtuelle Raum scheint in der Büroarbeit an die Stelle des physischen Raumes zu treten. Über das Internet ist es möglich, an jedem beliebigen Ort zu jeder beliebigen Zeit jede beliebige Information abzurufen. Auch erlauben es soziale Medien, interaktive Netzwerke zu knüpfen, die einen freien und meist unkontrollierten Kommunikations- und Informationsfluss zulassen. Für Unternehmen ergeben sich damit sowohl enorme Potenziale zur Effizienzsteigerung der Kommunikation als auch erhebliche Herausforderungen an die Herausbildung einer Unternehmenskultur, die einen verantwortungsvollen Umgangmit digitalen Medien und ein ethisches Verhalten im digitalen Raum befördert. ▬ Als Tools der Zukunft gelten Blogs, in denen Mitarbeiter ihre Arbeit sichtbar machen; *Activity Streams*, die den chronologischen Verlauf der Einträge abbilden und sich als Plattform für flexible oder lokal unabhängige Projektarbeit eignen; *Wikis*, in denen gemeinschaftlich erzeugtes Wissen gesammelt und entwickelt wird; *Social-networking-Services*, die es den Nutzern ermöglichen, sich selbst darzustellen und ihr Netzwerk zu verwalten. Hinzu kommen Videokonferenzen, *Instant-Messaging*-Funktionen (wie Twitter oder WhatsApp), *Chatrooms* und dergleichen. Die Vorzüge der Einführung von *Social Software* in Unternehmen konzentrieren sich laut McKinsey auf einen bequemen Zugang zu globalen Wissensressourcen, die Reduktion innerbetrieblicher Transaktionskosten und den schnelleren Zugriff auf interne Experten. Hinzu kommen Transparenz des Workflows und hierarchiefreie Face-to-face-Kommunikation. ▬ Diesen Vorzügen stehen erhebliche Risiken gegenüber. Aktuelle Forschungen der Neurophysiologie zeigen, dass die Nutzung sozialer Netzwerke zu einer beträchtlichen Zunahme von Störungen und infolge dessen zu einem dramatischen Rückgang der Konzentrationsfähigkeit am Arbeitsplatz führt. Hinzu kommt eine schwer kontrollierbare Reizüberflutung, die sich im Gehirn als Hemmnis für Kreativität und Einfallsreichtum auswirkt. Die Fülle der Eindrücke lässt dem Gehirn schlicht nicht genügend Zeit für originelle und neuartige Verknüpfungen. ▬ Vor diesem Hintergrund wird es für die künftige Organisation von Arbeit entscheidend sein, den allzu rosigen Verheißungen der Digitalisierung zu widerstehen und einen guten Mittelweg zwischen traditioneller Arbeit im realen Raum und digitaler Arbeit im virtuellen Raum zu finden.

Fluch und Segen liegen bei der Einführung virtueller sozialer Medien nah beieinander. Es braucht einen Mittelweg zwischen Reizüberflutung und Kommunikationseffizienz.

```
..xxxxxxxxxxxxx                                 xxxxxxxxxxxxxx
xxxxxxxxxxxx:*xx<3:*xx                    xxxxx<3<3<3xxxx:*xx:*<3xxxxxx
3 :* <3xx <3 :*)xxx<3:*;*)<3x             xxxxxxxxxxxxxxxxx<3:*<3ilu<3:*xx<3
:*<3xx<3:*:)xx<3:*)ly<3xx:*:*)x        xxxxx<3<3<3ily<3:*xxhdl<3:* :*)<3xxxxx
x<3:*)ily<3xx<3ily<3hdlxx:*xxhdl:*):*xxx<3<3ilyxx:*)<3 :*xxily<3:*<3xx::)<3xxxx
 ily:* <3hdgdl.+xx:x:):*<3ily*kiss*<3xx:*<3xxhdgdl<3:* :`)<3xx<3xx:*=)xx<3xxxx<
3<3<3<3<3<3<3<3<3<3<3<3<3<3<3<3<3<3<3<3<3<3<3<3<3<3<3<3<3<3<3<3<3<3<3<3<3<3<3<3<
xxxxxxxxxxxxxxxxxxxxxxxxxxxxxxxxxxxxxxxxxxxxxxxxxxxxxxxxxxxxxxxxx<3xxxxxxxxx
 <3<3:')<3xxxx:*) <3x:*) xx<3 xxxxxx:) :*ilysm<3<3<3<3<3<3<3<3<3<3<3<3<3xxxx:
ly <3<3<3<3<3<3<3<3<3 :') :*)<3xxxxxxxxxxxxxxxxxxxxxxxxxxxxx<3<3<3<3xxxx:*:
3<3<3<3<3<3<3<3<3<3<3<3<3<3<3<3<3<3<3<3<3<3<3<3<3<3<3<3<3<3<3:*:*:*:*:*:*xxx<
dl<3 :*) xxxxxxxxxxxxxxxxxxxxxxxxxxxxxxxxxxxxxxxxxx<3<3<3<3<3xxxxxxx<3x<
:*:*:*:*:*:*:*)ily<3:*hdl<3<3<3<3xxxxxxxx:*:*:*<3<3<3<3<3xxxx:*:*xxx<3x
xxxxxxxxxxxxxxxxxxxxxxxxxxxxxxxxxxxxxxxxxxxxxxxxxxxxxxxxxxxxxxx:*:*:<3x<3xx
xxxx:*<3:*hdgdl<3ilyilyilyilyilyilyilyilyilyilyilyilyilyilyxxxxxx:*xx
:xxxxxxxxxxxxxxxxxxxxxxxxxxxily<3<3<3<3<3<3<3<3<3<3<3<3<3<3<3<3ilyxxxxx<3<33<3:*x
*)xxxxxxxxxxxxxxxxxxxxxxxxxxxxxxxxxxxxxxxxxxxxxxxxxxxxxhdgdlxxxxx<3<3xxx
3<3<3<3<3<3<3:*):*)xxxxxxxxxxxxxxxxxxxxxxxxxxxxxxxxxxxxxxxx<3<3<3xxxxx
<3<3<ilyxxxxxxxxx:*:*xxxxxxxxx:*:*xxxxxxxx:*:*xxxxxxxxx:*xxx:*:*xxxx
ly<3<3<3<3:*:*:*:*:*xxxxxxxxxxxxxxxxxxxxxxx<3<3<3<3<3<3<3xx<3<3xxxxx
                              B.096
xxxxxxx<3<3<3<3<3:*:*:*:*:*:*xxxxxxxxxxxx<3<3<3<3<3<3xxxxx<3xxxxx
xxxhdlilyhdgdl<3<3<3<3<3:*:*:*:*:*):*)<3<3<3<3<3xxxxx:*):*<3<3xxx
.<3<3<3<3<3<3<3<3<3<3<3xxxxxxxxxxxxxxxx<3<3<3<3:):)xxxxx<3xxx
     xxxxxxxxxxxxxxxxhdlxxxxxxhdgdlxxxxxxxxxxxilyxxx<3<3<3x<3xx
.........xxxLOVExxx:*:*:*<3<3<3<3<3<xxxxxxxxxilyxxxxxxxxx<3x
........xxxxxxxx<3<3<3<3<3<3<3<3<3<3xxxxx:*)xxxxxx<3<3x
        ily<3<3<3<3<3xxxxxxxxxxxxxilyxxxxx<3xxxxx<3xx
............:*:*:*:*:*:*:*:):):):*):*)xxxxx<3xxx<3x
        xxxxxxxxxxxxxxxxxxxxxxxxxx<3<3<3<3x<3x
        <3<3<3<3<3<3<3<3<3xx<3xxxxx<3xx
.................*:*:*:*)<3xxx<3xxx<3xxxxxxxx
        3<3<3<3<3xx<3xxxx<3xxxxxx
        xxxxxxxx<3xxxxx<3xxxxx
.................xxxxx<3<3<3x<3xxxx
        xxxxxxxxxxxxxx
........................ <3xxxxxxxxx
.........................<3<3<3x
..............................xx
```

»Freilich ist es seltsam, die Erde nicht mehr zu bewohnen, kaum erlernte Gebräuche nicht mehr zu üben.«

Rainer Maria Rilke

Je mehr das Arbeiten in virtuelle Räume verlegt wird, desto unbedeutender scheint der physische Raum zu werden. Oder er wird auf seine reine Funktionalität reduziert. So vergibt das Unternehmen Microsoft Arbeitsräume nicht aufgrund von Rängen, Positionen oder Titeln, sondern ausschließlich nach Maßgabe der Jobfunktion und des daraus resultierenden Bedarfs an Mobilität und Kommunikation – und nach Maßgabe der Umsatzentwicklung der Niederlassung, ganz nach dem Motto: Mehr Umsatz, mehr Raum. ▬ Andere Unternehmen, wie die Credit Suisse in Zürich, setzten auf das Prinzip der sogenannten *Non-Territorialität*, bei dem der physische Arbeitsraum vollkommen gleichgültig und zur rein temporären Nutzfläche degradiert wird. *Real-Estate-* und *Facility-Manager* erhoffen sich vom *Desk-Sharing* sinkende Kosten und verkaufen dies der Belegschaft gern als Zugewinn an Mobilität und Flexibilität. Sie gehen dabei jedoch ein hohes Risiko ein, denn Non-Territorialität führt häufig zu Entfremdung und Desidentifikation der Beschäftigten. ▬ Dem versuchen die Anhänger der Non-Territorialität, etwa der *Smart-Working-Initiative* der Credit Suisse, entgegenzuwirken: Durch die Einrichtung von eigens gestalteten „Kommunikations-" und „Konzentrationszonen" verspricht man sich Beweglichkeit und informellen Austausch. Teams treffen sich in sogenannten *Homezones*, an *Stand-up-Meeting-Points* kann man sich zu spontanen Meetings treffen, an *Touchpoints* kann man schnell mal seine E-Mails checken, während man in *Quite-Zones* oder *Business-Gardens* in Ruhe seiner Arbeit nachgehen kann. Und auch die *Lounge-Area* darf nicht fehlen, wo man beim Käffchen kreative Plauderstunden halten soll. ▬ So wird zur Auflösung der Arbeitsfläche alten Stils ein gegenläufiger Trend bemerkbar: Je mehr sich die Arbeit in den virtuellen Raum verlagert und der physische Raum seine Rolle als Arbeitsplatz verliert, desto stärker wird er zum Gegenstand des *Corporate Designs*. Immer mehr Unternehmen nutzen diesen Trend, um ihre Attraktivität als Arbeitgeber zu steigern. Vorreiter ist Google – ein Unternehmen, das sich damit rühmt, die Arbeitsumgebung sehr aufwendig zu gestalten: mit allen erdenklichen Annehmlichkeiten wie kostenlosem Essen und Snacks oder einem Fitness-Studio mit Trainer. Auch wenn eine solche Bespaßung der Mitarbeiter vielleicht nicht immer zielführend ist, wird man doch mit Norbert Streitz von der *Smart Future Initiative* sagen können: „Gebäude werden in der digital vernetzten Arbeitswelt wichtig bleiben, als Orte der informellen Kommunikation, des Austauschs und der Gruppenbildung." Hier zeigt sich: Die Virtualisierung der Arbeitswelt macht aus dem Büro eine Lifestyle-Location.

Die Virtualisierung der Arbeitswelt macht aus dem Büro eine Lifestyle-Location für Kommunikation und Begegnung.

B.097

» **Wer immer tut,**
was er schon kann,
bleibt immer das,
was er schon ist. «

Henry Ford

Wenn man per Laptop, Tablet oder Smart-Phone überall seine Arbeit verrichten kann, warum sollte man dann noch ins Büro gehen? Eine Antwort gibt Sabine G. Heiss, Real-Estate-Managerin bei Microsoft Deutschland: „Sinn des Büros ist nicht mehr die Bereitstellung von Arbeitsplätzen, sondern die Funktion des *Socializings* – für Mitarbeiter und Kunden." Sie selbst kommt nur an einem Tag pro Woche in die Firma, um dann die Kollegen zu treffen, den Flur-Talk aufzuschnappen und an der Kaffeebar dem informellen Austausch nachzukommen. ▬ Als Arbeitsort scheint das Büro ein Auslaufmodell zu sein. Bürogebäude werden vielmehr zu einer Art von *Flagship-Store* – zu einer architektonisch-physischen Visiten-karte des Unternehmens, die allem voran die Identifikationsbereitschaft ihrer Mitarbeiter und deren emotionale Bindung fördern soll. ▬ Das *Socializing* steht auch da im Vordergrund, wo das Büro zum *Coworking-Space* mutiert: meistens Sammelorte für Freischaffende oder Freelancer, die sich tage- oder wochenweise in unverbindliche Bürogemeinschaften ein-mieten, weil sie sich davon Kontakte zu möglichen Unterstützern, Informanten oder Partnern versprechen. Oder sie brauchen das gemeinsame Büro für die Eigenmotivation und Selbstdisziplin. Manche nutzen es auch einfach, um vor dem heimischen Rechner nicht zu vereinsamen. ▬ Oder der *Coworking-Space* dient als Treffpunkt zur freien Projektarbeit in temporären Teams. Umfragen ergeben, dass die abteilungsüber-greifende Projektarbeit bei gut 20 Prozent der Unternehmen im deutsch-sprachigen Raum die Hälfte bis drei Viertel des Arbeitsanteils ausmacht. Tendenz steigend. In den häufig gemischten Teams kooperieren oft Interne, *Homeworker* und externe oder outgesourcte Fachkräfte in hoch-flexiblen, nicht ortsgebundenen Prozessen. Besonders dann, wenn die Kernarbeit des Projekts im virtuellen Raum geleistet wird, halten Unternehmen Räume für Projektteams vor oder mieten *Coworking-Spaces* an. Kein Wunder, denn „die als »Coworking Spaces« bezeichneten Gebilde entwickeln eine Anziehungskraft, ein Wachstum und eine Krea-tivität, die in den meisten Unternehmen ihresgleichen sucht", wie es in der September 2016 erschienen Studie „Faszination Coworking" des Fraunhofer Instituts heißt. ▬ Entscheidend dafür ist, dass *Coworking-Spaces* eine inspirierende Atmosphäre erzeugen, die zur Arbeit animiert und nicht von ihr ablenkt. Die Verbindung von Funktion und Form spielt hier, wie stets, beim Raumdesgin eine zentrale Rolle. Ein *Coworking-Space* muss nicht wie ein Büro aussehen, aber doch die Menschen in Arbeits-laune versetzen und zur Kommunikation stimulieren.

Büros werden zu einer archi-tektonisch-physischen Visitenkarte, die vor allem die Identifikation der Mitarbeiter mit dem Unternehmen fördern soll.

B.098

» Eine Atmosphäre spricht die emotionale Wahrnehmung an. Sofortiges Verständnis, sofortige Ablehnung. «

Peter Zumthor

Der Mensch ist dem Raum nicht ausgeliefert, sondern durchaus in der Lage, ihn zu gestalten. Dabei aber bleibt er unabdingbar an die Vorgaben des Raumes gebunden. Nicht nur erhebt der Mensch Ansprüche gegenüber dem Raum, worin er sich aufhält, auch der Raum nimmt den Menschen in Anspruch, und es obliegt seiner Verantwortung, ihm durch die Kunst der Gestaltung Antwort zu geben. Gute Raumgestaltung hat daher immer den Charakter einer fortwährenden Konversation, bei der es wesentlich darauf ankommt, die Ansprüche des Raumes an den Menschen und den Anspruch des Menschen an den Raum zur Übereinstimmung zu bringen. — Die Sprache, in der sich diese Konversation bewegt, hat mannigfaltige Aspekte. Mensch und Raum kommunizieren im Wesentlichen durch die Sinne: Licht, Schall, Geruch, Temperatur, Haptik sind nur einige Faktoren, aus deren Zusammenspiel sich fügt, was ein Raum dem Menschen zu sagen hat. Die Materialität eines Raumes wird zum Medium von dessen Bedeutung. Ihr Zusammenspiel ist wie ein sinnvoller Satz. Was er sagen will, verdichtet sich im Raum zu einer Atmosphäre. — Das Wort Atmosphäre leitet sich her vom griechischen *átmos*, Dunst, Hauch, Atem und *sphairos*, Kugel. Die Atmosphäre ist der Dunstkreis, worin sich dem Empfänglichen die unverwechselbare Eigenheit des Anderen erschließt. Sie ist wie ein Akkord, auf dessen Klang der Raum gestimmt ist – und der die Grundstimmung der Menschen trägt, die darin arbeiten. Sie ist etwas Verbindendes, das gleichzeitig verbindlich ist, weil es, meist ohne dass es überhaupt geahnt wird, den Geist der Menschen prägt. Die Atmosphäre ist so unbedacht wie die Luft, die wir atmen   und ebenso machtvoll. Nicht zufällig spricht der Schweizer Architekt Peter Zumthor davon, der Atmosphäre eigene so etwas wie die „Magie des Realen". — Gerade weil die Atmosphäre über Leib und Sinne wirkt und meistens gar nicht in den Horizont der Reflexion tritt, vermag sie viel tiefer auf Menschen einzuwirken als alles Greifbare und Konkrete. Von daher ist man gut beraten, viel Sorgfalt darauf zu verwenden, welche Atmosphäre in Büros herrschen soll und was man dafür tun kann, sie zu erzeugen. Sie zu erzeugen, ist ein Akt der Poesie, der dichterischen Verdichtung.

Gute Raumgestaltung ist eine Konversation, die die Ansprüche des Raumes an den Menschen mit dem Anspruch des Menschen an den Raum in Übereinstimmung bringt.

» In früheren Jahrhunderten umgab
den Menschen hauptsächlich
die Natur, und zu ihr entwickelte
er eine poetische Beziehung.
Heute umgibt ihn – am Arbeitsplatz,
auf der Straße, zu Hause – Technik.
Auch zu dieser künstlichen Umgebung
will der Mensch eine poetische
Beziehung entwickeln, nicht nur
eine funktionelle. «

Andrea Branzi

Die poetische Qualität von Räumen verdankt sich dem Arrangement der Materialien und Gegenstände, der Sinnesreize und Eindrücke. Die Kunst poetischer Raumgestaltung liegt darin, dieses Arrangement seiner reinen Funktionalität zu entziehen und unter der Benutzeroberfläche der Dinge einen Tiefenraum zu öffnen. Auf diese Weise werden Möbel oder Gegenstände zu Resonanzkörpern des Geistes und der Seele. Wer in künstlerisch gestalteten, poetisch verdichteten Räumen arbeitet, legt die ihn umgebenden Dinge nicht darauf fest, nützlich oder funktional zu sein, sondern wird die Erfahrung machen, dass sie ihm etwas zu sagen haben: dass sie wie ein Echo ihm das zusprechen, was sich in seinem Geist kreativ entfaltet hat. — Kreativität ereignet sich im Dialog. Eine poetische Raumgestaltung trägt dafür Sorge, dass dieser Dialog auch dann nicht erlischt, wenn niemand anderes da ist: weil die Möbel und Dinge Tiefe haben, aus der heraus sie zu sprechen beginnen. Verdichtung setzt Komposition voraus. Tiefe erhält ein Raum nicht einfach durch die Dinge, die in ihm versammelt sind. Sie ist vielmehr die Frucht eines Arrangements, bei dem die Dinge so zu einander ins Verhältnis gesetzt sind, dass sie Sinn ergeben. Das ist immer dann der Fall, wenn ihr Miteinander stimmig ist, harmonisch, temperiert. Wenn alles zu einander passt, dann ist die Grundfrequenz gefunden, auf der ein Raum zum Menschen spricht und ihn auf diese Weise in eine gute Stimmung versetzt. Die zweite Natur muss etwas von der ursprünglichen Reinheit und Stimmigkeit der ersten Natur bewahren. — Die Harmonie eines Raumes beschränkt sich nicht allein darauf, wie die *Dinge* in ihm ins Verhältnis gesetzt sind. Sie ist nicht nur lokal, sondern auch qualitativ: die Balance der Farben und Formen, der Materialien und Texturen muss getroffen sein, aber auch die Balance zwischen Funktionalität und Ästhetik, Nützlichkeit und Anmutung. Polaritäten – etwa von Licht und Schatten – müssen ins Gleichgewicht gefügt sein, damit ein Spannungsfeld entsteht, worin die Kreativität des Menschen gedeihen kann. — Unterstützt wird das durch eine hohe Wertigkeit der Dinge: Was in ein gutes Gleichgewicht gefügt wird, ist umso inspirierender, wenn es selbst gut gefertigt ist. Ein Resonanzraum, der von Wertigkeit durchdrungen ist, wirkt wie ein Resonanzverstärker für das Wertvolle und Gute, das im Geiste eines Menschen entstehen will. Er begeistert, inspiriert. Er wird zu einer Keimzelle kreativer, ja disruptiver Einfälle.

Kreativität entsteht, wo Mensch und Raum übereinstimmen. Diese Kohärenz entsteht durch Poesie.

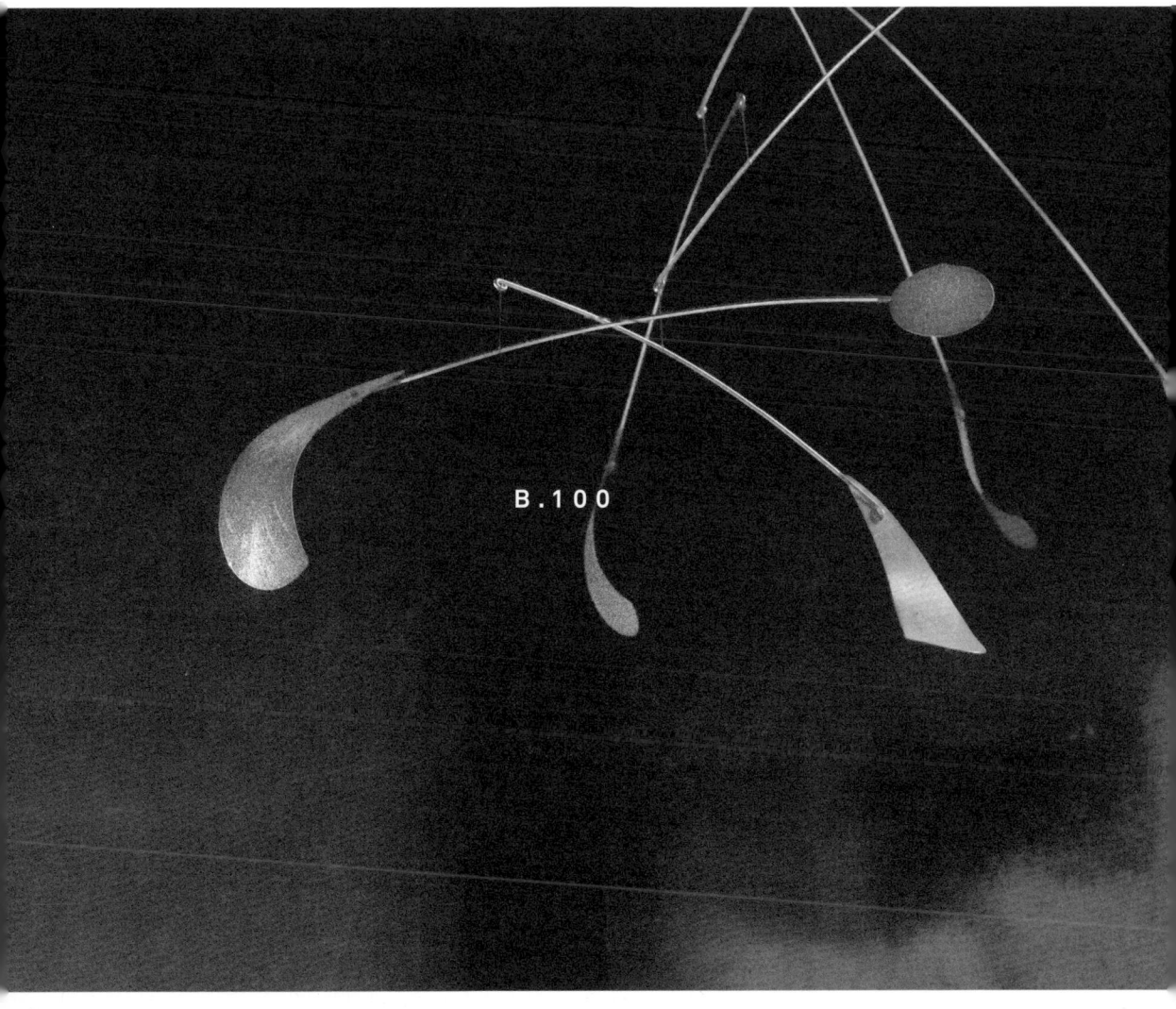

B.100

»Licht ist die Aktion des Weltalls.«

Novalis

Mit dem Licht entsteht der Raum. Nicht zufällig heißt der ursprüng-
lichste vom Menschen geschaffene Raum *Lichtung*. Denn nur wo der Blick
frei und die Sicht offen ist, kann sich etwas zeigen. Raum aber ist das,
worin sich etwas zeigt. ▬ Die Art und Weise, wie sich etwas im Raum
offenbart, richtet sich in hohem Maße danach, in welchem Lichte es
sich zeigt. Licht prägt Atmosphären maßgeblich. Wer Atmosphären stimmen
will, ist folglich gut beraten, einige Aufmerksamkeit auf das Licht zu
verwenden. ▬ Durch technische Errungenschaften ist es heute möglich
geworden, das Licht als gestaltbares Medium zu verwenden. Vor allem
die LED-Technik öffnet hier erstaunliche Möglichkeiten, das Licht zu
modulieren. Nicht nur die Farbe und Helligkeit des Lichtes werden so dem
Gestaltungswillen des Menschen zugänglich gemacht, sondern auch
Temperatur und Ton. ▬ Das Wechselverhältnis von physischem Wohlergehen und Licht ist bestens erforscht. Es ist bekannt, dass sich der
Biorhythmus des Menschen an den wechselnden Lichtverhältnissen des
Tagesablaufs orientiert. Inzwischen lässt sich diese innere Uhr hirn-
physiologisch genau verorten. Sie sitzt im suprachiasmatischen Kern des
Hypothalamus, der mit Rezeptoren des Auges verbunden ist. So gesehen
ist wissenschaftlich erklärbar, inwiefern Licht ermüden oder stimulieren
kann: Das klare Sonnenlicht des Vormittags hat eine aktivierende
Frequenz, das weiche Licht vor Sonnenuntergang beruhigt das Gehirn
und führt es in den Ruhemodus. ▬ Beim Lichtdesign eines Büros
sollten diese Erkenntnisse Beachtung finden. Gleichbleibendes, uniformes
Licht bekommt uns nicht. Es schwächt das Zeitgefühl und führt zu
Konformismus und Ideenlosigkeit. Verändert sich das Licht hingegen,
wird es möglich, dass sich der Organismus in den Tagesrhythmus ein-
schwingt und kreativ und leistungsfähig bleibt. Das wird genau dann der
Fall sein, wenn die Lichtregie den natürlichen Verhältnissen möglichst
nahe kommt. Unnatürlich helles oder falsch temperiertes Licht bekommt
dem Menschen auf Dauer überhaupt nicht. ▬ Dem Lichtdesign sind
freilich nicht nur physiologische, sondern auch juristische Grenzen gesetzt.
Die vom Gesetzgeber erlassenen „Licht-Richtlinien" tragen Sorge
dafür, dass Menschen bei der Arbeit nicht unter „Lichtverschmutzung"
leiden müssen. Es versteht sich von selbst, dass dies zu beachten ist.

Licht kann durch LED-Technik wunderbar moduliert werden. Je mehr sich das Lichtdesign den natürlichen Verhältnissen annähert, desto besser lässt sich arbeiten.

B.101

**» Am farbigen Abglanz
haben wir das Leben. «**

Johann Wolfgang von Goethe

Die Wunderkraft der Farben ist von alters her bekannt. Vor allem Goethe hat sie ausgiebig erforscht, war er doch davon überzeugt, „dass die einzelnen Farben besondere Gemütsstimmungen geben". Nach anfänglichen Widerständen folgt ihm darin heute auch die Wissenschaft. So gilt die Farbe Rot als Indikator für Gefahr. Bei grellem Rot beschleunigt sich der Puls, ein sattes Blau hingegen beruhigt und entspannt, Grün wiederum erfrischt und belebt. Und ebenso gilt als gesichert, dass bunte Arrangements unserer Vitalität zuträglich sind. So bemerkt der Neurowissenschaftler Henning Beck in einem Interview über zukunftsfähige Arbeitsplatzgestaltung: „Heute ist gut untersucht, dass bunte Farben die Kreativität anregen." ▬ Weiß hingegen ist schwierig. So hat der Farbforscher Axel Venn herausgefunden, dass sich Menschen in weißen Räumen nicht kommunikativ und unnatürlich verhalten. Von daher sei ihm unerklärlich, warum die meisten Büroräume weiß getüncht sind. „Gespräche in warmen Räumen verlaufen deutlich harmonischer und auch kreativer", weiß er. ▬ Wichtig ist freilich, Farben sparsam zu verwenden. Zu grell und zu bunt lenkt eher ab, weil reine bzw. gesättigte Farben die Aufmerksamkeit des Betrachters erregen. Für sachliche Designs sind sogenannte „entsättigte" oder auch „gebrochene" Farben günstiger. Sie evozieren eine Atmosphäre der Professionalität. Sind die Töne eher hell, wirken entsättigte Farben freundlich, sind sie dunkel, erwecken sie den Eindruck von Ernsthaftigkeit und Seriosität. Eine Faustregel lehrt, dass in einem Raum am ehesten der Eindruck farblicher Harmonie entsteht, wenn man eine der Grundfarben Gelb, Blau oder Rot konsequent weglässt. ▬ Nicht unwichtig für das Farbdesign ist ein stimmiges Verhältnis zwischen Art der Arbeit und Farbwahl: Monotone Arbeiten in monochromen oder gar grauen Räumen führt zu Lethargie. Hier sind grell und bunt gefordert. Hat man es hingegen mit schnellen und abwechselnden Tätigkeiten zu tun, darf ein Raum auch grau getüncht sein. ▬ Zu beachten ist ferner, dass sich die Farbgestaltung der Büros mit der Farbgestaltung der Corporate Identity (CI) deckt. Gerade dort, wo Publikumsverkehr stattfindet, wirkt ein einheitliches und konsequentes Farbmanagement professionell. Generell lässt sich sagen: Wo's um Farbe geht, ist die mutigere Lösung im Zweifelsfall die bessere.

Farben beeinflussen unser Verhalten und Befinden. Das darf man sich zunutze machen. Von weißen Räumen sollte man eher Abstand nehmen.

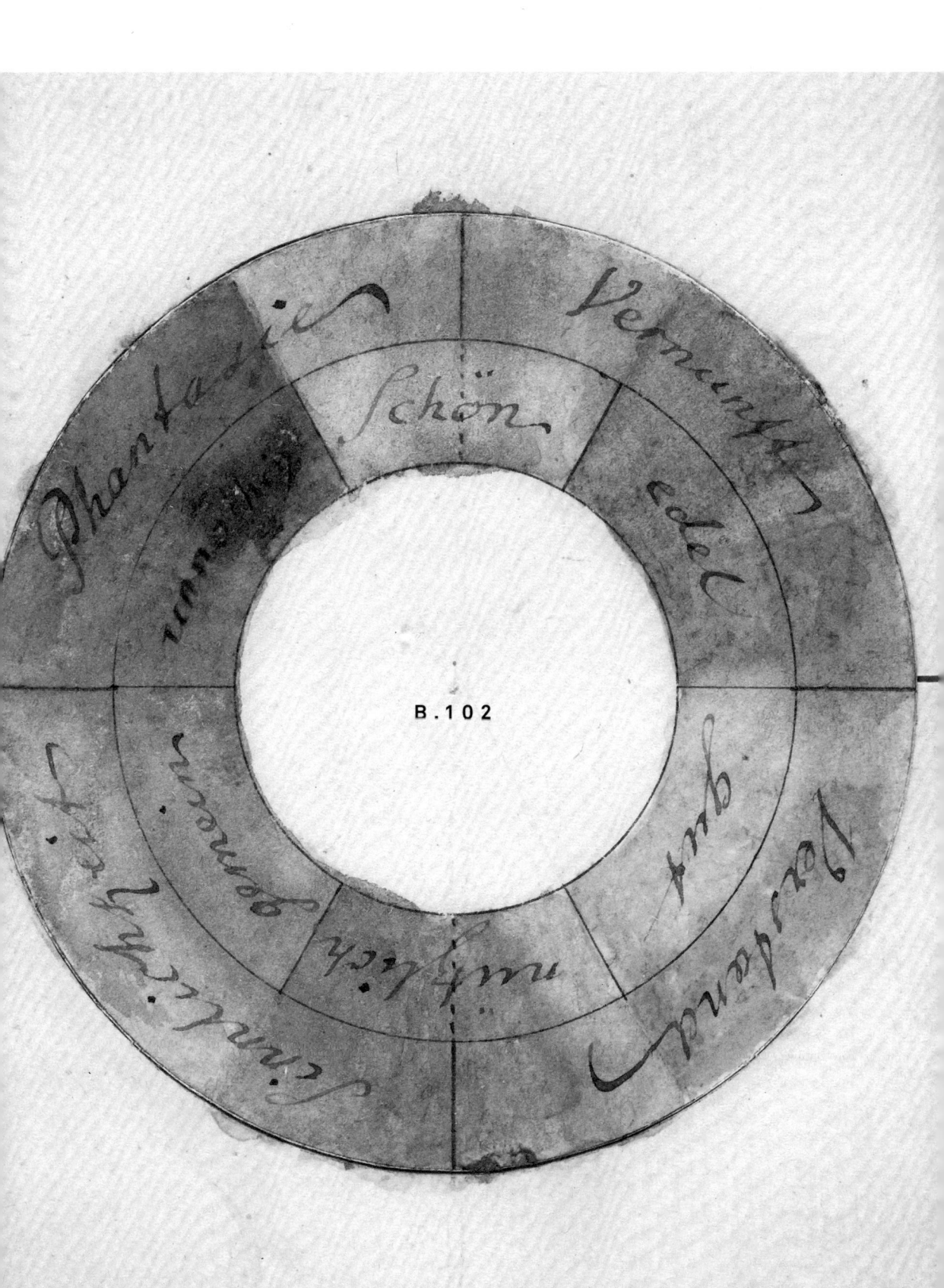

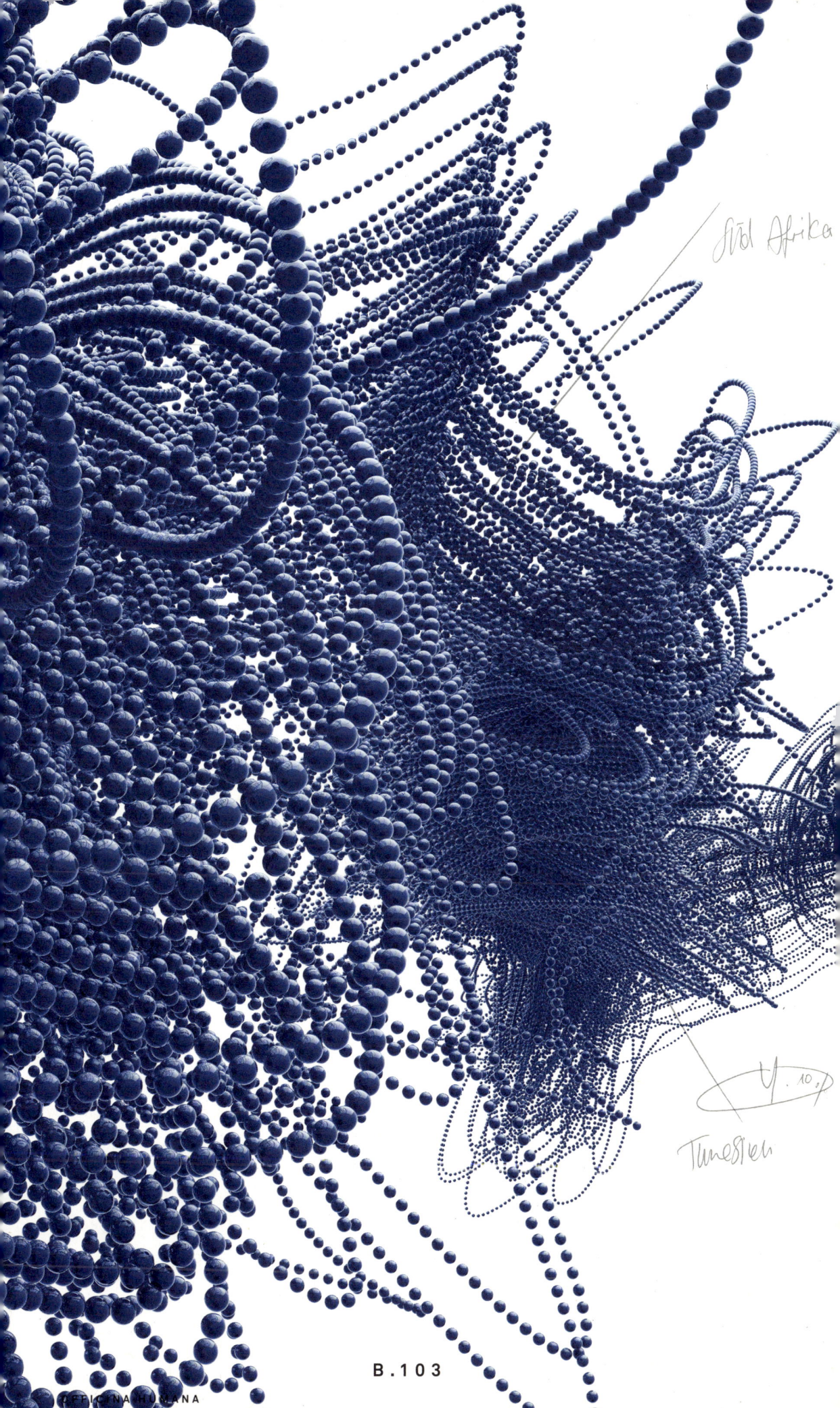

Süd Afrika

Tunesien

B.103

» **Durch das Hören des Ohres
wird das Innere des Menschen
erschüttert.** «

Hildegard von Bingen

Das Gehör schläft nie. Ständig versorgt es das Gehirn mit wichtigen Informationen aus der Umwelt. Bis zu vierzigtausend Töne vermögen wir akustisch auseinanderzuhalten. Damit ist unser akustischer Sinn präziser als die visuelle Wahrnehmung der Augen. ▬ Das Gehör ist nicht nur besonders fein, sondern auch besonders empfindlich. Nicht nur auf große Lautstärke reagiert es sensibel, sondern auch auf Hall, Dissonanz, Dumpfheit, Undeutlichkeit. All das beeinträchtigt die Konzentrationsfähigkeit und führt zu einem raschen Ermüden der Betroffenen. Nicht anders verhält es sich mit kurzen, signalartigen Geräuschen wie dem Klingeln von Mobiltelefonen. Lärm kann einem das Arbeiten unmöglich machen. ▬ Für Büros sieht der Gesetzgeber deshalb einen Lärmgrenzwert von 55 Dezibel vor. Das entspricht ungefähr der Lautstärke eines normalen Gesprächs. Wenn die Arbeit allerdings höchste Konzentration erfordert, dann sollte die Geräuschkulisse maximal zwischen 35 und 45 Dezibel liegen. ▬ Eine wichtige Rolle bei unserem Lärmempfinden spielt die persönliche Bewertung. Geräusche, die wir mögen, stören uns auch bei hohen Lautstärken nicht – Geräusche, die wir nicht mögen, jedoch schon bei kleinen. Zudem bewertet der Mensch sozial. Kirchenglocken empfinden die meisten im Vergleich zu einem Laubsauger oder Rasenmäher als weniger störend. Am problematischsten jedoch ist Sprachlärm: Wenn man ein Gespräch im Nebenraum oder hinter einer Stellwand so gerade noch mitverfolgen kann, ist es um die Konzentrationsfähigkeit geschehen. Sprachschall führt deshalb zu Unterbrechungen der Arbeitsprozesse und einer verminderten Effektivität. Nach Schätzungen von Büroarbeitern kann man von durchschnittlich 10 bis 34 Minuten Zeitverlust pro Arbeitstag ausgehen. ▬ Geräusche sind aber nicht per se hinderlich. „Viele Menschen fühlen sich etwa kreativ angeregt, wenn sie Hintergrundgeräusche wie ein leichtes Rauschen oder Musik hören. Aber es ist wichtig, dass ich die Kontrolle über die Lautstärke und die Geräuschbelästigung habe", hat Neurophysiologe Henning Beck herausgefunden. So gesehen ist es naheliegend, den akustischen Verhältnissen in Büroräumen gesteigerte Aufmerksamkeit zu widmen. Zumal zahlreiche Studien zeigen, dass der Lernerfolg in Schulen ebenso wie die Arbeitseffizienz in Büros erheblich darunter leiden, wenn die raumakustischen Bedingungen minderwertig sind – und dass jedes eingesparte Dezibel das Wohlbefinden und die Produktivität der Beschäftigten fördert.

Lärm ist ein Konzentrations-
killer. Ebenso Getuschel
oder Flüstern aus dem Nebenraum. Eine gute Raumakustik
gehört zur Grundausstattung
zukunftstauglicher Büros.

B.104

»Man muss auch Fingerspitzengefühl haben.«

Kurt Tucholsky

Der Tastsinn wird oft vernachlässigt. Dabei spielen die taktile und
die haptische Wahrnehmung für unsere Kommunikation mit der Welt
eine große Rolle. Die Haut ist unser größtes Wahrnehmungsorgan.
Die Zahl der Rezeptoren in den verschiedenen Hautschichten liegt schät-
zungsweise zwischen 300 und 600 Millionen. Außerdem ist jedes
unserer rund 5 Millionen Körperhaare mit etwa 50 Berührungssensoren
ausgestattet, die auf die kleinsten Reize reagieren und diese verarbeiten.
Auch versorgen uns die berührungsempfindlichen freien Nervenenden
an der Oberhaut mit unzähligen Informationen über Temperatur, Druck
und mögliche Schmerz verursachende Einwirkungen. Kurz: Der Mensch
ist mit Haut und Haar im permanenten Kontakt mit seiner Umwelt.
— Das sollte bei der Einrichtung von Büroräumen nicht vernachlässigt
werden. Oberflächen von Einrichtungsgegenständen setzen nicht
nur optische Akzente, sondern sprechen auch durch ihre taktilen und hap-
tischen Qualitäten. Nicht zufällig gelten die Materialien, mit denen man
sich umgibt, als ein Spiegel der Seele. Glas, Stahl, Chrom oder glatte
Leder lassen einen kalt, wirken abweisend und unnahbar; andere Werk-
stoffe wie Holz, Textilien oder Papier laden ein und strahlen Wärme
aus, wollen berührt werden und schmeicheln der Hand, die über sie streicht.
Je nachdem, welche Materialien in einem Raum verwendet werden,
ändert sich die ihm eigene Atmosphäre. — Man tut gut daran, die Materialität der Dinge in Betracht zu ziehen – und dies nicht nur in funktionaler
Absicht. Gewiss spielen Strapazierfähigkeit, Abwaschbarkeit und Reiß-
festigkeit eine Rolle. Und ebenso gewiss müssen Vorschriften bezüglich
der elektrischen Leitfähigkeit, Entflammbarkeit und umweltverträglichen
Entsorgbarkeit gebührende Berücksichtigung finden. Doch allein
diesen Kriterien zu genügen, erzeugt nicht die Atmosphären, die kreatives
Arbeiten benötigt. — Damit Büromöbel und Interieurs nicht einfach
nur Oberflächen sind, sondern als Resonanzkörper zum Menschen
sprechen, bedürfen sie einer hohen Wertigkeit. Nicht der Preis, sondern
die Qualität muss ausschlaggebend sein. Die Dinge tragen den Geist
mit sich, in dem sie produziert wurden. Produkte, die allein um des schnellen
Profits willens erzeugt wurden, sind kurzlebig und nichtssagend. Dinge,
die von einem Willen zur Qualität hervorgebracht sind, inspirieren zu
qualitätvoller und hochwertiger Arbeit. Bei diesem Thema gilt in hohem
Maße: Wer billig kauft, zahlt später drauf.

Beim Material der Büroaus-
stattung spielt Wertigkeit eine
zentrale Rolle. Möbel sollten
nicht bloße Flächen sein, sondern
hochwertige Resonanzkörper
für hochwertige Arbeit.

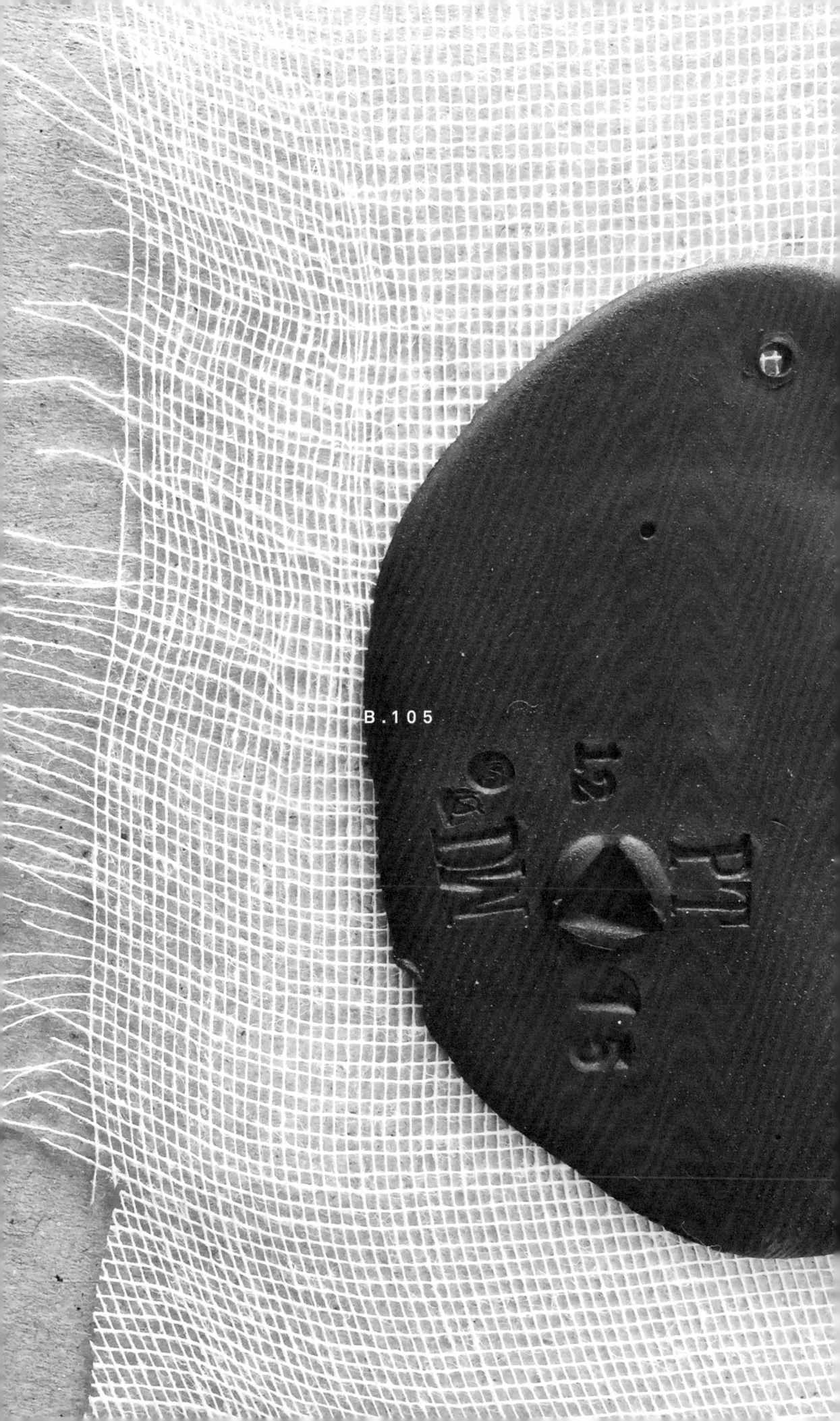

B.105

» **Es ist gut, sich aus den Verhältnissen herauszulösen, die einem die Luft nehmen.** «

Paula Modersohn-Becker

Ist ein Büro zu warm, werden die Menschen darin müde; ist es zu kalt, sind sie leicht abgelenkt. Sie werden ruhelos und unkonzentriert. Generell sollte die Temperatur zwischen 21 und 23 Grad Celsius und die Luftfeuchtigkeit bei etwa 50 Prozent liegen. Ist die Luft feuchter, wird es im Büro stickig und der Raum wird anfällig für Keime und Schimmelpilze. Bei einer geringeren Luftfeuchtigkeit hingegen besteht die Gefahr, dass die Schleimhäute der Beschäftigten austrocknen und ihre Haut spröde wird. Elektrostatische Ladungen in der Luft gefährden außerdem die elektrischen Geräte. ▬ Nicht unerheblich für das Wohlergehen der Büroarbeiter sind auch Luftzirkulation und Luftbewegung. Für letztere schreibt die Arbeitsstättenverordnung in Deutschland einen Wert von maximal 0,1 Meter pro Sekunde vor, weil anderenfalls Unbehagen und Konzentrationsschwächen auftreten. ▬ Maßgeblich für das Raumklima ist der Verzicht auf jede Form von Luftverschmutzung. Dass in Büros nicht geraucht werden sollte, ist mittlerweile Gemeingut, aber noch immer gibt es reichlich Giftschleudern: vom Laserdrucker (der Ozon produziert) über Korrekturflüssigkeit und Faserstifte (die Lösungsmittel enthalten) bis zu schlecht gewarteten Klimaanlagen und Giftstoffen in den Textilien oder Materialien von Büromöbeln. Hier ist Achtsamkeit geboten. ▬ Gute Luft zu erzeugen ist bei alledem kein Hexenwerk. Zum einen, weil es ausgeklügelte Belüftungssysteme gibt, mit denen sich das Raumklima meisterhaft regulieren lässt, zum anderen, weil oft nur ein paar einfache Regeln eingehalten werden müssen, um dicke Luft im Büro zu vermeiden. Denn oft sind es Kleinigkeiten, die den Ausschlag geben, zum Beispiel die Platzierung elektrischer Geräte. Ein einziger Laserdrucker erzeugt so viel Wärme wie acht bis zehn Personen. Da sollte man das gute Stück besser separat platzieren. ▬ Am wichtigsten aber ist, die Raumdichte zu beachten. Je mehr Kubikmeter Luft einer Arbeitskraft zur Verfügung stehen, desto konzentrierter und kreativer wird sie arbeiten. Und wenn Beschäftigte dann auch noch die Möglichkeit haben, die klimatischen Bedingungen am Arbeitsplatz individuell zu justieren, dann sollte es möglich sein, dass sie auch in Krisenzeiten noch tief durchschnaufen können.

Gute Luft im Büro ist kein Hexenwerk. Oft reicht es, ein paar einfache Regeln für ein gesundes Raumklima zu beachten.

B.106

» **Blumen sind das Lächeln der Erde.** «

Ralph Waldo Emerson

Nirgends, sagte einst der große Bildhauer Michelangelo, könne der Mensch einen so tiefen Frieden finden, wie in den Wäldern. Nun, wenn auch Laptop und Smartphone bei manchen schon die Fantasie beflügeln, unsere Büros in naher Zukunft ganz in den Wald verlegen zu können, so bleibt bis dahin noch der gut erprobte Weg, nicht das Büro ins Grüne, sondern das Grüne ins Büro zu verlagern. — Denn längst ist wissenschaftlich belegt: Die Gegenwart von Pflanzen fördert auch im Büro die seelische Ausgeglichenheit und das Wohlbefinden des Menschen. So gaben bei einer Untersuchung der Bayerischen Landesanstalt für Weinbau und Gartenbau fast alle der 139 befragten Personen an, sich in ihren Büros deutlich wohler zu fühlen, seit sie dort von Pflanzen umgeben sind. „Auch erlebte der überwiegende Teil der Beschäftigten ihre grünen ‚Bürobiotope' als erfrischend, stressmindernd und konzentrationsfördernd", weiß der Ratgeber „Wohlbefinden im Büro" der Bundesanstalt für Arbeitsschutz und Arbeitsmedizin. Auch eine niederländische Studie bezeugt, dass Pflanzen eine positive Wirkung auf Leistungsfähigkeit und Wohlbefinden der Beschäftigten ausüben; vor allem dann, wenn diese länger als vier Stunden am Tag auf den Flatscreen schauen müssen. — So gesehen liegt es nahe: Nicht nur im übertragenen Sinne sollte ein Büro ein Gewächshaus für kreatives Wachstum sein – auch buchstäblich wird es ihm gut tun, viele Pflanzen zu versammeln, um auf diese Weise ein in jeder Hinsicht förderliches und gutes Betriebsklima zu erzeugen. Je besser die Symbiose von Technik und Natur, Funktionalem und Organischem gelingt, desto inspirierter die Mitarbeiterinnen und Mitarbeiter. — Als positiver Nebeneffekt darf darüber hinaus eine deutliche Verbesserung der Luftqualität erwartet werden. Setzt man die Wirkungen von Pflanzen gleich 100, so fächern sich ihre positiven Effekte wie folgt auf: psychisches Wohlbefinden (55 Prozent), gesundheitsfördernde raumklimatische Wirkungen (30 Prozent), Staubreduktion (8 Prozent), Schadstoffabbau (1 Prozent). — Wichtig ist freilich die richtige Auswahl der Pflanzen. Perfekt sind Grünpflanzen, die einen hohen Wasserbedarf haben wie Farne, Zimmerlinde oder Zyperngras. Sie geben fast hundert Prozent des Gießwassers als Luftfeuchtigkeit in den Raum und sorgen so für ein gesundes Raumklima.

Ein gutes Büro ist ein Gewächshaus: Wo Pflanzen wachsen, blühen und gedeihen, können auch Menschen über sich hinauswachsen und erblühen.

B.1¹07

»Ambiente steht für den Raum, in dem man gut lebt, das heißt, in dem einer an einem gewissen Punkt seine Sinne und seine intellektuellen Kräfte entfalten kann.«

Luciano Fabro

So wie erst der Zusammenhang von Tönen Musik ergibt, ergibt der Zusammenhang von Einrichtungsgegenständen, Textilien, Licht, Temperatur, Akustik und Zwischenräumen ein Ambiente: ein Raumarrangement, das eine wohltuende Atmosphäre erzeugt. Gerade dem Mobiliar kommt dabei eine besondere Bedeutung zu. ▬ Einer, der nicht müde wird, die Wichtigkeit hochwertiger Einrichtungsgegenstände zu unterstreichen, ist Peter Zumthor. Immer wieder betont er, dass atmosphärisch anspruchsvolle Räume schöne Dinge und schöne Details benötigen. Die Aufgabe der Architektur sei es, Gefäße zu schaffen, um schöne Gegenstände aufzunehmen. In diesem Zusammenhang spricht er von der Idee der „schönen Gestalt". Sie zeichne sich vor allem durch ihre stimmige Proportion aus. Es gehe darum, Gestalten zu schaffen, in denen bestimmte Elemente und Muster harmonisch verbunden und vernetzt sind. ▬ Proportion ist wesentlich für Gleichgewicht und Harmonie. Entscheidend ist, wie man Farbe, Form, Textur, Patina einsetzt. So bekennt der belgische Kunstsammler und Galerist Axel Vervoordt, er sei davon überzeugt, dass die mentalen Reaktionen eines Menschen stark beeinflusst werden von den Proportionen, die er wahrnimmt. Vervoordt konzipiert vorzugsweise eklektische Räume voller Dinge mit Patina: Dinge, die in Würde gealtert sind. Denn Räume und Einrichtung müssten fähig sein, die Spuren des menschlichen Lebens zu absorbieren, ohne dass der Raum verwahrlost aussieht. Auch meint er, das Wichtigste an einem Tisch seien nicht die Platte oder die Beine, sondern der Raum um den Tisch herum. ▬ Diese Wahrnehmung steht freilich im Kontrast zu der Einschätzung eines Designprofis wie Phillip Paré, Designdirektor und Vorstand der Firma Gensler in Los Angeles. Bei der Möblierung, meint er, gehe es künftig nur noch um Funktionalität und Flexibilität. Die Wahrheit wird – wie so oft – in der Mitte liegen: in hochwertigen, schönen Einrichtungsgegenständen, die doch den funktionalen Ansprüchen einer zunehmend flexiblen Arbeitswelt Genüge leisten.

Atmosphärisch anspruchsvolle Räume benötigen schöne Dinge und schöne Details.

B.108

»Gute Möbel sind Philosophen; und Dichter und Künstler.«

Hajo Eickhoff

Ursprünglich gab es nur vier Möbelstücke: den Stuhl, den Tisch, die Truhe und das Bett. Gemeinsam ist ihnen eines: Sie alle dienen dazu, etwas vom Boden abzuheben, anzuheben, aufzuheben. Truhe und Tisch heben Gegenstände auf, Stuhl und Bett halten den Menschen. Die Heimat der Möbel ist der Kult: Der Tisch war einstmals ein Altar, auf dem der Gottheit Gaben dargereicht wurden; der Stuhl war ursprünglich ein Thron, auf dem sich der Repräsentant des Göttlichen präsentierte: als Priester oder König; die Truhe diente dazu, die heiligen Gegenstände zu verwahren. Nur das Bett ist ganz profan: Es dient der Ruhe und dem Schlaf – der freilich vielen Menschen heilig ist. — Der Ursprung im Sakralen lebt in vielen der Möbel weiter, die sich über die Jahrhunderte aus den vier Archetypen entwickelt haben. Zumindest gute Möbel lassen ahnen, dass sie dem Heiligen entwachsen sind. Es findet seinen Niederschlag in ihrer Wertigkeit: in erlesenen Materialien, in einer soliden Verarbeitung, in der Harmonie von Form und Funktion. Gute Möbel künden davon, was gute Arbeit ist: Arbeit, die über den alltäglichen Kreis der Routine hinausweist auf etwas Ideales – eine Vision, die sich über den Kreis des nur Wirklichen erhebt und noch Mögliches ins Werk setzt. „Kostbare Möbel", so der Philosoph Hajo Eickhoff, „ruhen in sich und verbreiten Ruhe, sind Kristallisationspunkte, die ihre Umgebung auf sich ziehen und ordnen. Sie sind ein angehobener Grund, eine höhere Warte, an der Menschen ihr Denken, Fühlen und Handeln stützen können." Wo Möbel qualitätvoll sind, beflügeln sie das Schöpferische. Sie werden zu Gesprächspartnern der Menschen. — Gute Möbel sprechen von dem Geist, der einem Unternehmen innewohnt. „Sie bringen", um noch einmal Eickhoff zu zitieren, „das innere Design eines Unternehmens, seine inneren Überzeugungen, zum Ausdruck, die nach außen als Profil und Charakter des Unternehmens sichtbar werden und Kunden und Auftraggeber emotional ansprechen. Durch seine Möbel sagt ein Unternehmen, was es von sich hält, welchen Wert es sich zuordnet und welches Selbstvertrauen es hat. Da sie wie eine Art kommunizierender Gefäße wirken, die das Niveau eines Unternehmens und den Standard seines Produkts offenbaren, lässt sich das Niveau von Unternehmen und Möbeln in ein kalkuliertes Verhältnis bringen."

Wo Möbel qualitätvoll sind, beflügeln sie das Schöpferische. Sie werden zu Gesprächspartnern der Menschen.

»Es ist schwerer, einen guten Stuhl zu bauen als einen Wolkenkratzer.«

Mies van der Rohe

Keine menschliche Haltung ist so eng mit der Büroarbeit verbunden
wie das Sitzen. Und keine ist dem Menschen so schädlich. Der menschliche
Leib ist nicht fürs Sitzen gemacht – im Gegenteil, er will bewegt werden.
Und eben das geschieht in den meisten Büros zu selten. Über achtzig
Prozent seiner Arbeitszeit verbringt der „Büromensch" heute im Sitzen
– und das, obwohl längst bekannt ist, dass mehr als dreißig Prozent
aller Krankmeldungen auf Erkrankungen des Haltungs- und Bewegungs-
apparates zurückgehen und 14 Prozent der Arbeitsunfähigkeitsfälle
durch Rückenbeschwerden verursacht sind. ▬ Es gibt also gute Gründe,
sich über den Bürostuhl Gedanken zu machen. So selbstverständlich
er uns scheint, so wenig selbstverständlich ist er. Jahrhundertelang gab es
ihn nicht. In alten Gesellschaften kannte man ihn wohl als Thron,
das heißt als Ehrenplatz für weltliche und geistliche Autoritäten, aber
im normalen Tagesgeschehen spielte er eine untergeordnete Rolle.
Auf Stühlen zu arbeiten, lag den Menschen völlig fern. Das gilt auch für
die kreative Arbeit. Von antiken Philosophen weiß man, dass sie im
Gehen ihrer Arbeit nachgingen, und Friedrich Nietzsche, der seine Texte
bei Wanderungen komponierte, meinte, das Sitzfleisch sei „die eigent-
liche Sünde wider den Heiligen Geist". ▬ Dieses Wissen scheint
verloren gegangen. Obwohl die Digitalisierung die Büroarbeit erheblich
flexibler gestalten könnte, findet sie nach wie vor im Sitzen statt.
Auch der Laptop liegt – wie der Name verrät – meist auf dem waage-
rechten Oberschenkel, und die hübschen Bilder von Menschen, die im
Liegestuhl am Strand ihre Büroarbeit verrichten, gehören eher der
Fantasiewelt derer an, die sich eine schöne neue Arbeitswelt erträumen.
Auch Sitzungen finden sinnigerweise zumeist im Sitzen statt. ▬ Der
Stuhl ist also noch lange nicht out, und deshalb verdient er unsere Aufmerksamkeit. Zumal er viele Optimierungsoptionen bietet. Denn
Sitzen ist nicht gleich Sitzen und entsprechend gibt es erhebliche Unter-
schiede zwischen Bürostühlen. Ein wichtiger Indikator für deren
Qualität ist die Mechanik. Sie sollte das sogenannte „dynamische Sitzen"
ermöglichen, das heißt einen Wechsel zwischen aufrechtem Sitzen
und kurzzeitigem Zurücklehnen zur Entlastung der Rückenmuskulatur
und der Bandscheiben zulassen. Umfragen zeigen, dass immerhin
95,4 Prozent aller Unternehmen zumindest einem Teil ihrer Mitarbeiter

diese Möglichkeit bieten, allerdings arbeiten nur 19,7 Prozent mit Drehstühlen mit einer Synchronmechanik, die es erlaubt, dass sich der Stuhl fast vollständig dem natürlichen Bewegungsablauf des menschlichen Körpers anpasst. Es gibt also noch viel zu tun.

Im Büro wird zu viel gesessen. Das Mindeste, was man tun kann, ist hochwertige Stühle zum Einsatz zu bringen.

Sicht der Miterbei
einen Fortschritt ?

Australien
4. 67.

Neuseeland

„12) Kann der Mitarbeiter
lernen und sich entwickeln?

B.111

» Autoren sollten stehend an einem Pult schreiben. Dann würden ihnen ganz von selbst kurze Sätze einfallen. «

Ernest Hemingway

Der Tisch ist der Bruder des Stuhls. Und er ist ebenso alt. Seine
Erfindung reicht zurück in jene Schreibstuben mittelalterlicher Klöster,
von denen wir schon hörten: den Skriptorien. Hier brauchten
Mönche Unterlagen für die Bücher, an denen sie schrieben. Sie legten
ein Stück Stoff – die *Burra* – auf ein Gestell, das aus zwei Böcken
mit lose aufgelegten Holzbrettern bestand: die Tafel, der Prototyp
späterer Bürotische. — In seinem Büchlein „Poesie der Möbel"
trägt der Philosoph Hajo Eickhoff die Idee vor, der Tisch sei seinem
Wesen nach ein artifizieller Acker, „auf dem der Mensch die Saat
seiner Rationalität sät", eine Kulturfläche, auf der nicht allein Nahrung
angebaut, sondern auch Wissen aufgebaut wird – ein schöpferischer
Ort, an dem die Schöpfung kultiviert wird. Der Tisch, so Eickhoff, ist
„das Möbel der Ordnung". — Wie es um seine Zukunft bestellt ist,
sei dahin gestellt. Als reine Schreibunterlage hat der Tisch ausgedient.
Nun ist er das Gestell, das einen anderen Acker trägt: das Tablet
oder den Computer. Sie sind die Felder, in die der Mensch heute die Saat
seiner Ratio streut. — Doch gerade darin liegt sein Zukunftspotenzial.
Als „Laptop" – also als die Fläche über eines Menschen Schoß und
Schenkel – hat er ausgedient. Jedoch als Stehtisch oder Stehpult wird er
ein Comeback erleben. Denn die Arbeitsmediziner drängen darauf,
dass die Schreibtischarbeit künftig weniger im Sitzen und immer mehr
im Stehen verrichtet wird. Der Acker steigt ein Stockwerk höher:
Der Stehtisch wird in künftigen Büros die Regel sein. — Tatsächlich
zeigen Untersuchungen, dass sich in der Mehrzahl der Unternehmen
die Erkenntnis durchgesetzt hat, dass zeitweises Stehen gut für die
Gesundheit der Mitarbeiter ist. Dreiviertel der in Deutschland befragten
Firmen bieten zumindest einzelnen Mitarbeitern diese Möglichkeit.
Die beliebteste Ausstattung für wechselnde Arbeitshaltungen sind Sitz-
Steh-Arbeitstische, deren Arbeitsfläche mitsamt Arbeitsmittel und
Bildschirm zwischen sitzender und stehender Tätigkeit verstellbar ist.
Es könnte sein, dass Schreibtischarbeit künftig – mehr als in der
Vergangenheit – etwas Erhebendes ist. Und das umso mehr, je erhabener
die Möbelstücke werden.

Der Tisch stiftet Ordnung. Er ist ein schöpferisches Feld, auf dem Ideen angebaut werden können.

» Was ich besitze, mag ich gern bewahren: Der Wechsel unterhält, doch nutzt er kaum. «

Johann Wolfgang von Goethe

Der Schrank ist ein Nachfahr der Truhe: der Ort der Aufbewahrung, des Speicherns, aber auch des Verbergens und Verschließens – ein geheimnisvolles Möbel, das in einem mehrfachen Sinne aufhebt. Es verwahrt die Dinge, es erhebt sie in den Stand des Bewahrenswürdigen und es hebt sie auf vom Boden, um sie zu stapeln und zu sortieren. ▬ Den Schrank umgibt immer eine Sphäre der Intimität. Darin ist er vom Regal unterschieden. Private Dinge werden hinter geschlossenen Türen verwahrt, Regale stellen alles bloß. Damit in Arbeitsräumen das Private nicht verloren geht, braucht es den Schrank. Er verbirgt die Innenwelt. Schränke sind Spiegel der Innerlichkeit – ähnlich wie die Handtaschen der Frauen. ▬ Die Tage des Schrankes scheinen gezählt. Ebenso wie die Tage des Regals. Speicheraufgaben werden von Computern übernommen – oder von non-lokalen Clouds. Die großen Aktenschränke, Karteikästen, Bücherregale sind längst aus den Büros verschwunden. Mit ihnen aber auch ein Stück Geschichte. Schrank und Regal hatten etwas zu erzählen – oder versprachen doch, etwas erzählen zu können, gerade weil es in ihrem Inneren verborgen war. In ihnen war Geschichte kondensiert. Mit ihrem Schwinden werden Büros zunehmend geschichtslos – und gesichtslos. ▬ Doch gerade diese oft verkannte Funktion könnten sie zurückgewinnen, wenn sie von ihren funktionalen Pflichten entlastet sind. Schränke könnten zu Vitrinen oder Schatzkammern werden – zu gestaltbaren Zonen, in denen Historie und Individualität sich zeigen oder auch verstecken dürfen. Der oben angesprochene Museumsaspekt künftiger Büros könnte genau in dem Maße zur Geltung kommen, in dem der Schrank als Aktendepot oder Ablage ausgedient hat und zum Verwahrungsort des Kostbaren wird, worin etwas vom alten Mysterium der Truhe fortlebt.

Der Schrank verbirgt die Innenwelt. Er ist ein Garant der Intimität. Als solcher darf er im Büro nicht fehlen.

»**Ich kann nicht denken,
wenn ich mich nicht hinlege.**«

Truman Capote

Kein Möbel scheint der Arbeit so unangemessen wie das Bett. Gelten doch Ruhe und Schlaf gemeinhin als das Andere zur Arbeit. Und wenn Alexander der Große und mancher französische König vom Bett aus regierten und sich manche große Geister wie Marcel Proust, René Descartes oder Truman Capote dessen rühmten, im Liegen zu arbeiten, so bleiben sie doch die Ausnahmen, die die Regel bestätigen. ▬ Damit ist nicht gesagt, dass das Bett im Büro nichts verloren hat. Im Gegenteil: Als Ort fürs *Powernapping* oder „Leistungsnickerchen" kann es zur kostbaren Energiequelle werden. Dass ein kurzer Mittagsschlaf von 15 bis 30 Minuten die Leistungsfähigkeit in der zweiten Tageshälfte enorm erhöhen kann, ist nicht nur altes Menschheitswissen, sondern längst wissenschaftlich bestätigt. Und wenn sich auch in Deutschland mancher damit schwertut, so gibt es andere Länder wie Japan und die USA, in denen es keineswegs anrüchig ist, mittags ein paar Minuten im Büro die Augen zuzumachen. ▬ So ist es nicht überraschend, dass es in Berlin derweil „Stundenhotels" für Manager gibt, in die sich ungestört zurückziehen kann, wer die Mittagspause lieber in der Horizontalen als in der Eckkneipe verbringen möchte. Und Unternehmen, die es nicht so gerne sehen, wenn ihre Beschäftigten aushäusig ihr Nickerchen verrichten, gehen dazu über, Schlafboxen anzubieten, in denen man ganz offiziell seinen Erholungsschlaf halten kann. ▬ Da es nicht jedermann leicht fällt, unter Zeitdruck einzuschlafen, sind Entspannungssysteme ein probates Mittel, um den Mitarbeitern die Chance zur mittäglichen Regeneration zu gewähren. Bei diesen Möbelstücken handelt es sich um Hightech-Geräte, die ihrem Nutzer nicht allein eine Shiatsu-Massage verabreichen und seinen Ohren mit Entspannungsmusik oder Autosuggestionsprogrammen schmeicheln, sie geben über eine spezielle Brille auch Lichtimpulse, die zu einer Synchronisierung der Gehirnhälften führen und die Hirnfrequenzen in einen Entspannungsmodus versetzen. So findet das gute alte Bett im Hightech-Gewande neuen Zugang zur Bürowelt. ▬ Wo solche Möbelstücke Einzug halten, werden es die Mitarbeiter zu danken wissen. Und auch das Unternehmen wird dabei auf seine Kosten kommen. Zwar wird es nicht im Schlaf sein Geld verdienen, aber ausgeschlafene Mitarbeiter werden sich auf die Produktivität positiv auswirken.

Das Bett ist im Büro nicht fehl am Platze. Als Ort für Mittagsschlaf und *Powernapping* oder im Gewande eines Hightech-Massage-Sessels sollte es nicht fehlen.

B.114

»**Man muss noch Chaos in sich haben, um einen tanzenden Stern gebären zu können.**«

Friedrich Nietzsche

Kunst nährt die Seele. Kunst inspiriert. Kunst spricht an. Kunst ist das schönste Kind der Kreativität. Wo sie waltet, weht der Geist der Mutter: Menschen werden selber kreativ und schöpferisch. Deswegen darf Kunst in Büros nicht fehlen. ▬ Kunst ist nicht ein *Nice-to-Have*, auf das man ebenso verzichten könnte. Sie dient nicht der Raumverschönerung. Sie ist keine Dekoration. Vielmehr öffnet sie allererst den schöpferischen Innenraum, gibt dem funktionellen Raum die Tiefe, aus der Neues und Innovatives wachsen können. ▬ Kunst spricht nicht die Sprache der gängigen Logik, fügt sich nicht der instrumentellen und technischen Vernunft. Sie folgt ihren eigenen Gesetzen, hat ihren eigenen Rhythmus und ihr eigenes Tempo. Wer sich ihr zuwendet und hingibt, verlässt die Routine und Konformität des Alltags. ▬ Kunst entschleunigt, sie lädt ein zum Mäandern. Damit setzt sie einen Gegenpol zum fokussierten, gradlinigen Denken der Zweckrationalität. Sie schafft geistige Biotope, in denen sich neues Leben entfalten kann. Der Geist wird wie das Wasser mit Sauerstoff und anderem angereichert, die Kreativität wird angeregt, das schweifende Denken befeuert, das anders als das lineare Denken neue Ideen generieren kann. ▬ Kunst durchbricht die begradigten Kanallandschaften herkömmlicher Bürowelten und öffnet chaotische Räume, in denen – frei nach Nietzsche – tanzende Sterne geboren werden können. ▬ Im Gewande der Kunst hält der Schöpfergeist des Universums im Büro Einkehr. Wo er weht, da wird es heißen: „Und siehe, es war sehr gut."

Kunst ist nicht Dekoration. Vielmehr öffnet sie zuallererst den schöpferischen Innenraum, worin Neues und Innovatives wachsen können.

B.115

»In Nordamerika und Westeuropa ereignen sich 60 Prozent aller Herzinfarkte bei Männern montagmorgens zwischen 06:00 und 09:00 Uhr ... «

David Whyte

ZAHLEN

18 Millionen Büroarbeitsplätze gibt es in Deutschland.
Q.007

60 Prozent aller erwerbstätigen Deutschen haben berufsbezogene Ängste.

59 Prozent haben Angst, Fehler zu machen.

51 Prozent haben Angst, Wertschätzung und Anerkennung zu verlieren.
Q.001

15 Prozent sind wirklich begeistert bei der Arbeit.

70 Prozent machen Dienst nach Vorschrift.

15 Prozent haben innerlich gekündigt.
Q.004

11 Millionen Deutsche leiden unter Angststörungen, unter Schlaflosigkeit, Denkblockaden und Niedergeschlagenheit.
Q.001

7 Prozent der Arbeitnehmer sind alkoholabhängig.

Ca. 5.000 Tonnen Schlaf- und Beruhigungstabletten konsumieren Menschen jährlich, um wenigstens im Schlaf der Angst entfliehen zu können.
Q.010

Durchschnittlich 17,6 Tage Krankheitsabsenzen zählt man pro Versichertem im Jahr.
Q.007

40 Millionen Ausfalltage gibt es allein aufgrund von Rückenproblemen.
Q.011

40 Prozent aller Ausfallzeiten sind durch depressive Störungen und Burnout-Syndrom begründet.
Q.012

5 Millionen Menschen befinden sich wegen dieser Störungen regelmäßig in ärztlicher oder psychotherapeutischer Behandlung.
Q.001

1,8 Millionen Arbeitnehmer sind Opfer von Mobbing.

20 Prozent aller Suizid-Fälle werden auf Mobbing zurückgeführt.

2,3 Milliarden Euro kosten deutschen Unternehmen jährlich die Fehltage, die durch Mobbing entstehen.
Q . 0 0 5

80 Prozent aller Menschen möchten einen Sinn in ihrer Arbeit sehen.

94 Prozent aller Beschäftigten betrachten ihr Arbeitsumfeld als Symbol dafür, ob sie vom Arbeitgeber wertgeschätzt werden oder nicht.

Nur **39 Prozent** sind der Meinung, dass beim Einrichten der Büros der Mensch und seine Wünsche und Bedürfnisse berücksichtigt wurden.
Q . 0 0 3

Ein Drittel aller Arbeitnehmer schämen sich so sehr für ihr Arbeitsumfeld, dass sie es am liebsten Kollegen und Kunden nicht zeigen wollen.
Q . 0 0 2

60 Prozent der „freiwilligen" Austritte aus Unternehmen werden mit Unbehagen oder Schikanen am Arbeitsplatz begründet.
Q . 0 0 6

24 Prozent der Mitarbeiterzufriedenheit gehen auf ein stimmiges Umfeld zurück.
Q . 0 0 3

15 Prozent der Arbeitnehmer besitzen eine hohe emotionale Bindung zum Arbeitgeber.

70 Prozent der Arbeitnehmer besitzen eine geringe emotionale Bindung zum Arbeitgeber.

15 bis 20 Prozent der Arbeitnehmer besitzen keine emotionale Bindung zum Arbeitgeber. Die meistgenannte Ursache dafür ist mangelnde Wertschätzung.
Q . 0 0 4

4 Milliarden Euro beträgt der volkswirtschaftliche Schaden für Unternehmen durch Mitarbeiter, die wegen arbeitsbedingter psychischer Belastungen nicht zur Arbeit kommen.
Q.007

59 Millionen Arbeitsunfähigkeitstage gab es im Jahr 2011 wegen psychischer Erkrankungen: ein Anstieg um mehr als 80 Prozent in den letzten 15 Jahren.
Q.008

83 Prozent aller Beschäftigten geben an, ein Arbeitgeber sei für sie dann interessant, wenn er eine gute Arbeitsplatzumgebung und -ausstattung anbieten kann.
Q.009

FAZIT:

Viele Büros sind für die Menschen, die darin arbeiten, zu einem Problem geworden; und somit auch für Unternehmen und für die Gesellschaft.

Die Ursachen für dieses Problem sind vielfältig. Bei ihnen muss man ansetzen, um es zu lösen.

URSACHEN

01. fehlende Geborgenheit

02. Nichtberücksichtigung individueller Wünsche und Bedürfnisse

03. gestalterische Eintönigkeit

04. organisatorische Inflexibilität

05. mangelnde Interaktions-möglichkeiten

06. unveränderbare Arbeits-plätze

07. Mittelmäßigkeit

08. fehlende Poesie

09. mangelhafte Akustik

10. schlechte Luftqualität

11. mangelnde Barrierefreiheit

12. fehlender Bezug zur Natur

13. schlechtes Licht

14. mangelnde Privatheit

15. keine Bewegungsfreiheit

16. unterentwickelte Sozialität

17. Emotionalitätsdefizite

18. Gruppenmentalität statt Teamgeist

19. Egoismus

20. fehlende Regelwerke

21. fehlende Leitbilder

22. fehlender Respekt zwischen hierarchischen Ebenen

Hinter alledem verbirgt sich ein Hauptgrund: die Dominanz der wirtschaftlichen Rationalität, die dazu führt, dass die kulturelle Umgebung nicht antwortet und die Menschen auf Emotionen wie Wut und Trauer zurück-fallen.

»Unternehmen tun gut daran, eine Kultur und eine Arbeitsumgebung zu schaffen, in der effizientes und gesundes Denken gefördert wird.«

Henning Beck, Neurowissenschaftler

DIE PHILOSOPHIE VON OFFICINA HUMANA

HILFSPROGRAMM FÜR UNTERNEHMEN

Immer mehr Menschen leiden unter ihrer Arbeit. Seit etwa 15 Jahren steigt die Zahl berufsbedingter psychischer Erkrankungen linear an. Beschäftigte leiden unter Depressionen oder Burn-out-Symptomen. Das Durchschnittsalter der Betroffenen sinkt. Andere greifen zu Drogen und Aufputschmitteln, wieder andere kündigen innerlich und verrichten bestenfalls noch „Dienst nach Vorschrift". Wenn aktuelle Erhebungen der Krankenversicherer und Gewerkschaften zutreffen, dann haben sich viele Arbeitsplätze zu Orten der Agonie und des Leidens gewandelt. Nicht nur moralische, sondern auch handfeste betriebswirtschaftliche Gründe lassen es als dringliche Aufgabe erscheinen, dieser Not tatkräftig gegenzusteuern. Dieser Aufgabe nachzukommen, ist das Anliegen und die Vision der Officina Humana Beratungsgesellschaft.

DIE IDEE / DAS VORHABEN

Die Officina Humana Beratungsgesellschaft ist eine Initiative des Arbeiter Samariter Bundes (ASB) Hessen. Die Mission des ASB ist es, Notleidenden zu helfen. Nun hat der ASB den Hilferuf in Unternehmen und Betrieben gehört und mit der Officina Humana Beratungsgesellschaft ein neuartiges Hilfsangebot für die Beschäftigten in kleinen und mittelgroßen Unternehmen entwickelt. Sie steht Unternehmen mit Rat und Tat zur Seite, um dabei zu helfen, humane, heilsame und inspirierende Unternehmenskulturen zu entwickeln und die Arbeitsbedingungen so zu optimieren, dass sie der Würde des Menschen entsprechen und die Menschen darin unterstützen, ihre Potenziale besser zur Entfaltung zu bringen.

Dies gilt zum einen der Einrichtung von Büroräumen und Arbeitsplätzen und zum anderen der Kommunikation und dem Umgang der Menschen miteinander. Leitend ist dabei nicht das ökonomische Kalkül beim ASB, sondern der für den ASB typische Geist der Humanitätsgesinnung. Dieser schöpferische Geist will Menschen dabei helfen, sich stimmig in einem stimmigen Umfeld zu begegnen.

Auch wenn der Mensch und nicht das ökonomische Kalkül bei ASB im Vordergrund steht, ist man sich beim ASB durchaus bewusst, dass das Hilfsangebot auch wirtschaftlich Sinn machen muss. Die jetzige Situation in vielen Unternehmen lässt bis zu 50 Prozent der Personalkosten wirkungslos „verpuffen". Dieser Reibungsverlust entsteht, weil nicht ausreichend erkannt wird, dass Wirtschaftskraft heute und verstärkt noch in Zukunft aus kultureller, moralischer und ästhetischer Kraft entsteht bzw. entstehen wird.

In der modernen Welt wird die meiste Arbeit in Büros verrichtet. Im Idealfall ist der Lebensraum Büro so eingerichtet, dass die allgemeinen wie auch die individuellen Bedürfnisse des Menschen nach Austausch, Beschäftigung und Ruhe dort befriedigt werden – dass die Dinge so bestellt sind, dass es den Menschen gut geht.

Das aber ist augenscheinlich nicht der Fall. Derzeit geht es der Mehrzahl der in Büros arbeitenden Menschen nicht gut. Ihr Körper findet dort zu oft keine Geborgenheit, ihr Herz keine Wärme, ihr Geist keine Ruhe und ihre Seele keine Nahrung. Die meisten Büros sind reine Wirtschafts-, aber keine humanen Lebensräume. Es mangelt dort an sinnbildenden Rahmenbedingungen, weil die Qualität der Einrichtung in der Regel unter den Möglichkeiten bleibt, und es fehlt an Leitlinien und Regelwerken als Orientierungshilfe. Sie sind bestenfalls ein Halbes, aber nur selten ein Ganzes. Deswegen sind viele Büros zu einem Problem für die darin arbeitenden Menschen geworden. Die Büros, die Orte des Glücks sein könnten, sind zu Orten des Unglücks geworden.

Wenn es Menschen gut geht, sind sie motiviert, kreativ und produktiv. Dann gehen sie achtsam miteinander um und wertschätzen einander; dann können sie ihre Potenziale entfalten und Wesentliches zur unternehmerischen, gesellschaftlichen und kulturellen Wertschöpfung beisteuern.

Derzeit geht es der Mehrzahl der in Büros arbeitenden Menschen nicht gut. Ihr Körper findet dort zu oft keine Geborgenheit, ihr Herz keine Wärme, ihr Geist keine Ruhe und ihre Seele keine Nahrung.

DIE OFFICINA HUMANA BERATUNGSMETHODE FOLGT FÜNF SCHRITTEN

1. ANAMNESE: Ermittlung der Hintergründe und Ursachen der Ist-Situation

Wir beginnen mit der Feststellung des Problembestandes im materiellen und immateriellen Sektor bzw. in der körperlichen und geistigen Dimension des Unternehmens. Im Mittelpunkt steht dabei das Gespräch über die Philosophie, die Werte und die Haltung des Unternehmens und über das Ambiente, in dem gearbeitet wird.

2. DIAGNOSE: Analyse der Ist-Situation und Identifizierung von schlummernden Potenzialen im Umfeld und beim Umgang miteinander

Analysiert werden Struktur, d.h. das Funktionale, Gestalt, d.h. das Sinnliche, und Geist, d.h. das Spirituelle, des Umfeldes. Dies erfolgt in zwei Schritten:

a) Analyse von Struktur, Gestalt und Geist des Arbeitsraumes; Identifikation der Stressoren im Arbeitsumfeld (bei Raum, Licht, Farbe, Form, Textur, Kunst, Luft, Temperatur, Akustik, Naturkontakt, fehlender Privatsphäre)
b) Analyse der Störungen im Umgang miteinander (Job vs. Mission/Gruppe vs. Team/Egozentrierung vs. Leben für andere/externe vs. interne Belohnung)

3. MEDIKATION: Konzeptentwicklung – „Wie lassen sich welche Potenziale entfalten, wann und von wem?"

a) Ausarbeitung eines Konzeptes für eine optimierte Umfeld-Gestaltung
b) Ausarbeitung eines Konzeptes für die Optimierung des Umgangs miteinander
c) Entwicklung von Regelwerken für die Zusammenarbeit im Unternehmen

4 . THERAPIE: Begleitung bei der Umsetzung

a) Vorträge zum Thema Unternehmenskultur
b) Unternehmenskultur-Workshops
c) Konferenzen zum Thema Unternehmenskultur-Entwicklung

5 . CHECK-UP: Ständiges Monitoring

Check-ups: Ständige Betreuung beim Hegen und Pflegen von Räumen
und Beziehungen.

Wenn Sie nach der Lektüre dieses Buches feststellen, Beratungsbedarf zu haben, bitten wir Sie um Kontaktaufnahme unter der kostenfreien Telefonnummer

+49 800 - 192 12 22.

Es meldet sich die ASB Hessen Service Gesellschaft.
Oder schicken Sie eine E-Mail an info@officina-humana.de.

Die Beratungsgesellschaft Officina Humana arbeitet in strategischer Allianz mit den Partnern designfunktion (www.designfunktion.de) und Great Place to Work Deutschland GmbH (www.greatplacetowork.de).

DIE AUTOREN

ANDREAS KULICK (1962–2017) war darauf spezialisiert, Personen und Unternehmen auf dem Weg in eine erfolgreiche Zukunft zu begleiten. Über 20 Jahren arbeitete er im Management von Innovations- und Change-Projekten in Industrie und Beratung. Sein Portfolio als Berater umfasste zahlreiche, von ihm auf der Basis avancierter Innovations- und Kreativitätstheorien ausgearbeitete Programme. Sein Augenmerk lenkte er dabei – besonders unter dem Dach der von ihm mitbegründeten Firma „The Living Core" – auf die Entwicklung innovativer Arbeitsräume. Er war ausgebildeter Bankbetriebswirt, diplomierter Kommunikationswirt und Kreativitätspsychologe. Ferner absolvierte er ein Studium generale an der Universität der Künste Berlin. Zudem war er Vorstandsmitglied der PDMA Deutschland sowie Mitglied der World Future Society.

Am 19. Februar 2017 ist Andreas Kulick vollkommen unerwartet verstorben.

DR. PHIL. CHRISTOPH QUARCH (*1964 in Düsseldorf), Philosoph und Autor, Redner und Berater. Er begleitet Unternehmen in der Unternehmenskulturentwicklung und unterstützt sie als Autor darin, ihre eigene Sprache, ihre Werte, ihren Geist zu finden. Als gefragter Redner und Dozent begeistert er Menschen für ein innovatives Denken, das fest in der Tradition der europäischen Kultur verwurzelt ist. Ferner veranstaltet er in Zusammenarbeit mit „ZEIT-Reisen" europaweite Philosophie-Reisen und lehrt an verschiedenen Hochschulen. Von 2000 bis 2006 war er Programmchef des Deutschen Evangelischen Kirchentags; von 2006 bis 2008 Chefredakteur der Zeitschrift „Publik-Forum". Ferner ist er Gründer und Herausgeber des Magazins „Wir. Menschen im Wandel". Seine aktuellen Bücher sind „Rettet das Spiel!" (Hanser 2016), „Liebe – der Geschmack des Christentums" (Gütersloh 2015), „Das große Ja" (Goldmann 2014), „Der kleine Alltagsphilosoph" (GU 2014), „Wir Kinder der 80er" (Riemann 2013). www.christophquarch.de

Christoph Quarch lebt mit seiner Frau Christine Teufel und seinen beiden Kindern in Fulda.

JAN TEUNEN (*1950) ist Unternehmensflüsterer. Als Geschäftsführer der Teunen Konzepte GmbH unterstützt er seine Kunden darin, ihr kulturelles Kapital und ihre Wirtschaftskraft zu mehren. Er begleitet sie bei der Entfaltung nachhaltiger Unternehmenskulturen und trägt dazu bei, dass sie mit sich und der Welt im Einklang sind. Er entwickelt individuelle und kreative Konzepte für eine wirkungsvolle Kommunikation und begleitet ihre Realisierung in Zusammenarbeit mit erstklassigen Partnern. Zu seinen Kunden gehören: Arbeiter Samariter Bund, dm-drogerie markt, Lufthansa AG, RhönSprudel, designfunktion Gesellschaft für modere Einrichtung mbH und USM Haller.

Er ist Kuratoriumsmitglied der Burg Giebichenstein/Kunsthochschule Halle und hat dort eine Professur für Designmarketing inne.

Er ist Fellow und Mentor der Akademie für Potenzialentfaltung und Ehrenmitglied des GENISIS Institute for Social Innovation and Impact Strategies in Berlin.

Jan Teunen ist verheiratet, hat zwei Kinder und zwei Enkelkinder und lebt und arbeitet seit 1977 auf Schloss Johannisberg im Rheingau.

Das Wort *Kaleidoskop* setzt sich aus drei Bestandteilen zusammen: *Kal* kommt vom griechischen καλλός und heißt nichts anderes als *schön*. *Eidos* heißt der *Anblick* oder die *Gestalt* und *skop* ist hergeleitet von σκοπεῖν, was *anschauen* bedeutet. Ein Kaleidoskop dient also dem Anschauen schön gestalteter Anblicke – und eben darum soll es auf den nächsten Seiten gehen. Wir haben eine kleine – nicht repräsentative und schon gar nicht vollständige – Sammlung von Bildern eindrucksvoller Büroräume zusammengetragen, von denen wir meinen, dass sie vorbildlich sind und das Zeug dazu haben, Anstoß und Impuls für inspirierende Einfälle zu sein.

PROJEKT Microsoft Building 83, Redmond, Washington, US
DESIGN Bora Architects   FOTO Brian Smale

PROJEKT Airbnb, Dublin, Irland (www.airbnb.com)
DESIGN heneghan peng architects   FOTO Donal Murphy

ROJEKT KBTG Innovation Campus, Pak Kret, Thailand
ESIGN pbm   **FOTO** art4d magazine/Spaceshift Studio and W Workspace

ROJEKT »design for human nature«, Hamburg, Deutschland
ESIGN feldmann+schultchen design studios   **FOTO** feldmann+schultchen design studios

OFFICINA HUMANA

PROJEKT group8 Studio »Cargo«, 2010, Genf, Schweiz
DESIGN group8   FOTO ©Régis Golay, FEDERAL Studio

PROJEKT Agentur Hi-ReS!, Berlin, Deutschland
DESIGN Henri Fischer/Julie Biron   FOTO Thomas Meyer

ROJEKT Wertheim, Köln, Deutschland
ESIGN Vitra **FOTO** Eduardo Perez/©Vitra

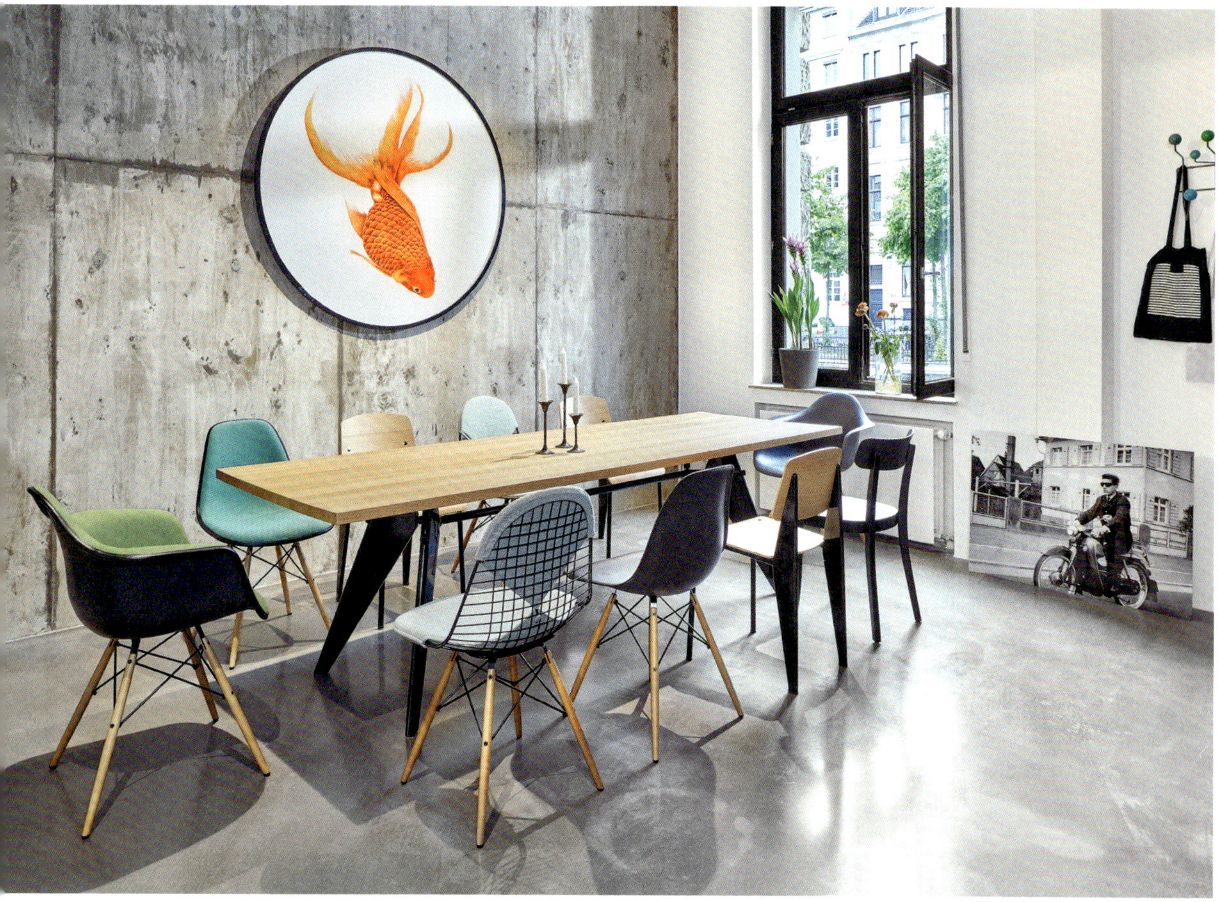

ROJEKT TLGG, Berlin, Deutschland
ESIGN Henri Fischer Collective **FOTO** Björn Ewers

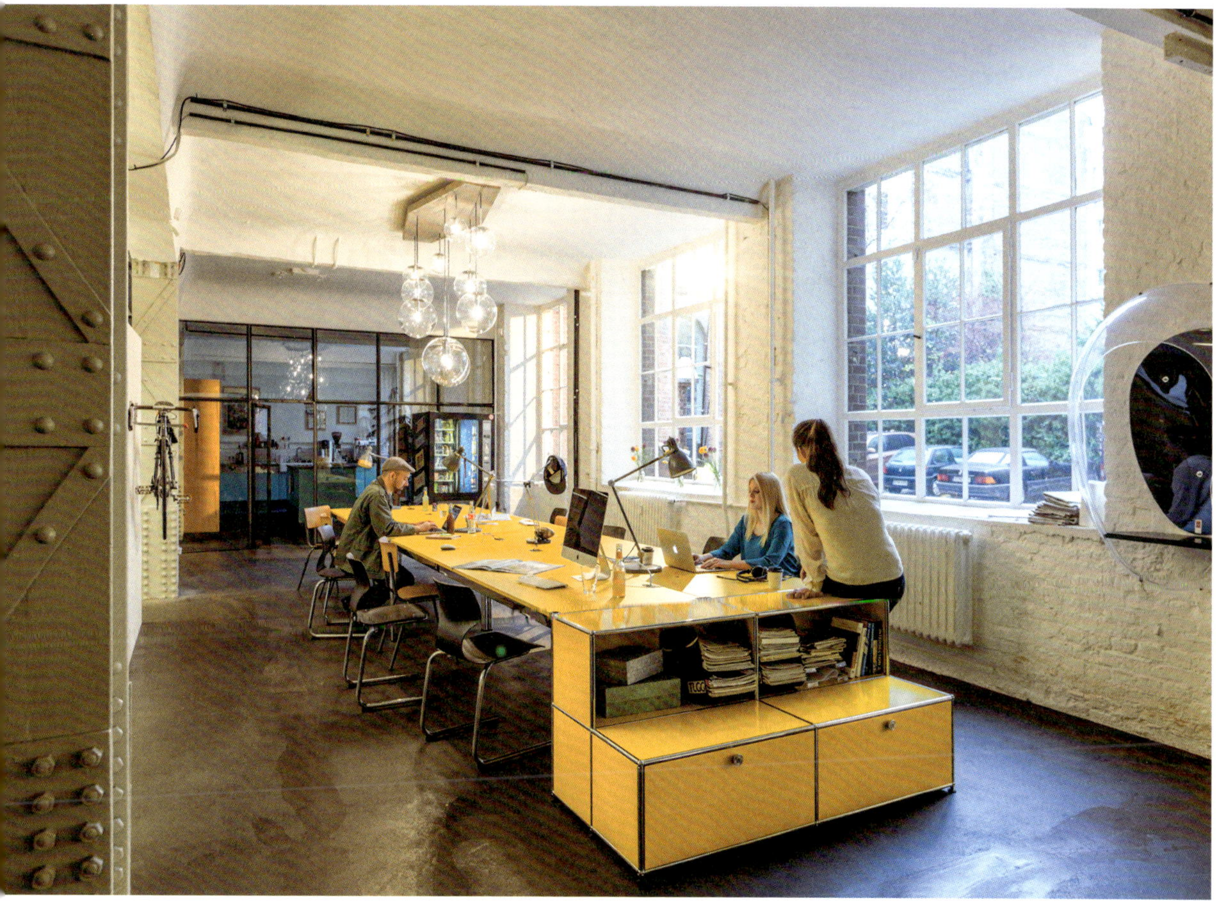

ROJEKT »Telephone Booth« für eine internationale Unternehmensberatung, Berlin, Deutschland
ESIGN de Winder **FOTO** Mark Seelen

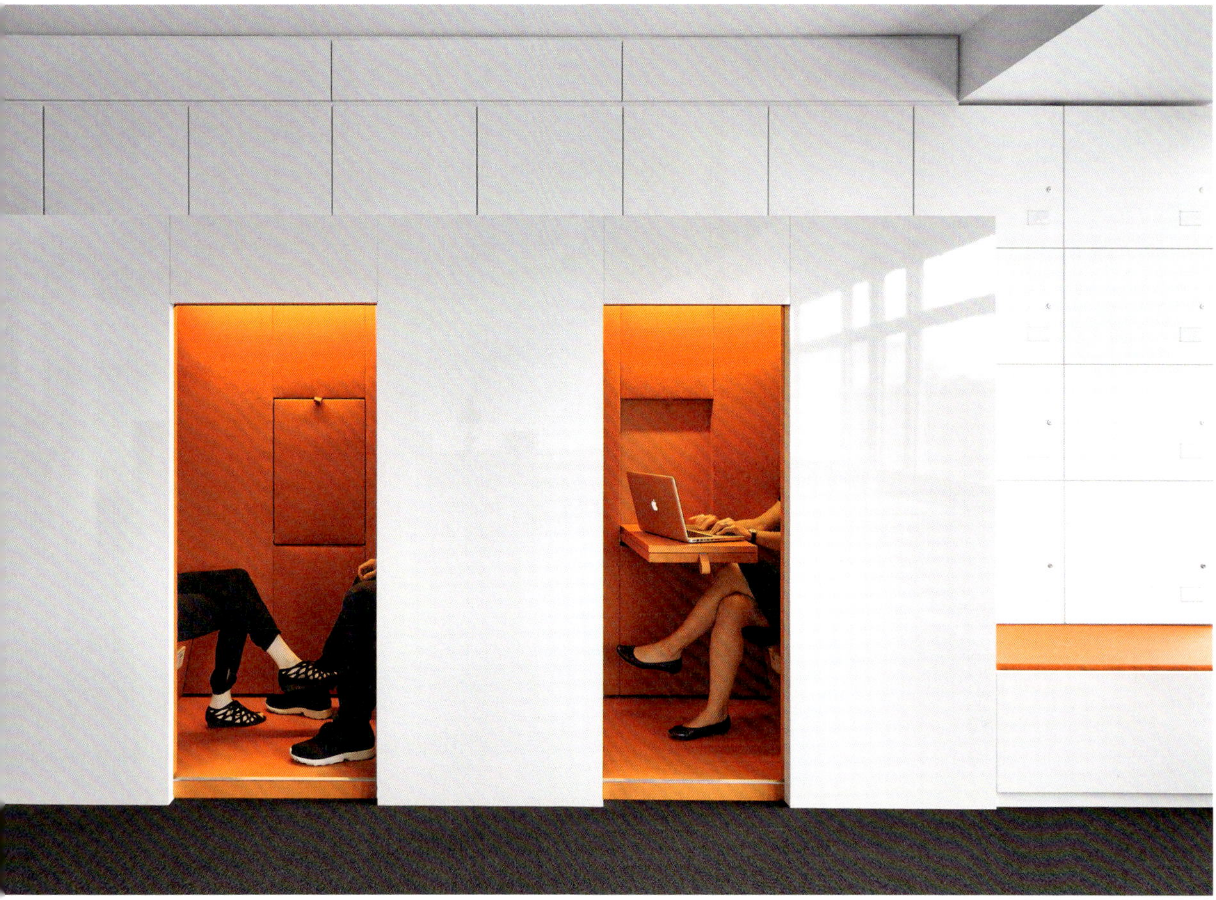

ROJEKT LinkedIn – Détail de style, Paris, Frankreich
ESIGN Il Prisma **FOTO** Courtesy of Il Prisma

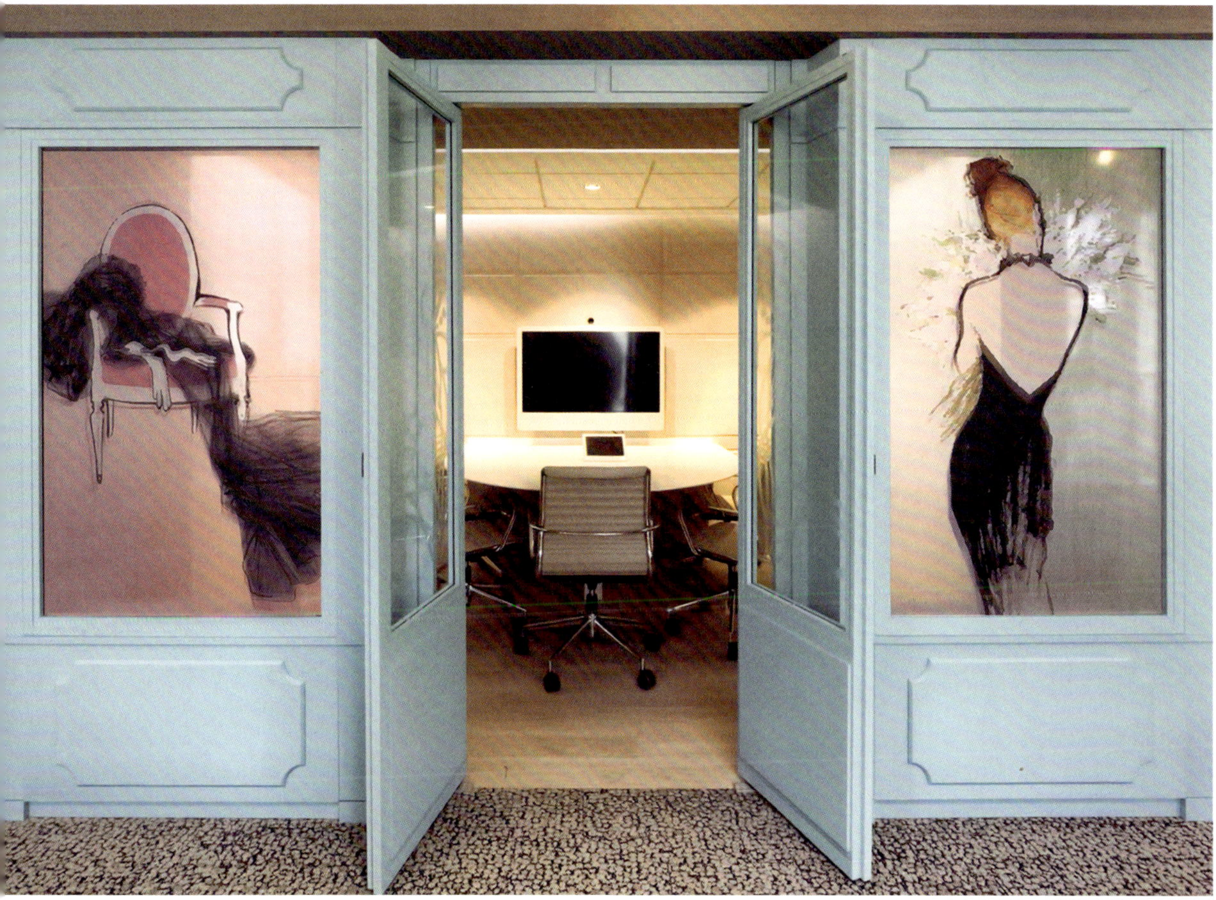

PROJEKT SEI Headquarters, London, England
DESIGN PENSON **FOTO** ©David Barbour

PROJEKT Now Careers, Sydney, Australien
DESIGN Morphos **FOTO** Chris Warnes

PROJEKT PwC, Basel, Schweiz
DESIGN Evolution Design **FOTO** Peter Würmli

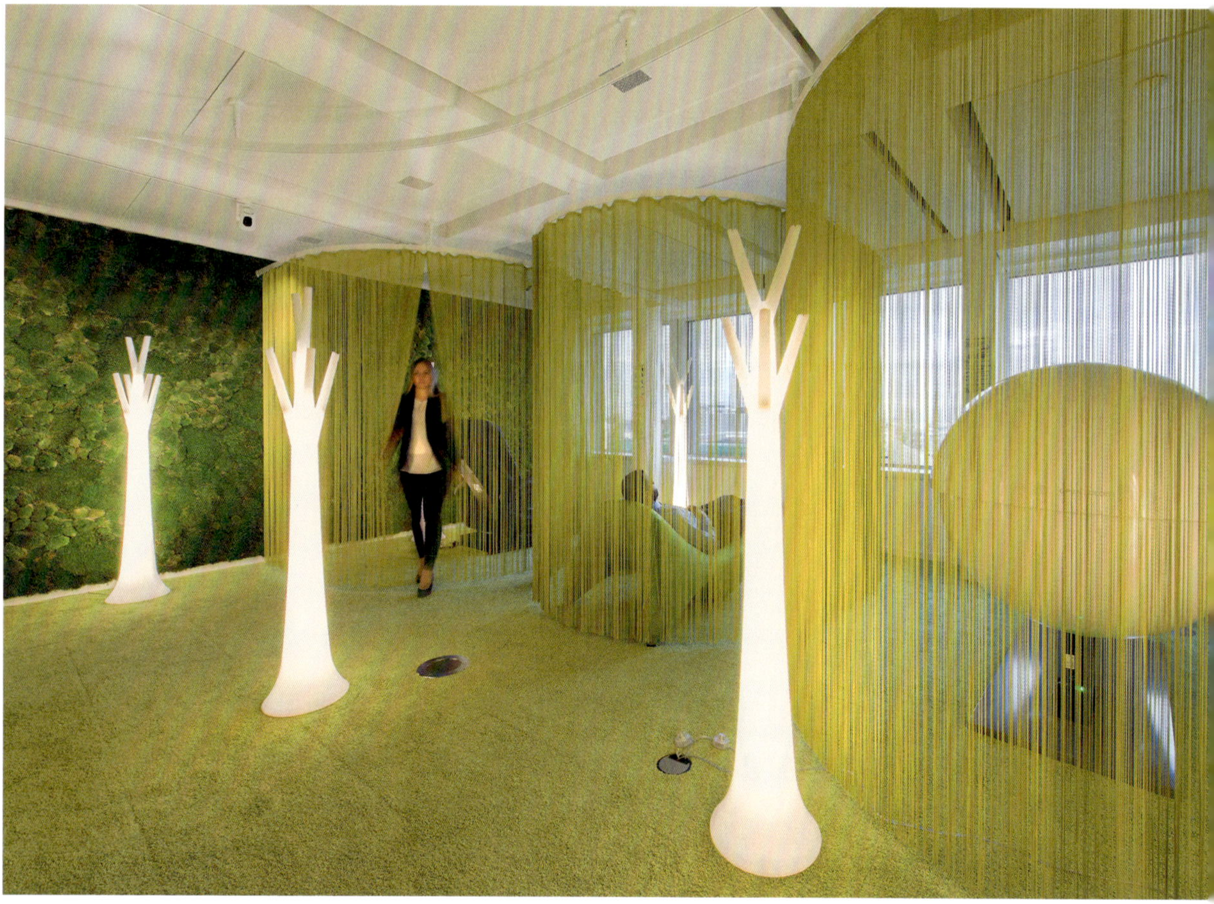

PROJEKT Google, Zürich, Schweiz
DESIGN Evolution Design **FOTO** Peter Würmli

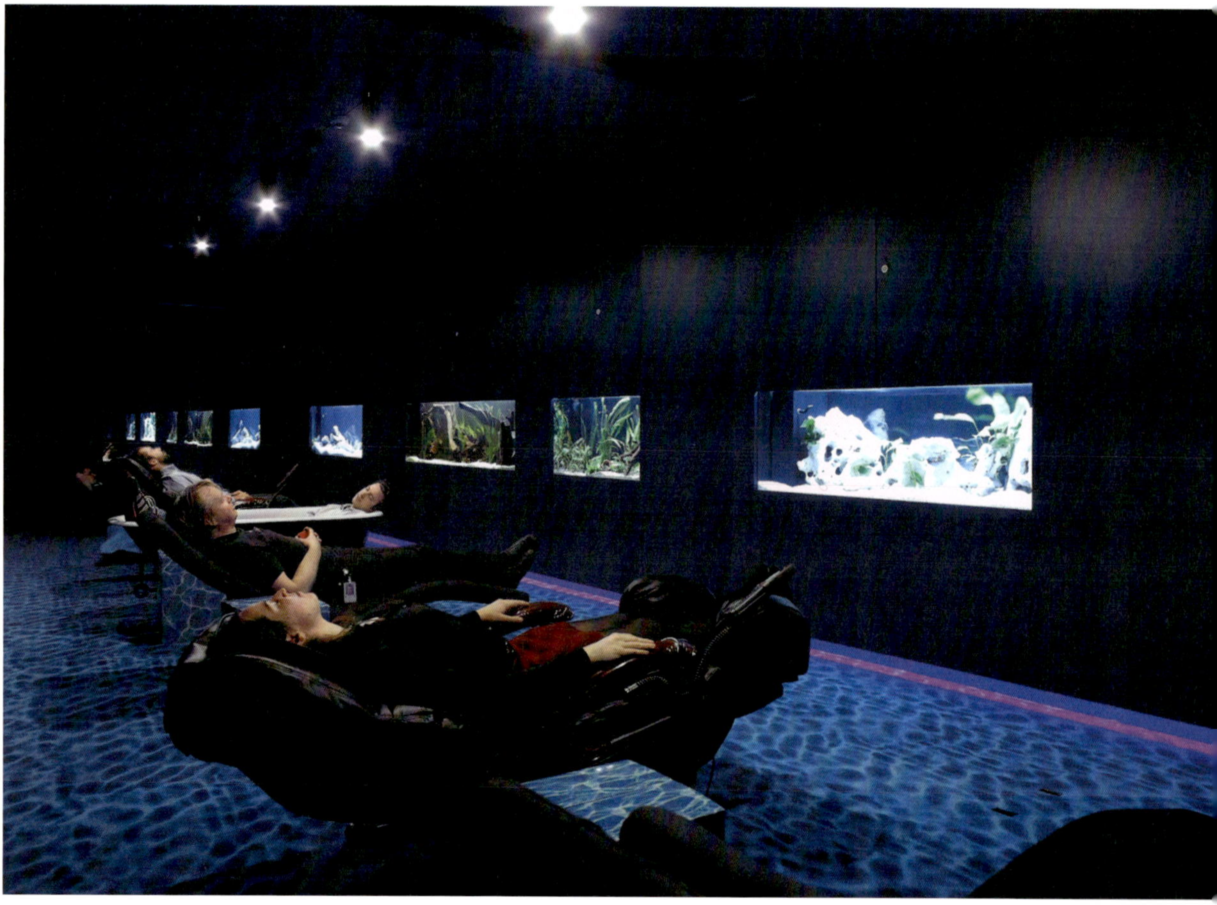

PROJEKT Agentur Hi-ReS!, Berlin, Deutschland
DESIGN Henri Fischer/Julie Biron FOTO Thomas Meyer

PROJEKT Autodesk, Stockholm, Schweden
DESIGN White FOTO Emil Fagander

PROJEKT Endress+Hauser, Maulburg, Deutschland
DESIGN Tammer Industriebau/Vitra FOTO Eduardo Perez/©Vitra

PROJEKT Innocean Worldwide, Frankfurt am Main, Deutschland
DESIGN Ippolito Fleitz Group **FOTO** Robert Hoernig

PROJEKT Lexington Avenue Agency, Valencia, Spanien
DESIGN Masquespacio **FOTO** David De Cualiti

PROJEKT MER, Stockholm, Schweden
DESIGN ©MER   FOTO Mårten Ryner

OFFICINA HUMANA

ROJEKT Trustly, Stockholm, Schweden
ESIGN pS Arkitektur   **FOTO** Jason Strong Photography

ROJEKT eFM, Rom, Italien
ESIGN XOffice S.r.l.   **FOTO** Eduardo Perez/©Vitra

OFFICINA HUMANA

PROJEKT Geometry Global, Hamburg, Deutschland
DESIGN PLY atelier   **FOTO** 747 Studios

PROJEKT AKQA, São Paulo, Brasilien
DESIGN Estúdio Penha   **FOTO** Tuca Reinés

PROJEKT Geometry Global, Hamburg, Deutschland
DESIGN PLY atelier   **FOTO** 747 Studios

PROJEKT Projekttriangle Design Studio, Stuttgart, Deutschland
DESIGN Projekttriangle Design Studio   **FOTO** ©Tom Ziora

PROJEKT conceptsued°, München, Deutschland
DESIGN conceptsued° **FOTO** ©conceptsued°

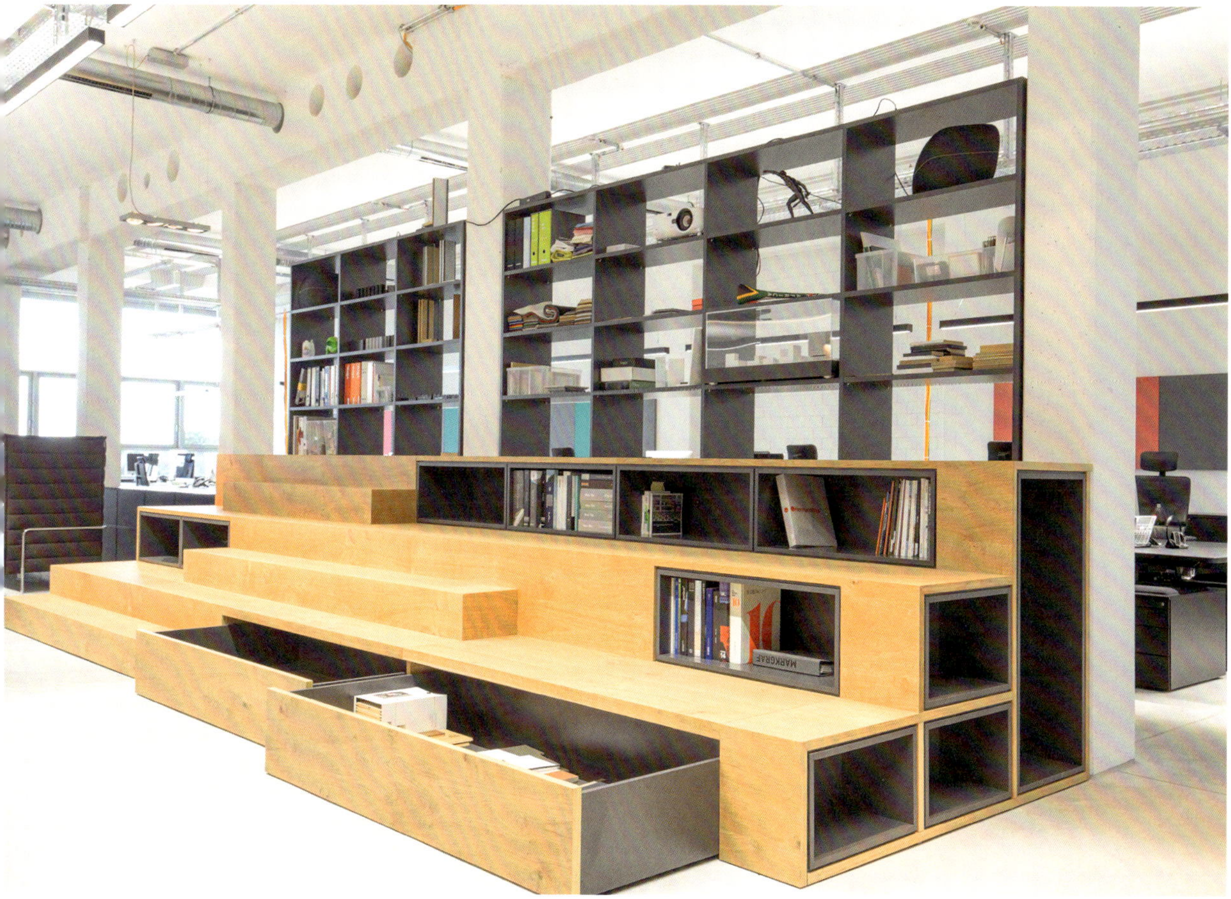

PROJEKT T-Haus, Schloss Johannisberg, Rheingau, Deutschland
DESIGN Teunen Konzepte **FOTO** Stefan Blume

OFFICINA HUMANA

PROJEKT Uniplaces, Lissabon, Portugal
DESIGN PARALELO ZERO Architecture **FOTO** Francisco Nogueira

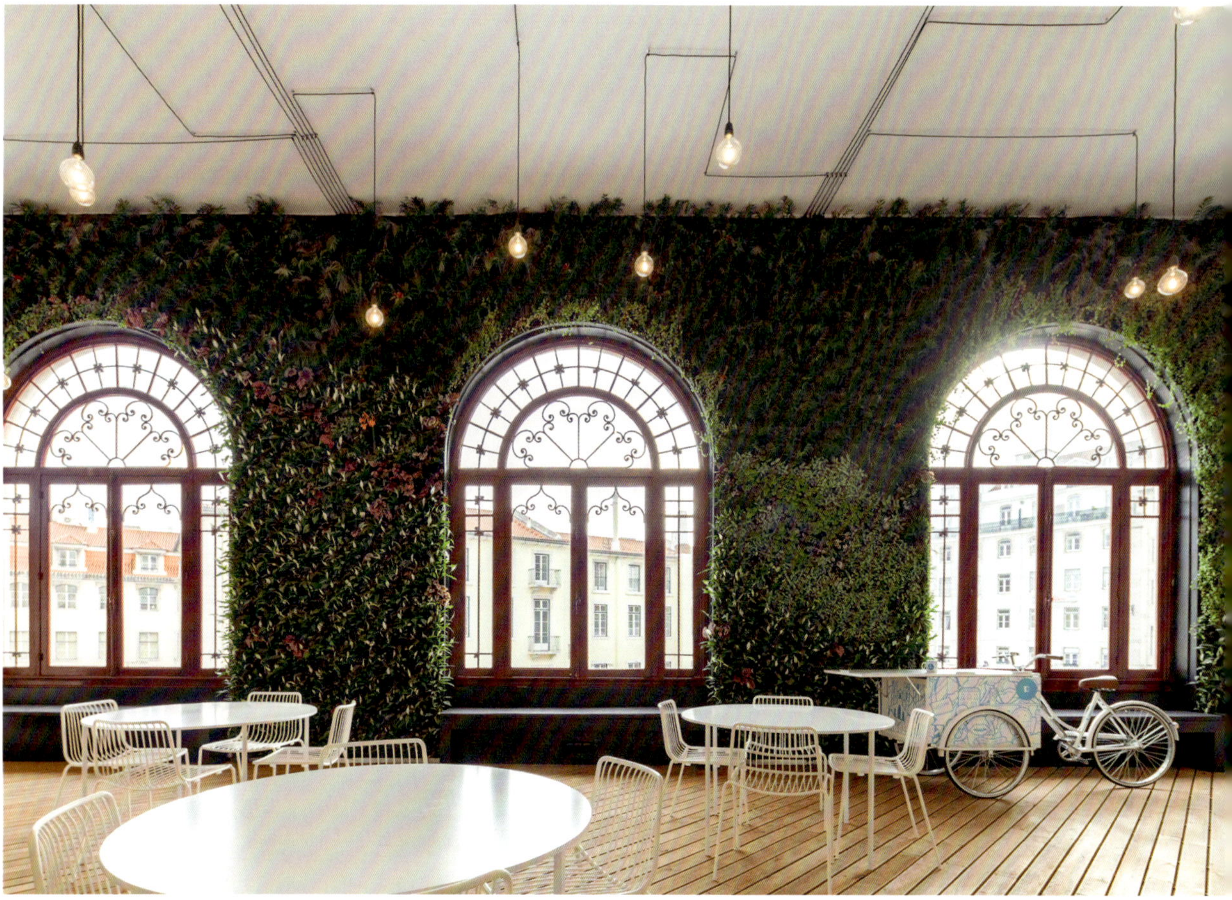

PROJEKT Windward, Tel Aviv, Israel
DESIGN Roy David Architecture **FOTO** Yoav Gurin

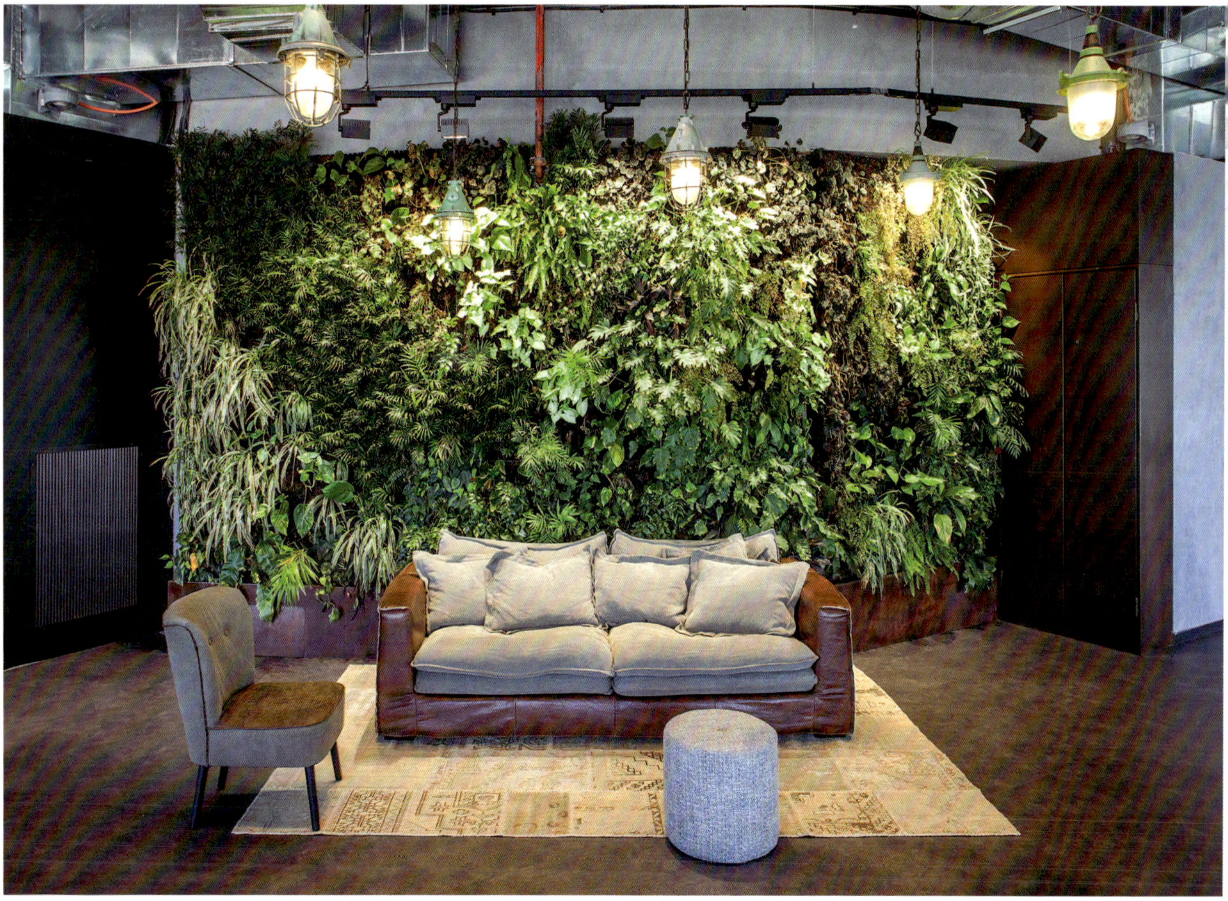

PROJEKT Selgas Cano, Madrid, Spanien
DESIGN Selgas Cano FOTO Iwan Baan

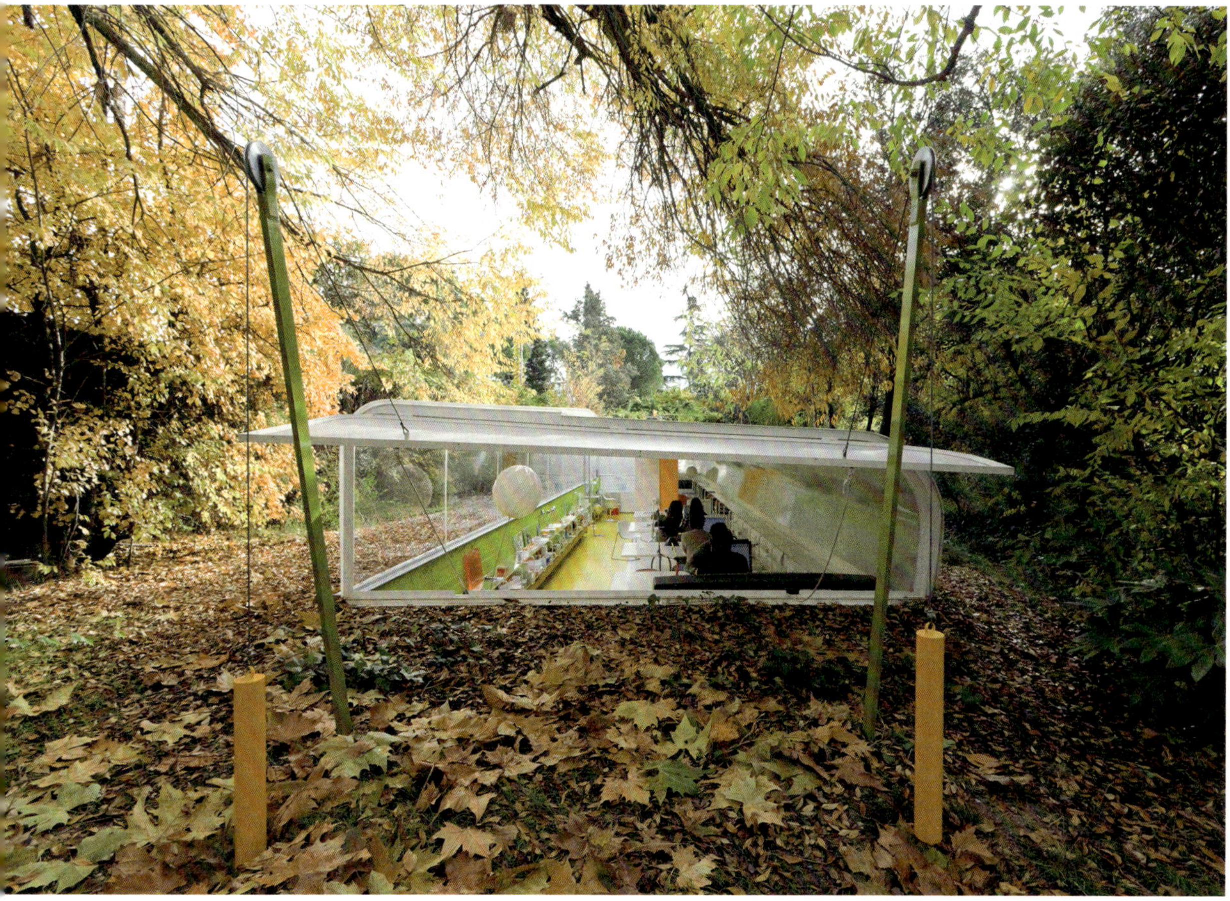

PROJEKT Selgas Cano, Madrid, Spanien
DESIGN Selgas Cano FOTO Iwan Baan

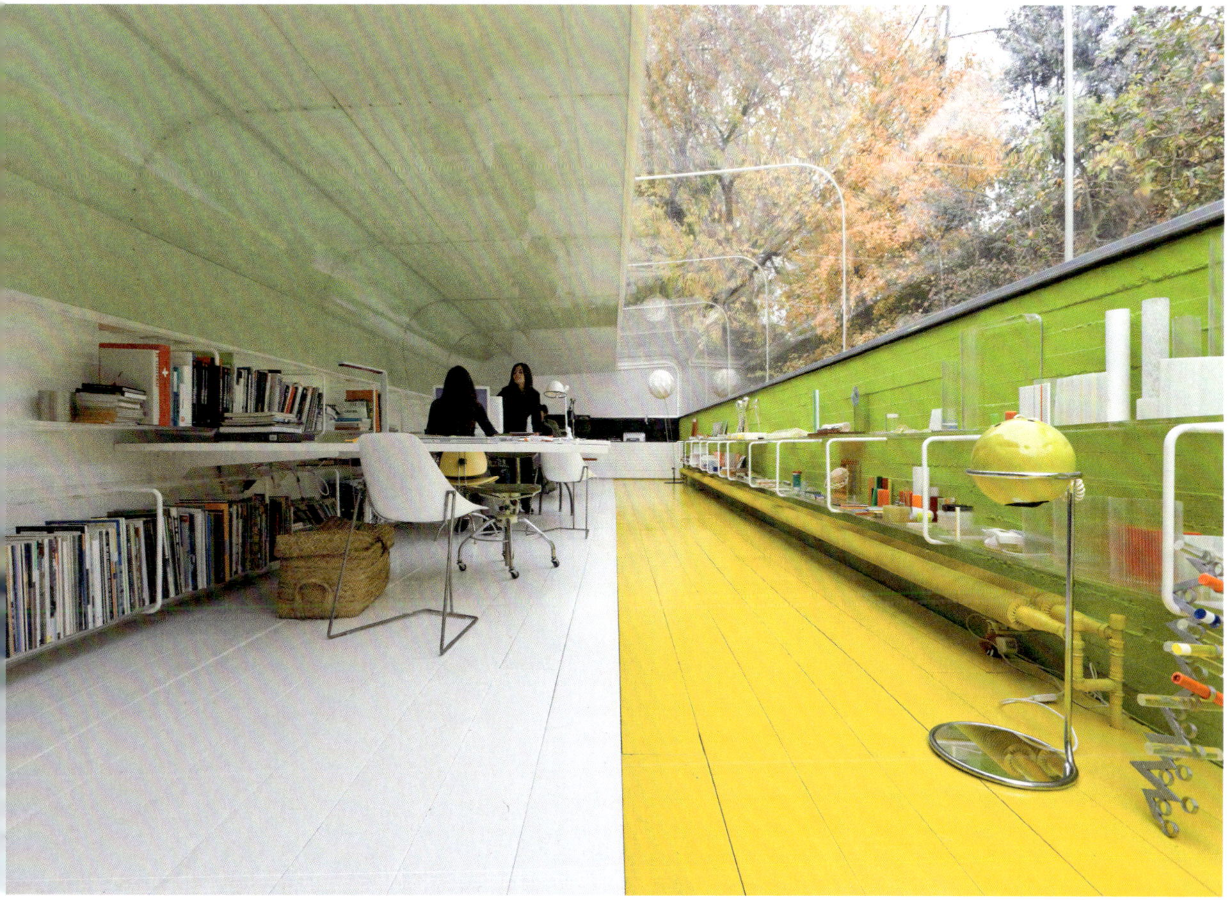

QUELLEN

Q.001 – S.464

The world as office
– Studie Teunen Konzepte

Q.002 – S.465

Studie Management Today

Q.003 – S.465

CABE-Studie
(The Commission for Architecture
and the Built Environment)

Q.004 – S.464/465

Gallup-Studie 2014

Q.005 – S.465

EU Institut für Markt-
und Sozialforschung /
Statistisches Bundesamt

Q.006 – S.465

Schwedische Studie

Q.007 – S.464/466

Bundesverband der
Betriebskrankenkassen (BKK)

Q.008 – S.466

ehemalige Bundesministerin
für Arbeit und Soziales
Ursula von der Leyem

Q.009 – S.466

StepStone Employer Branding
Report 2011

Q.010 – S.464

Deutsche Hauptstelle für
Suchtfragen e.V.

Q.011 – S.464

Techniker Krankenkasse

Q.012 – S.464

DGB

BILDNACHWEISE

B.001 – S.025
3D-Grafik aus Kugelsphären, Europa I
Daten: Gallup Studie 2014
Umsetzung: Christoph Maurer

B.002 – S.033
»The spiritual Brain«
Robert Fludd, 1617
© mauritius images/United Archives

B.003 – S.037
»Sterne«
Stern 01h 55m/-30°
Thomas Ruff, 1989
© VG Bild-Kunst, Bonn 2017

B.004 – S.041
»CONTROLLED BY NATURE I«
Holger Schmidhuber, 2013
155 x 232,5 cm
Mischtechnik auf Alu-Dibond

B.005 – S.043
3D-Grafik, Europa II

B.006 – S.047
Scheune bei Gewitter
© skeeze/pixabay.com

B.007 – S.051
Foto der Erde aus der ISS
Alexander Gerst, 2014
© ESA – European Space Agency

B.008 – S.053
3D-Grafik, Europa III

B.009 – S.061
Menschlicher Fötus
Steve Allen
© The Image Bank/Getty Images

B.010 – S.065
Stilleben mit Hummer
Adriaen van Utrecht, 1644
© PRISMA ARCHIVO/
Alamy Stock Photo

B.011 – S.069
Hände mit Pflanze
© 123rf.com

B.012 – S.073
Gehirnplastik im T-Haus
© Stefan Blume

B.013 – S.075
3D-Grafik, Europa IV

B.014 – S.079
»SPIRIT«
Carpets Of The Forgotten
Holger Schmidhuber, 2015
115 x 150 cm
Mischtechnik auf Orientteppich

B.015 – S.083
Schweiz – Schottland 1:2,
Vorrunde Fussball-WM, Basel Comet
Photo AG (Zürich), 1957
© ETH-Bibliothek Zürich, Bildarchiv

B.016 – S.087
3D-Grafik, Europa V

B.017 – S.089
3D-Grafik, Europa VI

B.018 – S.097
»Palafitta 238, cherry wood«
Michele de Lucchi, 2010

B.019 – S.101
»Kuttel«, aus: »Das Kochbuch der
verpönten Küche« von Wolfram Siebeck
© Martin Grothmaak und Tom Ziora

B.060 – S.251
Atelier von Joan Miró
Fundació Pilar
© Pep Escoda

B.061 – S.253
3D-Grafik, Asien IV

B.062 – S.261
Mönch in seiner Zelle
Illustration
© Juulijs/fotolia.com

B.063 – S.265
Schule von Athen
Vatican Museums' Images
and Rights Department
© Governatorato S.C.V./
Direzione dei Musei

B.064 – S.269
Mönch in Skriptorium
Illustration
© World History Archive/
Alamy Stock Photo

B.065 – S.273
»Vision des Hl. Augustinus«
Vittore Carpaccio, 1502
141 × 210 cm, Öl auf Leinwand
© www.zeno.org

B.066 – S.275
3D-Grafik, Asien V

B.067 – S.279
Napoleons Büro
Fine Art
© Corbis Historical/Getty Images

B.068 – S.283
Großraumbüro im Arbeitsamt
Kiel, 1930
© ullstein bild

B.069 – S.287
Allianz Global Digital Factory,
München
© conceptsued°

B.070 – S.289
3D-Grafik, Asien VI

B.071 – S.297
»Home office and library«
der Architektin Bendetta Tagliabue
© Gunnar Knechtel

B.072 – S.301
»T-Haus«
Büroräume der Teunen Konzepte
© Stefan Blume

B.073 – S.305
Comvert Office, Mailand
Studiometrico
© Giovanna Silver

B.074 – S.305
Comvert Office, Mailand
Studiometrico
© Giuliano Berarducci

B.075 – S.309
Büro Projekttriangle Design Studio
© Jürgen Späth

B.076 – S.313
Tracey Emin's Studio
Nachdruck aus: »Sanctuary:
Britain's Artists and their Studios«
© Robin Friend/
TransGlobe Publishing Ltd.

B.077 – S.315
3D-Grafik, Asien VII

B.078 – S.319
»Ping Zizka und Pong Grothmaak«
© Martin Grothmaak

B.079 – S.323
S.Durand
© musée de la Chasse et de la Nature

B.080 – S.327
Studio Michele de Lucchi
© Max Rommel

B.081 – S.331
»Die Grünen wollen einen vegetari-
schen Tag ...«
© picture-alliance/dpa

B.082 – S.335
BMW Welt, München
Florian Holzherr
© designfunktion

B.083 – S.339
Büro von Walt Disney
Mark Kauffman
© The LIFE Images Collection/
Getty Images

B.084 – S.343
Japanische Teezeremonie
© Aiya Europe

B.085 – S.347
3D-Grafik, Asien VIII

B.086 – S.349
3D-Grafik, Afrika I

B.087 – S.353
London Cab
Frédéric Soreau
© Photononstop/Getty Images

B.088 – S.357
»Nanzen-ji Zen Temple, Kyoto«
© Martin Grothmaak

B.089 – S.361
Büro Teunen Konzepte
© Stefan Blume

B.090 – S.365
»Ohne Titel«
Aus der Serie »Reflections«
für die de Sede AG
© Martin Grothmaak

B.091 – S.369
Ergonomic Armchair and a Typewriter
Keystone-France
© Gamma-Keystone/Getty Images

B.092 – S.373
Beutelmeise bei Nestbau
Winfried Wisniewski
© Minden Pictures/Getty Images

B.093 – S.377
Barcelona
Mateo Vilagrasa

B.094 – S.381
Birdly® Serial Edition
© SOMNIACS SA, Zürich, Schweiz

B.095 – S.383
3D-Grafik, Afrika II

B.096 – S.387
Chatroom
© Projekttriangle Design Studio

B.097 – S.391
Keine Angabe
Fotograf war leider nicht zu ermitteln

B.098 – S.395
OutOfOffice München
© VON M

B.099 – S.399
Agentur Bruce B.
© Zooey Braun/Ippolito Fleitz Group

B.100 – S.403
»House of Tea, Kyoto«
© Martin Grothmaak

B.101 – S.407
Tadao Ando, Church
© Finbarr Fallon

B.102 – S.411
Farbenkreis zur Symbolisierung des
»menschlichen Geistes- und Seelenlebens«
Johann Wolfgang von Goethe, 1809
© Freies Deutsches Hochstift/
Frankfurter Goethe-Museum
Foto: David Hall

B.103 – S.413
3D-Grafik, Afrika III

B.104 – S.417
Decke der Hamburger Elbphilharmonie
© Oliver Heissner

B.105 – S.421
Projekttriangle Multiple
von Dietlind Wolf
© Martin Grothmaak

B.106 – S.425
»Goldene Nase«
© Richard Beer, 1983

B.107 – S.429
Kunstformen der Natur
Ernst Haeckel, 1900
© Kurt Stueber, 2007/www.BioLib.de

B.108 – S.433
»ADORE YOU«
Carpets of the Forgotten
Holger Schmidhuber, 2017

B.109 – S.437
Virtual Identity, München
© conceptsued°

B.110 – S.441
MR Chair
Mies van der Rohe
© Sabine Freudenberger/LÖFFLER GmbH

B.111 – S.443
3D-Grafik, Australien und Ozeanien

B.112 – S.447
Kloster St. Johann in Müstair
© seasons.agency/Jalag

B.113 – S.451
Antique French armoire
© DNY59/istockphoto.com

B.114 – S.455
Zelle mit Bett
© Stiftung Pro Kloster St. Johann
in Müstair

B.115 – S.459
o.T. (aus der Serie »Katta«)
Helga Schmidhuber, 2016
57 x 39 cm
Tusche & Collage auf
handgeschöpftem Bütten

ANMERKUNGEN

I – S.013

Original: Reshape environment; don't
try to reshape man.

II – S.023

Das ist das helle Heim
worin ich lebe,
das ist, wohin
ich meine Freunde
zu kommen bitte.
Das ist, wo ich all das
lieben möchte, was mich
lange Jahre kostete,
es lieben zu lernen.

Dies ist das Heiligtum
meines erwachsenen Alleinseins,
und ich gehöre
zu diesem Alleinsein
wie ich zu meinem Leben gehöre.

Kein Haus gleicht
dem Haus der Zugehörigkeit.

(Übersetzung von
Christoph Quarch)

III – S.180

Original: The best antidote
against exhaustion is not rest but
wholehartedness.

IV – S.302

Original: First we shape
our buildings, thereafter they
shape us.

IMPRESSUM

HERAUSGEBER

ASB Landesverband Hessen e.V.

KONZEPTER UND KURATOR

Jan Teunen, Teunen Konzepte GmbH
www.teunen-konzepte.de

BUCHGESTALTUNG

Projekttriangle Design Studio
Danijela Djokic, Tatjana Brenner,
Martin Grothmaak, Jürgen Späth
Humboldtstraße 4, 70178 Stuttgart
www.projekttriangle.com

AUTOREN

Andreas Kulick
Jan Teunen
Christoph Quarch

BILDRECHERCHE

Cornelia Kurreck
Projekttriangle Design Studio

PROJEKTSTEUERUNG

Monika Held
Mieke Teunen

KORREKTORAT

Kerstin Wieland
Gisela Eschweiler

DRUCK

Offsetdruckerei Karl Grammlich
GmbH, Pliezhausen

BUCHBINDUNG

Lachenmaier Buch kreativ OHG,
Reutlingen

VERLAG UND VERTRIEB

av edition GmbH
Verlag für Architektur Design
Senefelderstraße 109, 70176 Stuttgart
kontakt@avedition.de
www.avedition.de

PAPIER

Circle Offset 150 g/m², PlanoPak 50 g/m²
Munken Lynx 240, 170, 130 g/m²,
LuxoArt Samt 150 g/m²,
Wibalin Natural Cotton White 130 g/m²

SCHRIFTEN

Monotype Garamond, Akkurat

Die Klärung der Rechte wurde nach
bestem Wissen vorgenommen. Soweit
dennoch Rechtsansprüche bestehen,
bitten wir die Rechteinhaber, sich an
die

ASB Hessen Service GmbH
Niederlassung Rheingau-
Taunus-Wiesbaden
Aarstraße 110
65232 Taunusstein
Tel: +49 800 - 192 12 22
E-Mail: info@asb-service.de

zu wenden.

ISBN 978-3-89986-272-0